1　藤原京跡右京七条一坊西北坪から出土した土坑式トイレ遺構　奈良県橿原市

藤原京跡から発掘された土坑式のトイレ遺構。長さ1.6m、幅50㎝の長楕円形の穴にたまった光沢ある黒色土は1300年前のウンチで、その中には用便の後始末に使った木切れ（籌木・クソベラ）とともに、藤原京の人々が口にした食べ物のかすやお腹に寄生した回虫・鞭虫・肝吸虫などの卵が含まれていた（口絵 8 参照）。これらを顕微鏡で調べ、その種類や性質を手がかりにして当時の人々の食事や健康状態を復元することができる。「トイレ考古学」の出発点ともなった1992年１月の調査成果である。

2　藤原京跡右京九条四坊から
出土した水洗式トイレ遺構
（弧状溝遺構）　奈良県橿原市

3　長岡京跡左京六条二坊十四町
から出土した水洗式トイレ遺構
（弧状溝遺構）　京都府長岡京市

5　北条小町邸跡から出土した水洗式トイレ遺構（木組み遺構）　神奈川県鎌倉市

6　一乗谷朝倉氏遺跡のトイレ遺構から出土した木製金隠し　福井市

7　吉川元春館跡から出土したトイレ遺構（埋桶遺構）　広島県北広島町

4　秋田城跡鵜ノ木地区から出土した水洗式トイレ遺構　秋田市

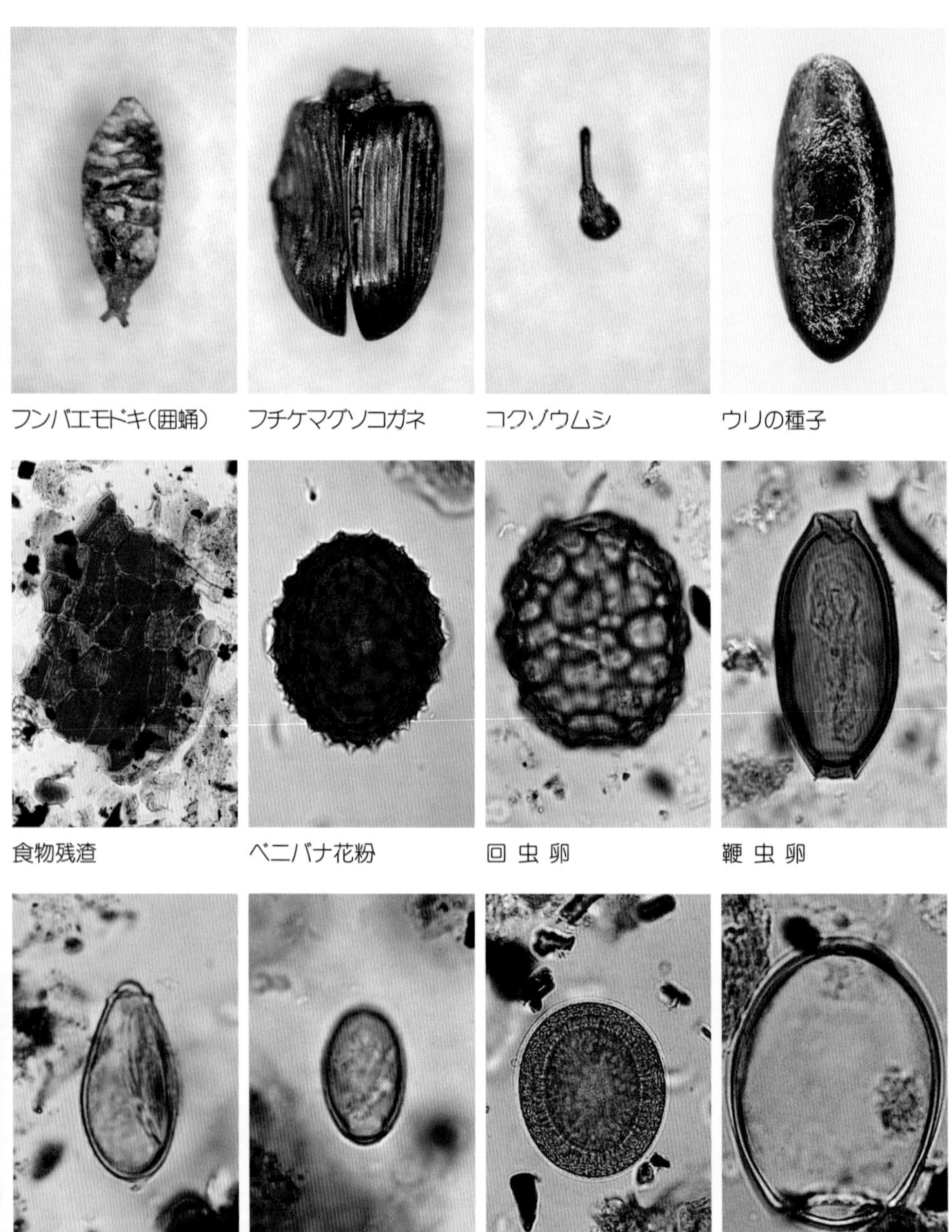

フンバエモドキ(囲蛹)　フチケマグソコガネ　コクゾウムシ　ウリの種子

食物残渣　ベニバナ花粉　回 虫 卵　鞭 虫 卵

肝吸虫卵　横川吸虫卵　有・無鉤条虫卵　日本海裂頭条虫卵

8　藤原京跡トイレ遺構などの堆積土から発見された微細遺物（顕微鏡写真）

寄生虫卵や種子・花粉・食物残渣など顕微鏡でしか確認できない微細な遺物や昆虫たちこそが、遺構がトイレであることを雄弁に物語り、さらには当時の人々の生活ぶりや環境状態を復元する貴重な手がかりを与えてくれる。

水洗トイレは古代にもあった

新装版

トイレ考古学入門

黒崎 直

吉川弘文館

目　次

プロローグ　トイレ遺構とは？　1
発掘調査とトイレ遺構／発掘現場でトイレを見つける／トイレ考古学／トイレ遺構のイメージ

Ⅰ　トイレの考古学

1　トイレ遺構の発見　10
福井県一乗谷朝倉氏遺跡の金隠し／石積施設がトイレだ／東北地方の籌木出土遺構／福岡市鴻臚館跡のトイレ／奈良県藤原京跡のトイレ遺構／トイレ遺構の意味

2　トイレ考古学のはじまり　21
土壌の分析／ウォーター・フローテーション法／昆虫／種実／魚骨／花粉と寄生虫卵の抽出／寄生虫卵／科学的なトイレ考古

学の確立

3　発掘された藤原京・平城京のトイレ遺構　35
藤原京跡右京七条一坊のトイレ／トイレの構造／トイレから見つかったもの／誰が使ったトイレなのか？／トイレ考古学における新たな展開／平城京跡左京二条二坊五坪のトイレ／藤原京跡右京九条四坊のトイレ／次々と発見される水洗式トイレ

4　長岡京・平安京のトイレ遺構　55
長岡京跡のトイレ／長岡京跡の水洗式トイレ／平安京跡の水洗式トイレ／水洗式トイレへの規制

5　藤原宮・平城宮のトイレ事情　66
藤原宮跡の水洗（厠）式トイレ／溝を跨ぐ共同トイレ／平城宮跡の水洗（厠）式トイレ

II　古代のトイレ――宮都のトイレ事情

1　トイレ遺構への批判について　76
トイレ遺構の再検討／水洗（厠）式トイレ説批判について／水

洗（樋殿）式トイレ説批判について／土坑式トイレ説批判について／トイレ遺構研究の課題

2 文献史料に見える古代のトイレと便器 86

古代の史料からトイレを探す／天皇のトイレ／貴族のトイレ／寺院のトイレ／虎子・彫木・樋／古代におけるトイレ・便器の名称／樋洗童と侍／史料に見える土坑式トイレ

3 平安京のウンチは犬が食う——絵画史料が語る古代・中世のトイレ 103

『餓鬼草紙』の一場面／『慕帰絵詞』のトイレ／ウンチを食べる犬／自分のウンチが犬に食われる?!

4 移動式トイレを求めて 113

移動式トイレの姿は？／「小便」と墨書された土器／平瓶は溲瓶か？／白色物質はギブサイト／秋田城跡の白色物質の鑑定

III トイレ風土記——日本各地のトイレ事情

1 日本列島、西のトイレ・北のトイレ 126

鴻臚館跡のトイレは深度日本一／もう一組あった鴻臚館跡のト

イレ／秋田城跡のトイレは清潔度日本一／特別構造のトイレがつくられた意味

2　奥州平泉のトイレ遺構　142

平泉と柳之御所跡／籌木の発見／籌木土坑とウリ種土坑／柳之御所跡の遺構／再び籌木土坑とウリ種土坑について

3　鎌倉武家屋敷群のトイレ遺構　156

鎌倉におけるトイレ遺構の発見／政所跡のトイレ遺構／米町遺跡のトイレ遺構／水洗式トイレ遺構の発見／トイレ遺構の特徴

4　戦国武将たちのトイレ遺構　167

一乗谷朝倉氏遺跡のトイレ遺構を科学する／堺環濠都市遺跡のトイレ遺構／広島県吉川元春館跡のトイレ遺構／鑑賞するトイレ―肥前名古屋城跡のトイレ遺構

IV　トイレ遺構あれこれ

1　最古のトイレ遺構を求めて　184

貝塚の糞石／弥生時代の環濠集落／古墳時代の木槽樋はトイレ

か？／木槽樋は水洗式の便器／木槽樋は出産に関わる施設

2 トイレ遺構の諸問題 204

トイレ変遷の諸段階／韓国のトイレ遺構／平城宮大嘗宮の厠跡／寄生虫の生活史／生食好きの日本人／食物残渣／ベニバナは駆虫剤か？／漢方薬の処方／トイレの配置と遮蔽施設／人糞肥料の使用／寄生虫卵と籌木／上水道か、下水道か？

エピローグ トイレ考古学のめざすもの 227

古代の環境とトイレ遺構／古代宮都の排水システム／トイレ考古学の現在と未来

あとがき 235

解　説 239

図表一覧

プロローグ

トイレ遺構とは?

発掘調査とトイレ遺構

「トイレの跡はどこですか?」という見学者の問いかけほど、発掘現場で調査員を困惑させる質問はない。調査員がトイレ遺構に無関心で、発見への努力を怠っているから返答できないのでは、決してない。むしろ逆に大いに関心があり、トイレ遺構を発見しようと、何度も試みるのだが、なぜか見つからない。「どうして発見できないのか?」と調査員自身が不思議に思っているところへの質問だから、いっそう、返答に窮するのである。

人間に限らず動物全般は、エネルギーや栄養の源として食料や水分を口に入れる。そして、その多くは残滓となって体外に排泄される。言うまでもなく、これがウンチやオシッコである。人間が生きていく限り、食事をするその裏返しの行為として、ほぼ毎日、定期的にウンチやオシッコを体の外に排出する必要があり、その排泄行為は、古今、洋の東西、男女、老若を問わず、全て平等に求められる。だからこそ、縄文時代の遺跡であろうと奈良時代の遺跡であろうと、古代であろうと中世の遺跡であろうと、また、宮殿の遺跡であろうと一般集落の遺跡であろうと、必ずや人間の排泄行為に関わる遺構や遺物は存在するはずである。

しかし、これまでの発掘調査例を見る限り、排泄行為の痕跡、すなわちウンチやオシッコそのものや、排泄場所であるトイレの跡（トイレ遺構）を、発掘などの考古学的な手法で特定することは、意外と難しい。このためトイレ遺構の調査事例はきわめて稀で報告例も少なく、全体として「トイレの考古学」は長い低迷期を抜け出せなかった。

発掘現場でトイレを見つける

かくいう私も、長年にわたって七・八世紀代の宮殿遺跡である奈良県平城宮跡や藤原宮跡、飛鳥の諸寺・宮殿跡などの発掘調査にたずさわってきた。夏の暑い現場作業を終えた夕刻など、仲間たちと冷えたビールを飲むのは楽しみである。むろん、今日の調査内容を振り返り、明日の作業予定（段取り）を話し合うという、業務の打ち合わせも兼ねている。そんな中でときとして、「トイレ遺構」が話題になることがある。

「今日、調査区の西南隅で見つけたあの奇妙な穴、トイレの跡（トイレ遺構）ではないかしら？」と誰かが言い出す。でも、「どうしてトイレと思うのか？」との質問には、「何かしら、そんな気がする」という以外、適切な根拠は示せない。

判定の客観的な基準が示せないのだ。だからそれ以上の議論は深まらず、話題はしだいに一般的なトイレの話しへと下降し、最後には別の話題へと移っていく。こうして調査員一同、トイレ遺構を見つけようとする思いは、常に頭の片隅に漂っているのだが、その具体的な手がかりが見つからないまま、翌日には再び、発掘現場に立っている。そして次々と眼前に出現する遺構の検出作業に忙殺され、ついついトイレ遺構の探索は、二の次のこととして記憶の片隅に追いやられてしまう。これが一般的な発掘現場の日常である。

トイレ考古学

「人間の排泄行為に関わる事項について、遺構や遺物という考古学的な資料に基づいて復元研究を行う」というのが「トイレ考古学」であるが、これは本格的に取り組まれてからまだ十数年しかたっていない若い学問である。これに対して、トイレへの関心は古来から根強く、民俗学や文献史学・民族学などの立場から、多くの考証や研究が積み重ねられてきている。しかしそれらに対しても、取り扱う内容がトイレやウンチであることから、どうしても下ネタのテーマと見なされ、学問の世界では主流となれない。いわば好事家の学問として、一段低く見られがちだったわけである。

「考古学」という学問の基礎資料は、地下に埋もれていることが一般的である。

したがって、当然ながら「人間の排泄行為に関わる遺構」＝「トイレ遺構」も、発掘調査の現場で見つけることがどうしても必要である。そしてその発見も、そのうちに偶然に見つかるだろう、誰かが見つけるだろう、というような消極的な態度では、いつまでたってもトイレ遺構は見つからない。それは一九七〇年代以降の開発行為に伴う事前発掘調査数の爆発的な増加をもってしても、何ら前進しなかったことが端的に示している。受け身で待つ限り、トイレ遺構は決して発見することはできないのである。

トイレ遺構のイメージ

「トイレ遺構を発掘現場で見つける！」――この困難に立ち向かうとすれば、古代のトイレがどのようなものであったのか、前もってその姿やかたちを整理しておくことも大切である。まずは頭の中で、古代のトイレをイメージトレーニングしておき、それを発掘現場で探し求めるのだ。

土坑（汲み取り）式トイレ

まず最初に思い浮かぶのが、「汲み取り式」のトイレだ。下水道が普及する一昔前の日本では、最も一般的なトイレだった。子供たちは、音から連想して「ポッタン便所」とも呼ぶ。便槽にウンチが溜まれば、これを汲み出して肥料などに用いることから汲み取り式と呼ぶのだが、いまだ人のウンチの肥料への利用が未発達な時代では、そのまま埋め殺してしまうことも想定しなければならないので、ここでは地面に掘り込んだ穴（＝土坑）にウンチを入れるという意味で「土坑式トイレ」と呼んでおきたい。

ウンチを溜めておく便槽は、地下に埋め込んだ焼き物の壺や甕、木製の桶などを思い浮かべるのが一般的だが、それは中・近世以降のことで、古代では地面に穴を掘っただけの単純な便槽が主流だった可能性も高い。もしそうであれば、発掘で発見されるトイレは、単なる穴でしかない。発掘現場において地面に掘られた穴は、柱穴・ゴミ捨て穴・墓壙（ぼこう）などなど、数多く存在する。その中から、どの穴がトイレなのか、トイレとゴミ捨て穴とはどのように違うのか？　それを判別する方法や基準が是非とも必要なのであるが……。

水洗式トイレ

次に「水洗式」のトイレ。水の力でウンチを流し去るという、現代の我々にもお馴染みのトイレだが、カワヤ・川屋（かわや）・厠（かわや）や高野山などの呼び名が知られているように、日本では意外と古い歴史を持っている。川や溝、あるいは掛樋などで導いた水流を利用する水洗式のトイレ遺構が想定できるのだが、穴と同様に溝の遺構もまた、発掘現場には数多く存在する。発掘された素掘りや石組の溝、木をくり抜いた木樋などの遺構が、水洗式のトイレであった可能性は十二分に考えられる。しかし、発掘されたこれら溝の遺構が、飲み水などに関わる上水用なのか、トイレに関わる下水用なのか、雨水などの処理に関わる排水用なのか？　それを判別する基準や方法は？　「土坑式トイレ」と同様、困難な問題である。

移動式トイレ

三つめには「移動式」のトイレがある。持ち運びが自由で、いつでもどこでも、催したときに跨(また)がれば用の足せる、いわゆる「おまる」形式のトイレだ。古代の史料などに見える樋筥(ひのはこ)や大壺(おおつぼ)などがそれであろうか。しかし考古学的に見ると、この形式のトイレは遺構として発見されずに、焼き物（土器）の壺や平瓶(へいへい)、木製品の箱や桶、竹製品の筒、高級な場合には漆塗りの櫃(ひつ)などのように、いわゆる遺物として発見されるのだ。壺や瓶などの土器や木製の箱などは、破片を含めて発掘現場からは数多く出土する。その中から、本当におまるとして使われた壺や箱であると何によって判別するのか？　その判断の基準や方法が、前二者と同様に大きな課題である。

たれ流し式トイレ

第四は「たれ流し式」のトイレ。路傍や庭の片隅、あるいは野原などで直接、地面に用を足すというトイレ。登山の際など、山男はこれを「キジ撃ち」と呼び、女性は「お花摘み」とも称する。絵巻物『餓鬼草紙』の一場面である「伺(し)

便餓鬼（べんがき）」には、路傍にしゃがんで用を足す婦人や子供たちの姿が描かれている。しかし、この形式のトイレ、地表に顕著な痕跡を残すことが少ないので、発掘調査でその排泄場所を見つけることはできそうにない。考古学泣かせのトイレであり、よほどの幸運が伴わない限りその箇所を特定することは不可能である。

豚トイレ

その五つめは、「猪圏」と呼ばれるトイレ。これは豚を飼育するブタ囲いの上にトイレ小屋を建て、そこで排泄した人のウンチが落下して、ブタの餌となる仕組み。「豚トイレ」とも呼べるこのトイレ、中国漢代の明器などにその様子をうかがうことができる。

わが国では、沖縄地方に「フール」と呼ばれる同種のトイレが知られているものの、その分布の東限がどこまでかは、いま一つ明らかでない。ただし九州以東の本土

図1

図1　沖縄の豚トイレ「フール」の復元模型
フールは豚の飼育場所でもあり、その実際の様子は沖縄県北中城村大城にある国指定重要文化財の中村家住宅（十八世紀）などで見ることができる。

では、当面、考慮の外に置いてもよいトイレ形式だろう。

こうして古代トイレのイメージとして、「土坑式トイレ」「水洗式トイレ」「移動式トイレ」「たれ流し式トイレ」「豚トイレ」の五つが想定できた。そして、このうち一般的には、前三者のトイレを探し出すのが当面の目標となる。さらに言えば、発掘現場で遺構として見つけることができるのは土坑式と水洗式の二種のみとなる。では、どのようなトイレが調査で発見できるのか？　どのような発見への努力が行われたのか？　その具体的な姿を求めて、発掘現場へ足を運ぶことにしよう。

I　トイレの考古学

1 トイレ遺構の発見

福井県一乗谷朝倉氏遺跡の金隠し

発掘調査された遺構がトイレではなかろうかと推測された事例は多いが、考古学関係者の間で一定の賛同を得るまでには、なかなかに至らない。先にも述べたように、「なるほどトイレ跡だ！」と多くの人々を納得させるだけの客観的な材料を示せないからである。そんな中で、福井市の一乗谷朝倉氏遺跡から発掘された石積施設は、「トイレ遺構」と判断してほぼ誤りないと認定された、わが国最初の発掘事例である。

それは一九八〇年（昭和五五）十月のことだった。調査担当者の一人でもある水野和雄さんは、そのときの喜びの様子を以下のように書いている。「石積施設SF一六一七から「金隠し」が発掘されたことによって、ついに日本で初めて「便所遺構」が確認された。発掘開始から苦節一三年。待ちに待った発見であった」と。(1)

トイレ遺構が発見された一乗谷朝倉氏遺跡とは、戦国大名朝倉氏の本拠地とし

(1) 水野和雄「戦国時代城下町「一乗谷」のトイレ」『月刊文化財』通巻三五〇号、第一法規出版、一九九二年

て栄えた城館および城下町の跡で、一五七三年（天正元）の織田信長軍の侵攻によって全域が灰燼（かいじん）に帰した遺跡でもある。跡地はその後、水田や畑地などに利用されたため遺構や遺物の保存状態は全般に良好で、一九六〇年代末から継続されている発掘調査によって、領主朝倉氏の館跡をはじめとし、土塁や庭園、道路網、町屋、屋敷・建物、井戸、濠などが焼失時そのままの姿で掘り出されている。そして、ほぼ全域が国の特別史跡（特別名勝〈庭園〉でもある）としての指定を受け、その一部は整備され、町屋などの建物は実物大に復元されている。問題の金隠しが出土した石積施設は、城下町の一画を構成する町屋の敷地（間口八メートル、奥行約一八メートル）の裏庭部分に設置された井戸のような石積の遺構である。

石積施設がトイレだ

この遺構（報告書では「SF一六一七」と呼称）は、周囲に川原石を六段ほどに組み上げた東西一・八メートル、南北一メートル、深さ一メートルの井戸状で、長辺の両側に径約一五センチの杭が三本程度打ち込まれていた。その杭の先端は石積施設の上端より上に延びていた可能性が高いというから、これを柱とすると屋根や壁を伴った上屋（うわや）が復元できる。遺構の内部からは、越前焼の甕・壺の破片や素焼きの皿などとともに、将棋の駒「飛車」や毛抜き・銅銭など多彩な遺物が出土している。むろん「金隠し」も、その中から発見されたもので、長方形の杉板（長さ三一・五センチ、

図2

幅二二・二一㌢、厚さ一・九㌢）の上端部隅を面取風に斜めに切り落とし、下半部は床下にはめ込むように両側を幅四㌢ずつ切り込んでいた（口絵6）。火を受けて一部は焼けこげていたが、その形状から一見して金隠しと判明する。これを発見したとき、「（石積）施設内には有機質の泥が溜まり、悪臭がしたことを今でも記憶している」と水野さんは述懐している。

このように、金隠しが発見された遺構自体は、石積みを伴う方形の土坑であり、遺構だけを見る限り、井戸とも水溜ともゴミ捨て穴ともトイレとも考えることができる。そして実際、一条谷朝倉氏遺跡からは、四〇〇基近くもの石積施設が発見されている。だから報告書などを見ても、この種の遺構はその時々に石組壙や

図2　一乗谷朝倉氏遺跡出土のトイレ遺構
内部から金隠しが出土した石積施設。それによりわが国ではじめてトイレ遺構と認定された。柱が残っているのでトイレには上屋があったようである。

石積施設・石組遺構・石組溜枡・水溜などと呼ばれ、用途についてもゴミ捨て穴であるとか、水溜であるとか、トイレであるとかなど、異なる評価が下されてきた。ただしいずれの判定にせよ、その明確な根拠を示さない。いや、示せないままの想定による評価という点で共通していた。

そのような状況の中で、内部から金隠しが出土したことにより、その石積施設がトイレであることが確実視されるに至ったのだ。だが、そうだからといって、これまで大量に発見されている同種の石積施設（遺構）のすべてがトイレであると断定することもできないだろう。なぜなら、トイレとしては密集しすぎて存在する例や、屋敷地の玄関を入ってすぐ横に存在する例、大きな角井戸と見られる例、側壁表面に火を受けた例（火葬の施設か？）などもあって、全てをトイレ遺構と決めつけることもできない。そうなると石積施設のうちの、どれとどれが「トイレ遺構なのか？」「石積み井戸ではないのか？」という、当初の疑問点が再び頭をもたげ始める。

一乗谷朝倉氏遺跡における「トイレ遺構」判定の根拠は、金隠しが出土したという一点にあった。だから、従来から指摘されてきた問題点・疑問点が、本当の意味で払拭されたとは言い難い。すなわち、金隠しの出土という僥倖（ぎょうこう）に恵まれない石積施設の判定には、残念ながらまだ多くの疑問符がつきまとうのだ。むろん、その大半がトイレである可能性は限りなく大きいのだが……。

ともあれ、金隠しというトイレに深く関連する遺物の発見により、一乗谷朝倉氏館跡において考古学的にはじめて発掘遺構がトイレ遺構と判断された。こうして一乗谷朝倉氏遺跡の石積施設ＳＦ一六一七は、わが国のトイレ遺構発見の第一号となったのである。

東北地方の籌木出土遺構

ここで取り上げる「籌木（ちゅうぎ）」とは、排便の後始末をした木ぎれのことで、民俗例では「ステギ」や「チョウギ」と呼ばれ、さらにはもっと直裁的に「クソベラ」とも呼ばれている。『広辞苑』（岩波書店）では籌木のことを、「①かずとりの棒」とともに「②用便の際、尻を拭う木片。掻木（かきぎ）」と解説している。今で言うトイレット・ペーパーならぬトイレット・チップであろうか。その具体的な形は、『餓鬼草紙』の一場面である「伺便餓鬼（しべんがき）」に描かれており、道路上に排泄されたウンチの間に後始末に使った紙とともに、木や竹で作った籌木が散乱する様子を見ることができる。

東北地方には、何故かこの籌木が大量に堆積する土坑状の遺構が、数多く発掘される。この籌木に最初に気づいたのが、秋田県大館市の矢立廃寺跡（やたてはいじあと）の調査担当者である板橋範芳さんであり[2]、岩手県平泉町の柳之御所跡（やなぎのごしょあと）の調査を担当した本沢慎輔さんだった。ともに一九八七年（昭和六二）のことであり、ほぼ同時に二人は、土坑内の土に含まれるウリの種やハエの蛹にも注目し、この遺構の土が人間

（2）　大館市教育委員会『大館市矢立廃寺跡発掘調査報告書』一九八七年

の排泄物の堆積であることを推測したのだ。これはまさしく卓見で、籌木を考古学的に把握し報告書に記載した最初の例である。そして、さらに興味深いのが柳之御所跡の報告書(3)に、岩手県遠野市におけるクソベラについての聞き取り調査の結果が掲載されていることである。そこには長さ二〇～三〇センチ、幅一センチほどの木ぎれ（多くは杉材）を籌木として、第二次世界大戦後の間もない頃まで使っていた地域があったことが報告されている。籌木の使用は決して遠い過去の出来事ではないのである。

福岡市鴻臚館跡のトイレ

福岡市に所在する鴻臚館（筑紫館）跡の発掘調査もトイレ遺構の調査例として注目に値する。その遺構の詳細はのちに述べるが、黄色い地山層を掘り込んだ深さ四メートルにも達する穴の内部には、黒色の土層が分厚く堆積し、その中には細長い木ぎれ（木簡を含む）やウリの種、ハエの蛹などが含まれて

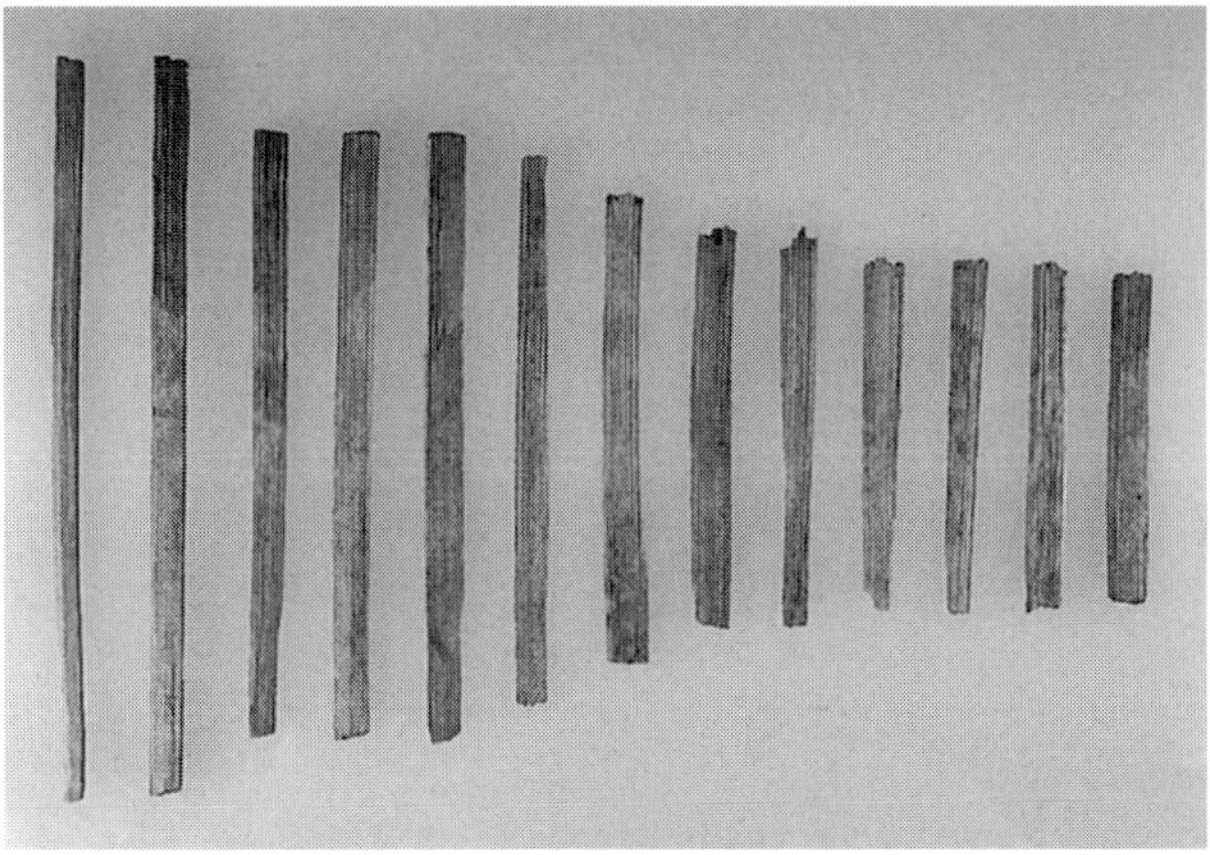

図3

図3　矢立廃寺跡トイレ遺構出土の籌木　スギ材を割ってつくった薄板。長さ一〇～二〇センチ、幅一・五センチ前後。出土品を籌木（クソベラ）と認識した最初の例である。

（3）平泉町教育委員会『平泉遺跡群発掘調査報告書－加羅之御所跡第二次他』一九八七年

いた。調査を担当した福岡市教育委員会の山崎純男さんらは、これらの遺物の組み合わせから遺構がトイレであろうと気づいたという。(4) すなわち、木ぎれは排泄後始末用の籌木であり、ウリの種は人間の体内から排泄されたもの、ハエの蛹はウンチに生み付けられたウジ虫であると考えたのだ。この想定は的を射ており、のちに行われた土壌の科学的分析でもその正しさが証明された。肉眼で判断できるトイレ遺構関連の遺物として、ここで示されたクソベラ、ウリの種、ハエの蛹が代表的な三種と言える。逆に言えば、この三種が揃って出土することは、その遺構が「トイレ遺構」である可能性を雄弁に物語る。まさにトイレ遺構判別の「三種の神器」と言えるのだ。ただしハエの蛹は、ほかの二種に比べて小型であり、よほど注意しなければ見落とすおそれもある。また、小型であるがゆえに残り具合も悪く、トイレ遺構だからといって必ず出土するものではないことも知っておく必要がある。

鴻臚館跡におけるトイレ遺構の調査は、遺構内に堆積した土壌に含まれる遺物から、当該遺構をトイレであると判定したもので、その判定の根拠が一つだけではなく、複数の組み合わせからなる点でも説得力に富む。先に見た矢立廃寺跡や平泉柳之御所跡においては、土坑内から出土する木ぎれをクソベラと理解し、それを出土する土坑をトイレと判断したものだ。平泉例ではクソベラの出土のみをもってトイレ遺構と判断することが多いが、その判断材料が多いほど判定の信憑性が増すことは言うまでもない。

(4) 山崎純男「筑紫館(鴻臚館)の便所遺構」『月刊文化財』通巻三五〇号、第一法規出版、一九九二年

しかし、以上の考古学的な徴証が、いつも必ずトイレ遺構に伴っているとは限らない。逆に言えば、それらの徴証を伴わない遺構でもトイレであった可能性がある。その意味では、肉眼には見えなくても、その存在がトイレ遺構の存在を示すもので、かつ遺存度が高い遺物を探し出す必要がある。それが何であるのか？その手がかりを得たのが、次に紹介する奈良県藤原京跡の発掘調査である。

奈良県藤原京跡のトイレ遺構

それは一九九二年（平成四）一月末の出来事だった。私が調査担当者となって実施した藤原京跡の一画に設けた小さな発掘区の端に、南北に細長い奇妙な穴がひっかかった。湧き出す地下水対策として、調査の初期段階で発掘区の外周を溝状に一段深く掘り下げるのだが、その排水溝の掘削作業中に、ある部分から集中的に遺物が出土した。木簡や木ぎれ、それにウリの種の堆積が特徴的であった。いっしょに現場にいた同僚の調査員と、どうしてここにそれらの遺物が集中して出土するのか、その理由について話すうち、私の頭の片隅にふと「トイレ」という三文字が浮かんだ。

議論の都合上、否定的な意見を述べる同僚に対し、私はいくつかの根拠を挙げ、その堆積土が人間のウンチであり、そこがトイレの跡であることを力説した。むろん同僚とてトイレ説に真っ向から反対ではなく、その判定には明確な根拠を示す必要があるというのだ。それは当然のことで、結果的に堆積土の科学的な分析と判定が必要ということで意見が一致した。そこで、同じ研究所内にある埋蔵文化財センターに相談することにした。

「琢さん、藤原京の現場で、トイレの跡を見つけました。科学的な方法で判定したいのですが……」という私の電話に、「ほんまか、そらおもろいな。松井を行かすから、相談して、あんじょうやってみぃ」という田中琢センター長の声が返ってきた。今考えると、この電話の短いやり取りが、そもそも「トイレ考古学」スタートへの第一歩だったのだ。

図4

図4　藤原京跡右京七条一坊西北坪出土のトイレ遺構堆積土断面
発掘区南端の土層をはぎ取ったもの。断面中央部のやや白っぽく写っている部分がトイレの堆積土。上端付近に籌木が数本顔を出している。

翌日、大きなポリバケツを抱えた環境考古学を専門とする松井章さんが現場にあらわれ、堆積土のすべてを採取すると言う。「土は大量にある方が、いろいろな分析に使えますから、みんないただいて帰ります」と、ポリバケツに土を詰め込みだした。こうして八〇リットル入りのポリバケツ二杯に詰め込まれ土は、彼の研究室に持ち帰られ、すぐさまふるいの中で水洗いされた。そして翌日、「糞虫やウジの遺体が沢山あります。それに、食べかすの魚の骨なんかも見えます。トイレに間違いありません」との連絡が入った。早くも科学的な判定が下ったのだ。そしてさらに数日後、「寄生虫の卵を金原（正明）君が見つけました。日本ではじめてです。これはいろいろなことに使えそうです」という興奮した松井さんの声が、電話の向こうから聞こえてきた。(5)

トイレ遺構の意味

それはあまりにもあっけない出来事だった。これまでトイレと臭う遺構にあたっても、「この穴こそ、トイレの跡」と万人を説得するだけの根拠を示すことができなかった。「ああ、それなのに、それなのに」である。一九九二年一月末から二月上旬にかけてのわずかの期間に、それも水洗いや薬品処理だけの簡単な操作で、トイレ遺構と判断できる科学的な判定方法が見つかったのだ。

「トイレ遺構はどこだ?」「トイレとはどんな形か?」「この発掘遺構はトイレか否か?」。考えてみればトイレ遺構への関心事とは、私も含めて考古学関係者はその程度でしかなかったようだ。我々はもっぱら、トイレ跡発見の一事にのみ目を向け、トイレ遺構を発見し、そこからどのような情報を引き出すのかという

(5) 黒崎直・松井章・金原正明「科学的に解明された古代宮都のトイレ」『月刊文化財』通巻三五〇号、第一法規出版、一九九二年

本来の目的を欠落していたようだ。だから目的意識を、そのように切り替えてみると、これまでとはまったく異なった地平が見え始める。

「トイレ堆積土から人間と環境に関わる様々な情報を探し出す」「その目的のために、トイレ遺構の堆積土を採取し分析する」。そして、その手続きの過程で発掘された遺構が「トイレか否か？」が、副次的に導き出され判定されるのだ。目的と手続きの入れ替わり、まさに藤原京跡トイレ遺構の調査がその転換を明確に示したのであった。ここに新しい「トイレ考古学」が誕生したのである。

2 トイレ考古学のはじまり

土壌の分析

時間的にはややさかのぼることになるが、ここでは松井章さんらが実際に行った土壌の分析方法などについて、紹介しておきたい。検出した藤原京跡の土坑遺構がトイレであったことの証明は、土坑内部に堆積した土壌の科学的分析によるのが最善であることは言うまでもない。従来の考古学では、発掘調査現場で目で見えたものだけを採集することが多く、肉眼では見つけにくい微細な遺物は、見のがされることが多かった。藤原京跡の事例では、幸いにも発掘調査の早い段階で、調査担当者である私が「トイレ遺構ではなかろうか？」と気づいたため、遺構内の土壌はほとんどそのままが現地に残っている。これを聞いた松井さんは、土坑の機能・性格を明らかにするため、堆積土をすべて採取し、さまざまな新しい技術を用いて分析を試みようと考えたのだ。結果的にこの二つの出会いが、「トイレ考古学」の前進に大きく寄与することに結び付いたのだ。

分析の対象とするのは、糞虫(ふんちゅう)やハエの蛹などの便所特有の昆虫、種実、消化しきれなかった食物残渣、花粉、それに可能なら回虫や鞭虫（べんちゅう）などの寄生虫卵の存在などである。これらを確認することができれば、発掘遺構がトイレである可能性は限りなく高くなる、と松井さんは考えた。こうして現地にて採取した土壌は松井さんの研究室に運ばれ、内容物を精査することとなった。

古代のトイレの土壌分析を行うにあたり、松井さんがまず参考にしたのが英国の環境考古学の研究成果であった。彼はヨーク大学環境考古学調査会を訪問した際、アンドリュー・ジョーンズさんからヴァイキング時代におけるヨークの町のトイレ研究について教示を受けていた。それによれば、トイレやその周囲の遺構の堆積層を採取して、寄生虫や種子・ダニ・魚骨などを検出し、当時の人々の生活の復元に役立たせようとするものだ。そして実際に、その成果の一端は、電気自動車でヨークの過去をさかのぼり、当時の町並を見てまわるヨルビック・バイキング・センターの各種考証に生かされていたのだ。(6)

その時の経験をいつか日本でも生かしたいと考えていた松井さんにとって、その絶好の機会が訪れたわけで、彼は研究室でジョーンズさんらの著作を読みながら、トイレ遺構内の土壌を試行錯誤しながら水洗選別に取りかかった。すると期待どおりに、多くの種実や昆虫・魚骨などの微細遺物を採集することができた。土壌の水洗選別には、ウォーター・フローテーション法、パラフィン・ワックス法があり、彼はその両方を試みたが、大部分の資料は、ウォーター・フローテーション法によって効果的に採取できたという。

(6) 松井章『環境考古学への招待』岩波書店、二〇〇五年

ウォーター・フローテーション法

彼が行ったウォーター・フローテーション法とは、回転する水流の力で土壌を分解し、中に含まれた微細な遺物を浮かび上がらせて採集する方法で、原理的には回転ドラム式の洗濯機に近い。水槽の中に浮遊した微細遺物はシャーレーにすくい取り、実体顕微鏡で二〇〜三〇倍に拡大して検眼することによって選別し採取した。

一方、パラフィン・ワックス法は、従来でも昆虫遺体の採集などに用いられている方法で、五〇度位に熱したお湯にワックスを溶かし、その中に土壌を入れて攪拌(かくはん)する方法である。温度が低下してワックスが水面で凝固すれば、皮膜内には多くの昆虫や種子が含まれ、それを顕微鏡で検眼して採集するのだ。しかし、この方法はワックスの濃度の問題や、凝固したあとのワックスを取り除く方法がやっかいで、まだまだ改善の余地を残しているようだ。いずれにせよ、土壌分析法の成否は、土壌に含まれる微細な遺物をいかに効率よく、定量化が可能なように採集するかであり、大量の土壌を短時間でかつ遺物の損傷を最小限におさえながら採取することが求められる。

こうして採取された種実や昆虫・魚骨などの遺物は、松井さんの紹介で各分野の専門家へと分析が依頼された(7)。

(7) 奈良国立文化財研究所『藤原京跡の便所(トイレ)遺構』一九九二年

昆虫

昆虫遺体については、大阪市立自然史博物館の宮武頼夫さんに依頼し、次のような分析結果が得られた。すなわち堆積土中には、

① マルエンマコガネ・ウスチャマグソコガネ・フチケマグソコガネなど、一般に「糞虫」と呼ばれる食糞性のコガネムシ類が多いこと。
② チョウバエ・ハネカクシ・エンマムシなどが含まれる。
③ コクゾウムシが含まれる。
④ シイノキコナジラミやカイガラムシ類が含まれる。

①については、土壌が「トイレ遺構」に深く関連していることを物語り、②もゴミ捨て場や便槽・動物死体・糞便に関連するところから、その想定を裏づけるようだ。一方、③のコクゾウムシについては、それが米につく害虫でトイレ遺構にそぐわない昆虫だが、宮武さんはコクゾウムシの各部が非常に固いため、ご飯に炊き込まれて人に食されたのち、排泄されたものではないかと推測している。まことに興味深い所見である。また、④のシイノキコナジラミについては、シイやアラカシなどの葉にカイガラムシ類がコナラの枝や葉につくことから、便槽内にそうした葉や枝を敷いたか、籌木のほかに葉で尻を拭いた可能性もあると、宮武さんは考えている。

その当否は別にしても、このような昆虫の組成は、宮武さんがかって分析した弥生時代の集落跡である大阪府の池上・曽根遺跡や亀井遺跡の大溝（環濠）から出土した昆虫類とも酷似しているという。池上遺跡では、ゲンゴロウなどの水生昆虫とともに、藤原京跡の場合と同じ糞虫類やコクゾウムシ・エンマムシなどが出土している。おそらく大溝（環濠）は、集落の防御機能を担うとともに、そこに居住する人々の排泄物を流し出す下水の機能も兼ねていたのだろうと、宮武さんは弥生集落の生活環境にも思いをはせている。

そしてもう一つ注意すべきは、これらの昆虫が堆積土内に封じ込められるに至る経路に二とおりが想定できることである。すなわち、①②の昆虫のように便槽やゴミ捨て場という環境に好んで集まり堆積したものと、③のように人の体内を通してウンチとともに排泄され堆積したものの二種である。前者はトイレという環境を復元するうえでの手がかりであり、後者は人の食生活を復元するうえでの手がかりとなる。同様なことは、次に紹介する種実や花粉でも指摘できそうである。

種　実

種実類については、大阪千代田短期大学の粉川昭平さんに依頼し、表1のように同定されたが、ここでも周囲の環境から流入したと考えられる雑草類の種

表１　藤原京跡トイレ遺構から出土した種実類

学　　名	和名	部位
Morus bombycis Koidz.	クワ	種子
Rubus	キイチゴ属	種子
Zanthoxylum piperitum (L.) DC.	サンショウ	種子
Vitis	ブドウ属	種子
Ampelopsis brevipedunculata Trautv.	ノブドウ	種子
Scirpus	ホタルイ属	果実
Cyperus	カヤツリグサ属	果実
Aneilema keisak Hassk.	イボクサ	種子
Rumex japonicus Houtt.	ギシギシ	果実
Compositae?	キク科？	果実
Polygonum	タデ属	果実
Caryophyllaceae	ナデシコ科	種子
Chenopodium	アカザ属	種子
Ranunculus	キンポウゲ属	果実
Oxalis corniculata L.	カタバミ	種子
Solanum	ナス属（ナス？，イヌホオズキ？）	種子
Perilla	シソ属	種子
Cannabis sativa L.	アサ	種子
Cucumis	ウリ属	種子
Eclipta prostrata (L.) L.	タカサブロウ	果実

実と、果実が食用となる植物の種子という二種が認められた。このうちクワ・キイチゴ属・サンショウ・ブドウ属・ナス属・シソ属・アサ・ウリ属などのやや小型の種子が後者で、これらは果実を食するとき同時に体内に摂取され、未消化のままウンチとともに排出され堆積したものだ。同じような種子の組成は、時代は

下るが秋田県矢立廃寺跡の十二世紀のトイレ遺構からも発見されており、当時の食生活を考える手がかりを与えてくれる。とくに各地のトイレ遺構からウリの種子が多量に発見される事実は、古代においては種子ごと食べる習慣が一般的であったことを物語っているようだ。

一方、周囲の環境から流入したと見られる前者の種実類には、アカザ属・カタバミ・ナデシコ科のような乾燥した人里や畑を好む種類と、ホタルイ属・イボクサ・ギシギシなどのように溝や水湿地かその周囲に好んで生育する種類が見られるという。このことから、遺構の周囲に異なる種実類を供給できる二つの環境が存在したであろうと、粉川さんは想定している。

魚骨

ウォーター・フローテーション法で採取した資料の中に魚類の椎骨(ついこつ)を見つけた松井さんは、大喜びで上司の佐原眞(まこと)さんに「ドジョウの骨を見つけました」と報告したらしい。しかし、のちにそれを原生標本とじっくり比較した松井さんは、カタクチイワシの椎骨であると訂正している。(8) 遺跡から出土する動物遺存体の研究を続けてきた松井さんにとっても、顕微鏡の視野内にあらわれた魚類の椎骨はめずらしいもので、いくつかのイワシの種類の現生比較標本と並べて詳細に検討した結果、一ミリに満たないその椎骨が体長五〜六センチの小型カタクチイワシで

(8) 佐原眞「古代の食―藤原京のトイレ―」『VESTA』季刊一三号、味の素食の文化センター、一九九二年

あるとようやく確信できたのだ。

　大和盆地ではこのような海水魚が偶然に便槽内に混入する可能性は皆無なので、このカタクチイワシが人に食されて排泄されたものと理解できる。おそらく骨までは消化されずに排泄されたものであり、種類までは同定できなかったが、魚類の鋭い背鰭も一点見つかっている。魚骨は、イギリスのヨークで発掘された「トイレ遺構」でも見つかっており、このような微細で脆弱な遺物が遺存し得たのは、トイレ堆積土特有の化学成分がその保存に好影響を及ぼしているのだろうと、松井さんは推測している。

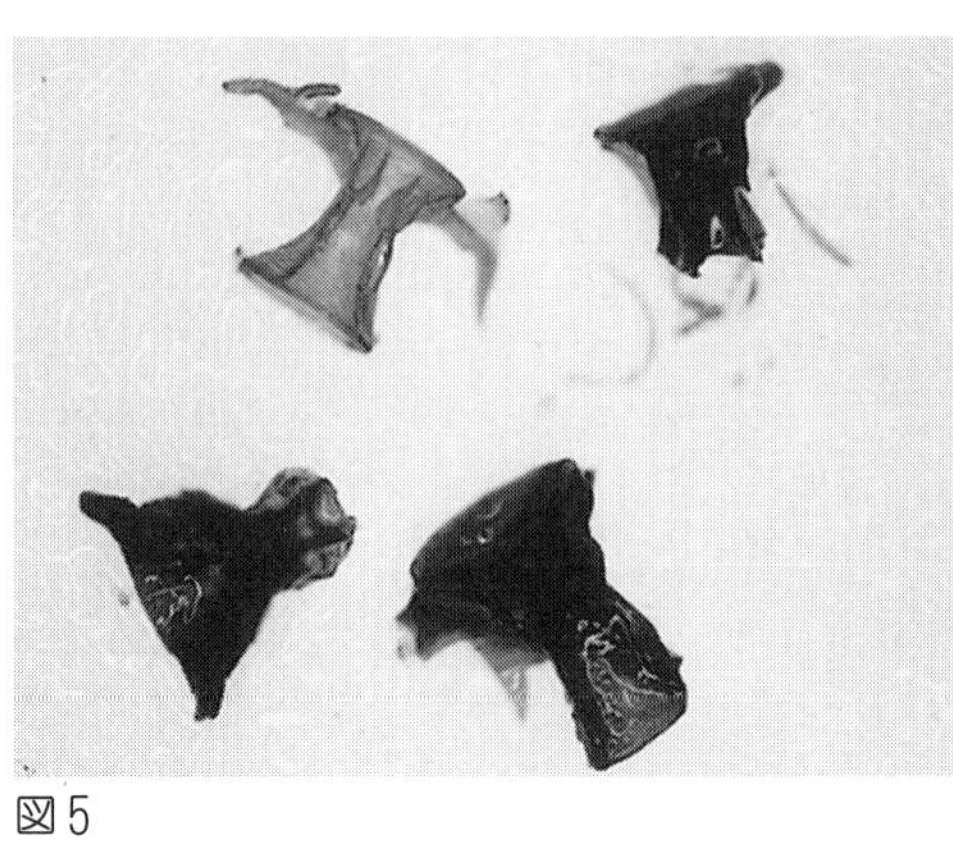

図5

図5　藤原京跡トイレ遺構出土のカタクチイワシ椎骨
ウォーター・フローテーション法で採取された魚骨。人に食され消化器官を通ってトイレ遺構内に落ち込んだもの。左上の白い魚骨一点は現生のもの。

花粉と寄生虫卵の抽出

一方、五〇〇ミクロン目のふるいからは漏れ落ちてしまう、さらに小さな遺物を採集することも必要だ。これまで主として花粉分析のために行われてきた直接検眼法や重液比重法などの方法を組み合わせて、今回はさらに寄生虫卵などのごく微細な遺物の採集も試みられた。

直接検眼法とは、土壌を溶かしてその溶液に含まれる遺物を直接検眼する方法。土壌から必要な遺物を抽出するには塩化亜鉛やパラフィンを利用し、その比重の違いで遺物を分離する。さらに酸・アルカリ処理をして、検索に不必要な雑物を取り除いてから検眼することが有効である。また、遠心分離器も比重の違いを利用した方法で、寄生虫卵の検出に有効であるという。藤原京跡の場合では、これらの方法を用いて花粉、寄生虫卵、未消化の植物細胞、動物の筋組織片などが採集された。

なお分析にあたっては、花粉分析の経験が豊富な天理参考館学芸員（当時。現在は奈良教育大学）の金原正明さんに依頼し、寄生虫卵の同定では奥様でもある金原正子さんの助力によるところが大きかった。金原正子さんは病院における検査技師の経験があり、寄生虫卵の検鏡にも熟達しておられたからだ。

花粉分析の成果によれば、トイレ遺構の周辺にはアカガシ亜属とそれに次ぐスギを主とする樹木が多かったようで、草本類ではイネ科の優占が目立つという。一方、アカザ科―ヒユ科やヨモギ属など人里・畑地のやや乾いた環境を好むものと、ミズアオイ属などの溝などの水湿地を好むものとが混ざっているという。この乾湿二種類の環境が存在することは、当然ながら種実の分析結果とも共通する。

またあわせて、ミズアオイ属・アカザ科―ヒユ科・アブラナ科などは食料となるので、それらが食用に起因する可能性も指摘されている。花粉の場合にあっても、周囲の環境からの侵入とともに、人の口から入り消化器官を経て堆積土に侵入した経路も考慮しておく必要がありそうだ。なお、ベニバナ花粉も一個だけだが検出された。ベニバナの花粉については、のちに詳しく触れたい（二一五ページ以降参照）。

寄生虫卵

発掘調査で採取した土壌から日本ではじめて寄生虫卵を抽出するにあたり、金原正明さんらは抽出や分析の方法を工夫した。有機物や泥土・砂を多量に含む藤原京跡「トイレ遺構」の土壌では、これまで糞石などを対象に行われてきた欧米の寄生虫卵抽出法をそのまま適応させることはできないと考えたからだ。彼はこうして物理化学処理による新しい抽出法を開発した。金原さんはその方法によって、堆積土から任意に一〇の試料を採取し、寄生虫卵の同定と密度を算定することにした。その結果、回虫卵・鞭虫卵・肝吸虫卵・横川吸虫卵の四種が検出され、その後の精査で、有鉤あるいは無鉤条虫卵（幼虫被殻）と肺吸虫類の卵が見出された。ただし後者の二種の卵は、きわめて数が少なく、通常の検鏡では見出せない程度であるという。

寄生虫卵の密度は、多い試料で一立方㌢あたり五〇〇〇個をこえた。金原さんは実験的に、同じ遺跡内のほかの遺構などに伴う土壌を分析し検鏡したが、寄生

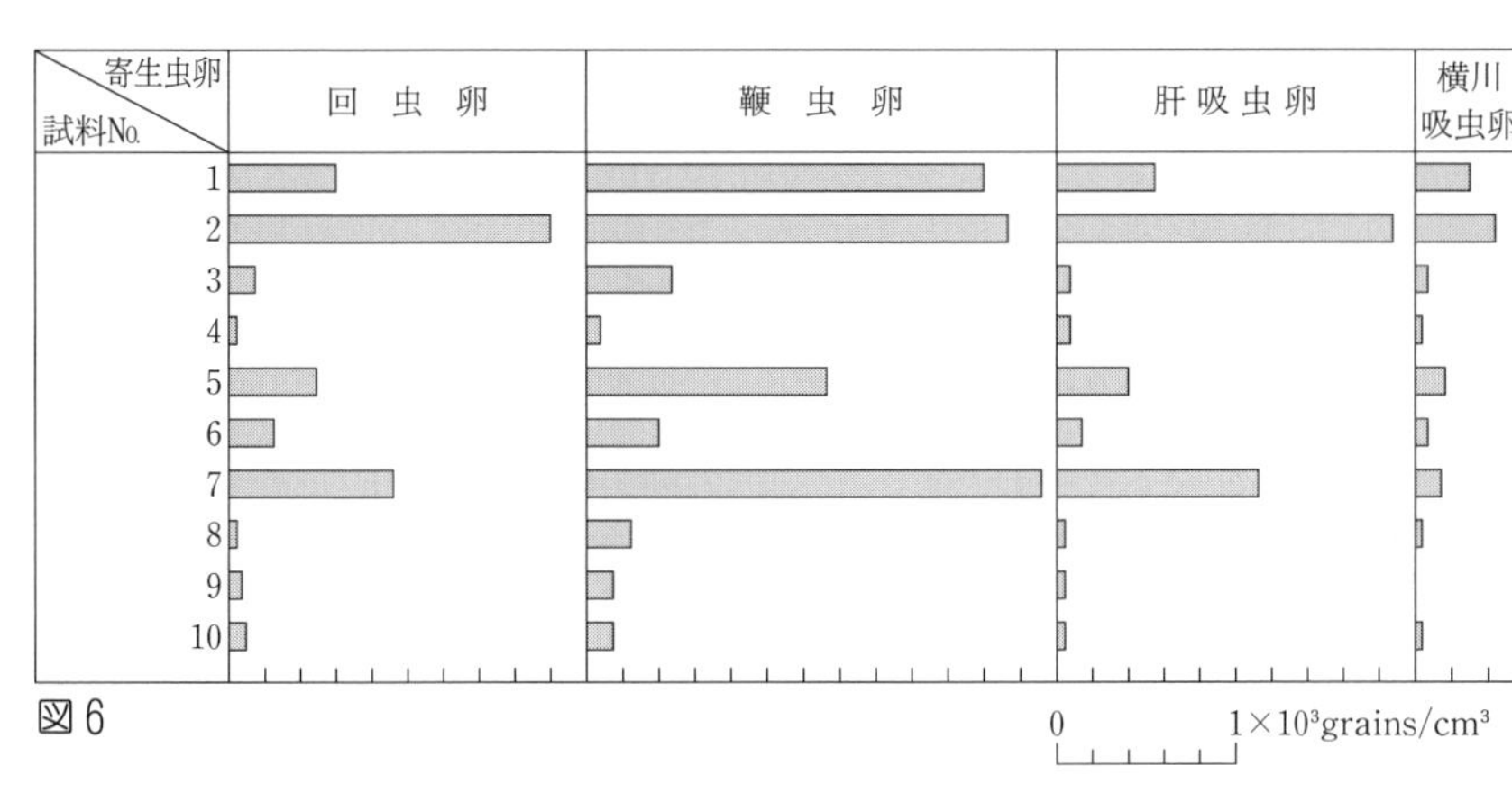

虫卵がまったく含まれていないか、検出されても一立方チセンあたり二桁までの数であったという。このように両者の差は極端かつ明確であり、藤原京跡トイレ遺構の試料が、ウンチそのものの堆積物であることは間違いないと、彼は明言している。ただし図6のグラフにもあるように、寄生虫卵の密度は試料によって異なる。周囲からの土砂流入の影響にもよるのであろう。また、寄生虫卵以外にも、ウンチに特有の食物残渣が観察された。この食物残渣の検出も、ウンチの堆積を判定するうえで貴重な手かがかりとなる。

一方、寄生虫はその種類によって特有の生活史を持つ。このため、当時の食生活に対する有益な情報をもたらしてくれる。

① 回虫・鞭虫は、土壌中の卵に汚染された生野菜（野草）を食べることによって感染。

図6　藤原京跡トイレ遺構出土の寄生虫卵分析結果　採取した土壌試料一〇点の一立方チセンに含まれる虫卵の密度を示す。一目盛りが一〇〇〇個なので、試料7の鞭虫卵は一万二〇〇〇個におよぶ。試料2と7はまさに糞便そのもの。

② 肝吸虫は、第二中間宿主であるコイ科を主とする淡水魚を人が補食することによって感染。
③ 横川吸虫は、第二中間宿主であるアユを主とする淡水魚を補食することによって感染。
④ 有鉤あるいは無鉤条虫は、寄生した豚肉・牛肉の不完全調理による摂取や汚染された生野菜（野草）や飲料水で感染。
⑤ 肺吸虫は、第二中間宿主であるカニ類の摂取による感染が主となる。

これらのことから当時の人々が、生野菜（野草）①とコイ科・アユを主とする淡水魚②を生食か熱処理が不完全な調理で食べていたことがわかる。また、野菜栽培の肥料に人のウンチを利用した可能性とか、汚染を受けやすい場所で栽培していたことも想定できるなど、多くの情報が得られた。

科学的なトイレ考古学の確立

以上ながながと、土壌分析の方法やその成果について述べてきたが、これらの分析作業を通じて、はじめて発掘遺構を「トイレ遺構」と断定する確実な手がかりが得られたのだ。この作業なくして科学的なトイレ考古学は存立し得ないと言っても、過言ではない。その中でもとくに、寄生虫卵の抽出は大きな成果である。寄生虫卵は、水や土壌をよりどころにして子孫を増やすというその拡散の戦略からしても、土壌に埋もれた地下の遺構内には残りやすい。八世紀代に生きた寄生虫卵が、今なお生命（繁殖）力を保つことはないが、それでも検鏡されたその外形は、現生の虫卵と遜色ない。金原正子さんによると、細部はさておいても紛れもなく種の同定は可能であるという。おまけにその種によって、宿主もほぼ限定できるし、それへの寄生の仕方も一定の方式がある。犬や猫などの家畜に寄生する虫卵と人のそれとは区別できるし、人ならば、どのような飲食物を媒介にして体内に侵入するかもほぼわかっている。ウンチの堆積場所であるという示唆以上に、豊富な情報も教えてくれるのだ。

おまけに、寄生虫卵の抽出・分析の方法が、比較的簡単であるというのも大きな利点である。発掘現場における土壌サンプルの採集方法も、その保管・運搬に関しても、みだりに空気中に放置しないことやほかのサンプルと混ぜないという基本的な点さえ注意すれば、常温でかまわない。また、分析にかかる時間も、最短で一昼夜ほどあれば虫卵含有の有無や多寡（密度の厳密な計測にはもう少し時間が必要）は判明するという。これに対し、例えば放射性炭素年代測定法の場合では、試料の保管や運搬に際して綿や紙で包むことは厳に慎しまなければならないし、カビが発生しやすい試料ではその防止策が求められる。これらは現代の炭素によって試料が汚染しないための対策であり、出土遺物の科学的分析では取扱い上に多くの禁止事項が存在するのが一般的である。

だが、寄生虫卵分析にはさほど難しい禁止事項はない。「トイレ遺構かな？」

と疑ったときには、遺構内の土壌をプラスチックの小さな容器に取り上げて密封して分析を依頼すれば、数日後には結果が知らされる。時間に追われる発掘現場では、何とも心強い限りである。こうして、これまで断定が難しかったトイレ遺構の判定に、科学的な根拠を持つ判別方法が見つかったのだ。まさにこれこそが、藤原京跡トイレ遺構の発掘調査がもたらした大きな成果であり、真に科学的な意味でのトイレ考古学のはじまりを宣言した記念すべき調査と言えるのだ。

3 発掘された藤原京・平城京のトイレ遺構

さあ、いよいよ発掘現場へ出かけ、地下から姿をあらわした古代のトイレ遺構の具体的な様子を調べてみよう。ただし、その前に一つお断りしておきたいことがある。実は発掘された「トイレ遺構」が、本当にそこで人が排泄行為を行った場所・施設であるのか、二次的に人のウンチが運ばれ溜められた場所・施設であるのかの区別は、なかなかに難しい。前者ならばまさしくトイレそのものであるが、後者ならば肥だめであって、トイレ遺構と呼ぶのは正しくない。前述したように、発掘された遺構内に人のウンチないしは人のウンチを含む土壌が大量に堆積していることは、科学的に証明が可能である。しかし、その土壌が一次的な堆積（トイレ）なのか、移動された二次的な堆積（肥だめ）なのかは、簡単に決められない。私などが調査し提唱してきたトイレ遺構の大半は、「人のウンチを二次的に溜めたか、廃棄した場所である」という説も、近時、提唱されている。この点については、のちほど検討を加えることとし、ここでは一般的な呼称としてのトイレ遺構を用いて、発掘された土坑や溝などの遺構を紹介していくことにする。

藤原京跡右京七条一坊のトイレ

まず最初に、科学的「トイレ考古学」のスタートとなった藤原京跡右京七条一坊西北坪の「トイレ遺構」を訪れてみよう（口絵1）。この遺構は一九九二年（平成四）一月、藤原宮跡の南に隣接した地域で計画された宅地造成工事に先だって実施された発掘調査で発見された。遺構そのものは、地面に直接穴を掘っただけのいわゆる素掘りの長細い楕円形の穴（土坑）で、長さ一・六メートル、幅〇・五メートルの大きさであった。ただし、穴の長軸方向は正しく南北の方位に揃えており、「どこでもいいや！」と闇雲に掘られた穴ではない。穴の深さは、現状では四〇センチ程度しか残っていないが、周辺で見つかった建物跡の柱穴の深さなどから換算すると、当時の地表面が六〇〜七〇センチほど削平を受けていると思われるので、本来は一メートル前後の深さがあったものと見なせる。

トイレ遺構の南端は、当初に設定した調査の範囲からはみ出していたが、その部分だけをのちに拡張した結果、東西三〇センチ、南北八五センチの間隔で四本の木杭が打ち込まれていたことがわかった。いずれも小さな樹木の幹を利用した直径二センチほどの杭で、先端を尖らす以外に特別の加工はない。最も長いもので、土坑の底から四〇センチの深さまで打ち込まれていた。

トイレの構造

穴の形や打ち込まれた杭などを手がかりにしながら、トイレが使われていた頃の様子を復元してみよう。まず南北に長細い形からすると、これに跨（また）がって

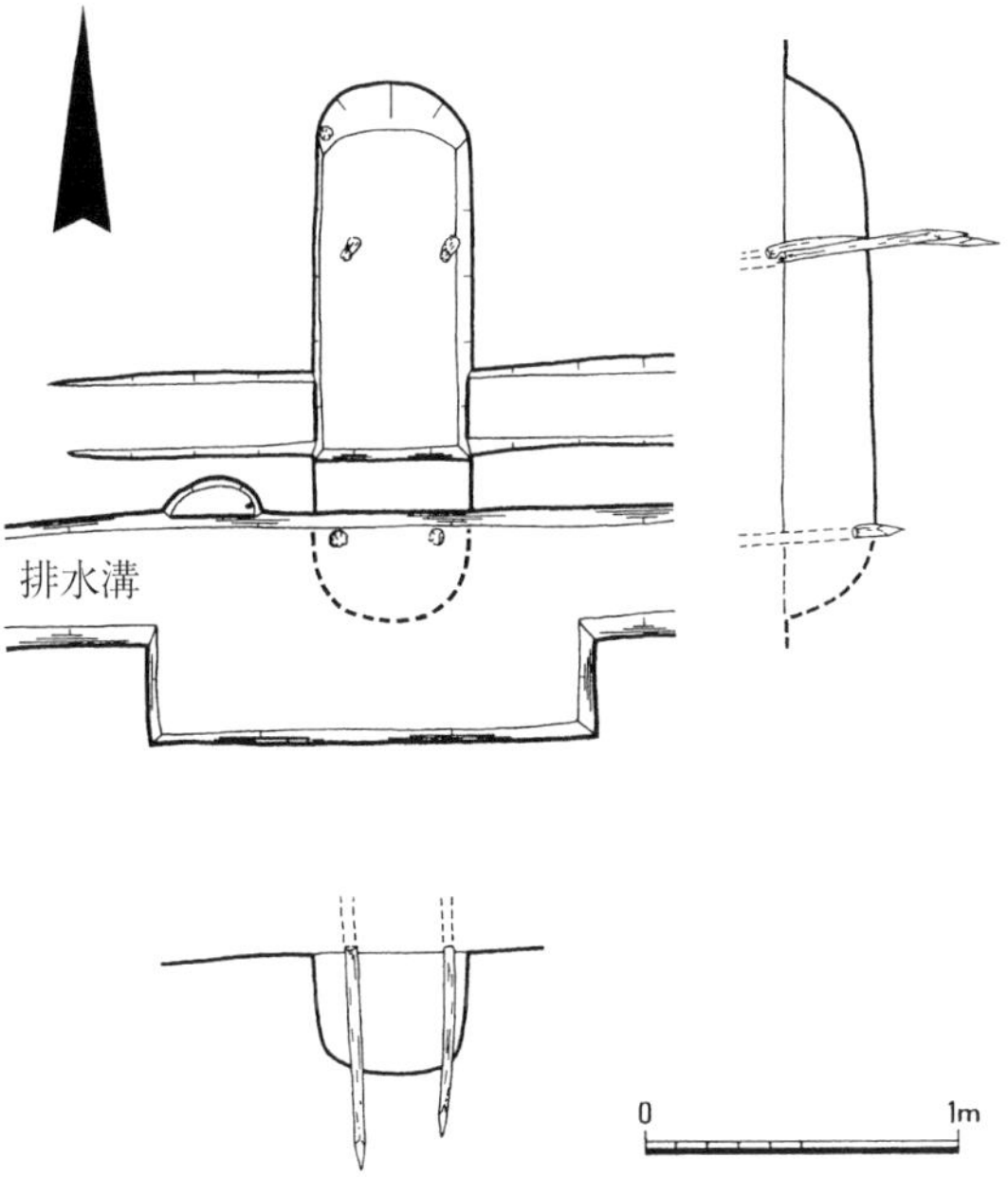

排水溝

0 1m

図7

図7　藤原京跡右京七条一坊西北坪出土のトイレ遺構実測図

南北の方位に長軸を揃えて掘られたトイレ遺構。深さは現状で五〇㌢だが、本来は一㍍ほどか。残された四本の杭から踏み板が想定できる。

用を足したと考えるのが最も簡便な復元である。しかし、実際に寸法にあたってみると、土坑の幅は五〇チセンもあり、現在用いられている「ポッタン便所」用便器の幅二〇〜二五チセンと比較してもあまりに広すぎる。さらには検出面より五〇チセン以上も深かったという復元の数値からすると、土坑の幅はさらに拡大する可能性がある。そうなると直接これに跨がることは、到底不可能である。

そこで踏み板（幅二五チセン前後の歩板）を用いる使用法を考えてみた。①土坑と直交方向に踏み板を渡す例（図8－1）や②平行方向に踏み板を置く例（図8－2）、③その折衷案で踏み板を井桁状に組む例（図8－3）などの復元案を描いてみたが、一長一短があって決めがたい。いずれの案も、踏み板の間隔は約三〇チセンで、杭は踏み板を固定するために打ち込まれたものと考えている。あえて言えば、私は②案が最も妥当ではないかと考えているが、確証はない。さらなる名復元案を待ちたいと思う。

発掘されたトイレ遺構の周辺からは、他人の視線を遮るような遮蔽施設は見つかっていない。現在の日本人の常識からすれば、トイレを遮蔽する建物や塀などの施設が存在しないと、何とも気分的に落ち着かない。だが、考古学の常識からすれば、検出されない遺構は「存在しない」と解釈するのが一般的だ。だから私も、このトイレ遺構の発掘成果を報告する際、「遮蔽施設はない」と発表した。ところがそれを聞いた佐原眞さんは、排便する姿を他人に見られる恥ずかしさとあわせ、その気配すら気取られることを恥じる自分の経験を紹介しながら、「日

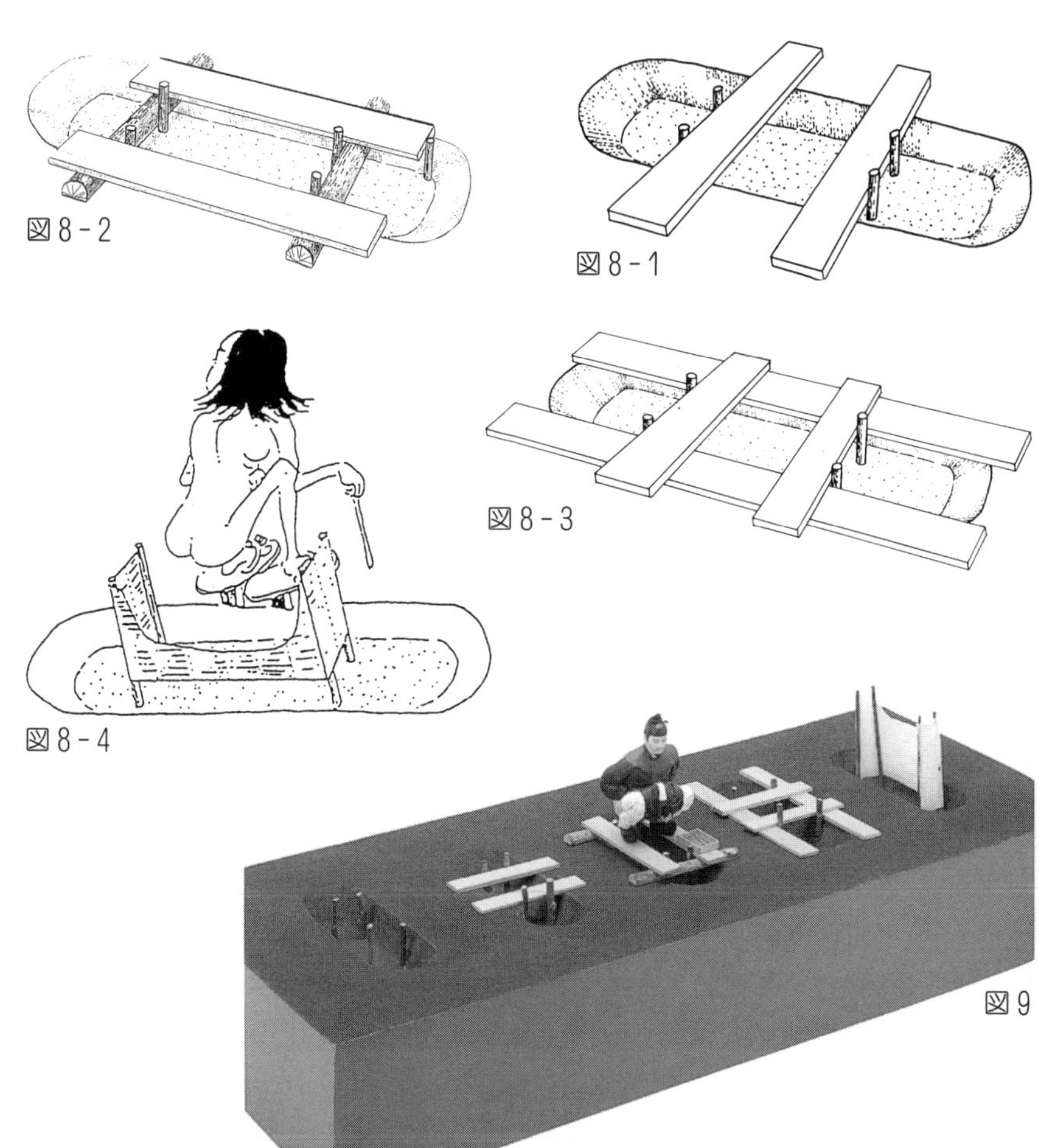

図8　藤原京跡出土のトイレ遺構復元案
図9　同復元模型
四本の杭を手がかりにトイレを復元してみた。8－2案がもっとも妥当とも思えるが、各案一長一短あっていずれとも決めがたい。

本人にとって、トイレの恥ずかしさの歴史は新しいもの」か、として暗に遮蔽施設の存在を主張しておられる。(9) たしかに当時の地表面が削平を受けているから、簡単な掘立柱なら痕跡をとどめていない可能性は十二分にある。ましてや屋根を持たない目隠し程度の小規模な塀なら、その痕跡を確認するのはますます難しい。佐原さんご指摘のように、何らかの遮蔽施設を想定したいのはやまやまだが、一方では『餓鬼草紙』の一場面のように、遮蔽物もないところで連れだって用を足す光景も過去の日本には存在している。はたしてどうなのか？　そう簡単に答えが出せない問題のようだ。今後の調査事例が増えるのを待って、再検討しなければならない課題である。

(9)　佐原眞「古代の食―藤原京のトイレ―」『VESTA』季刊一三号、味の素食の文化センター、一九九二年

トイレから見つかったもの

遺構内からは艶(つや)やかな黒色土に混ざって、籌木(ちゅうぎ)や木簡、土器細片、ウリなどの植物種子、ハエの蛹などの昆虫遺存体、魚骨などの食物残渣、寄生虫の卵などが見つかった。このうち植物種子や昆虫・食物残渣・寄生虫卵などについては先に触れたので、ここでは籌木と木簡について紹介する。なお、土器については出土数も少なく細片であったため説明は割愛したい。

ウンチの後始末に使用した籌木から説明しよう。これはへら状・板状の木製品で、遺構内から約一五〇点が出土した。ヒノキの材を加工したもので、長さ一八

センチ前後、幅約一センチ、厚さ四ミリほどの薄くて細長い板が大半である。表面を削って調整したものが多いが、中には先端を丁寧に削ってへら状に尖らせたものもある。また、反対に少数ではあるが、割り裂いたままの粗面をとどめる棒状の木片もあり、「これじゃ、お尻が痛そうだ」と同僚と冗談を言ったことを思い出す。次に紹介する木簡たちもこれらの木片と同様、籌木としてウンチの後始末に用いて廃棄されたものである。

トイレ遺構からは、木簡が三〇点（うち削屑一五点）出土した。このうち削屑(けずりくず)を除く大半は、割ったり折ったりと二次的な加工を受けており、墨痕は見えるのだが文字として読み取ることができないものが多い。その中で二点のみがほぼ当初の形を保っており、ようやく文字を読み取ることができた。

その一つには「　召志良木人毛利今急　」と書かれていた（図11）。材の右側下端が欠けているが、そのほかに大きな損傷はない。文字は一面にのみ書かれており、内容的には「志良木人毛利を急ぎ召喚することを命じた」召喚状（召文）の一種である。木簡の分類では文書木簡にあたる。「志良木人毛利」は人名だが、姓が「新羅」で名が「人毛利」か、「新羅人」が姓で名が「毛利」か、いずれとも決め難い。

もう一つの木簡は、縦方向に二片に割れている。これは反古(ほご)にした木簡を籌木として再利用する目的で割ったもので、右辺も欠けているから三分割したうちの二片ということになる。文字は両面に書かれていて、「・下戸雑戸戸主　雑戸下

図10

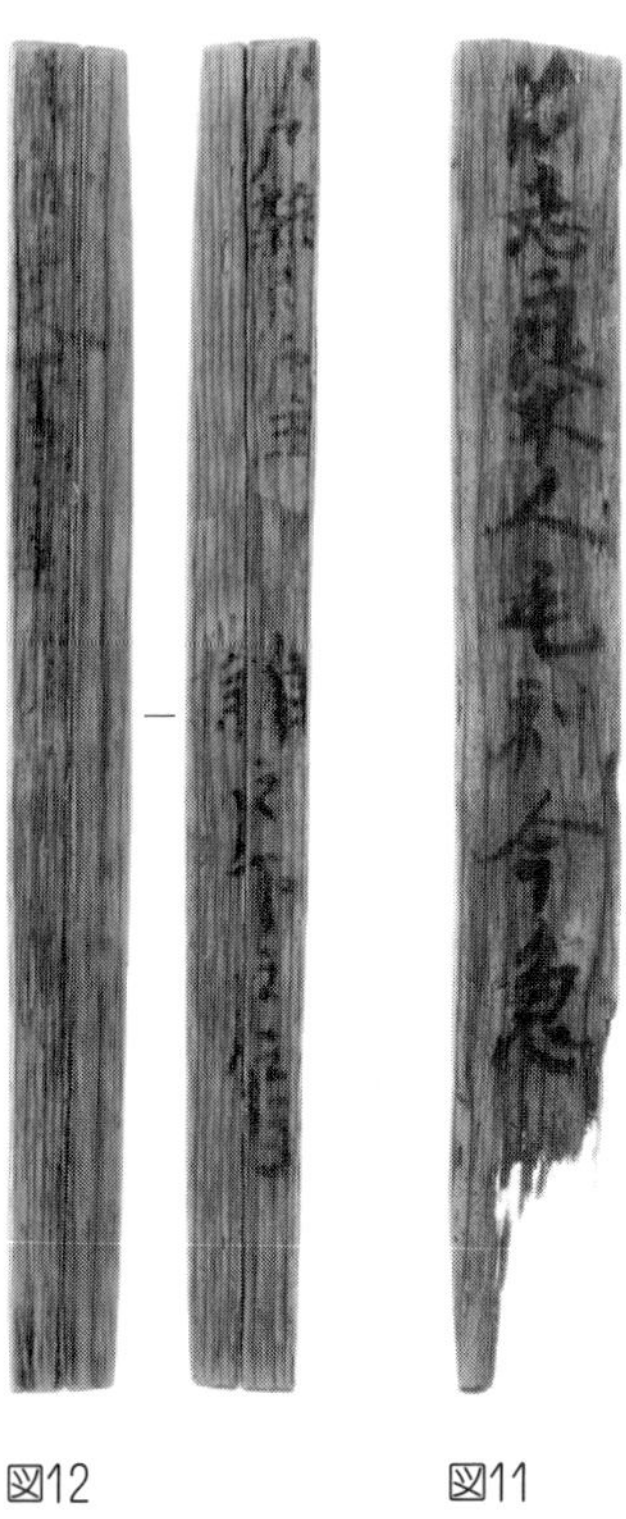

図12

図11

図10　藤原京跡右京七条一坊西北坪トイレ遺構出土の籌木実測図
トイレ遺構から出土した籌木。ヒノキの薄板の表面を丁寧に削り、ヘラ状などに加工したものを図示したが、割り取ったままの粗面をとどめる籌木も出土している。

図11・12　同出土の木簡（籌木）
墨書をとどめる籌木もある。これは反古になった木簡を三つに割って籌木に転用したもの。藤原宮跡や平城宮跡で発見される木簡の多くは、籌木として再利用されたものだ。

戸戸主　」「・百済手人下戸戸主　」と読める（図12）。内容からは表裏が判断できないので、仮に多くの文字が読める面を表としておこう。表には「下戸」「雑戸」「戸主」の三語をくり返して書き、裏には「百済手人」とともに「下戸」「戸主」の二語を書くことから、おそらく手習いに使われた習書の木簡である。そうするとこの木簡は、「百済手人」の戸籍が作成された左右の京職か、あるいはその戸籍が送付された中務省か民部省などの役所内で習書された可能性が高いことになり、遺跡の性格をうかがう有力な手がかりとなる。

誰が使ったトイレなのか?

トイレ遺構の年代は、周辺の遺構との関係や籌木として出土した木簡の内容などから、藤原宮の時期（七世紀末頃）と判断して誤りない。一方、トイレが発見された場所は、藤原宮の南面西門を外に出てすぐ東南方に位置する右京七条一坊西北坪の西北部分にあたる。都城遺跡における調査研究の成果からすると、宮の近くには、高級貴族の邸宅が存在するというのが一般的である。同じ西北坪内では、これまでにも小規模な発掘調査が数回行われており、その成果を総合すると貴族の邸宅というよりは、むしろ役所の姿が浮かび上がってくるようだ。

すなわち、西北坪内で発掘された藤原宮の時期の建物跡は、二間×三間、三間×三間程度の小規模なものが多く、それらが井戸や塀を伴って点在する様子が明らかになっている。そこに貴族の邸宅の雰囲気はない。調査範囲が偏った可能性もあるが、戸籍に関連した木簡や硯（転用硯）が多く発見されている点などを総合すると、その名称までは特定できないが、ここには公的な機関（役所）が存在したと解釈しておくのが妥当なようだ。こうして、本トイレ遺構は、宮外に置かれた役所の内部に設置された共同便所の一つと見なすことできる。

トイレ考古学における新たな展開

藤原京跡におけるトイレ遺構の発見を契機として、新たに寄生虫卵の抽出法を開発した金原正明さんは、従前から分析し保管している膨大な花粉試料を再検討していった。土壌から花粉を抽出する手順と寄生虫卵を抽出する手順が類似しており、花粉分析用に作成したプレパラートに花粉とともに寄生虫卵の姿を見つけ出すことがあるという。事実、藤原京跡のトイレ遺構の場合も、金原さんが花粉分析用に作成したプレパラートの中に、検査技師の経験を持つ奥様の正子さんが寄生虫卵の姿を目にとめたことが、寄生虫卵抽出法が開発されるきっかけだったのだ。

こうして手元にある多くのプレパラートを調べ直した金原さんは、平城京跡の二条大路南側溝と東二坊坊間路西側溝とが交わる付近で採取した試料の中に、同様な寄生虫卵が含まれていることを見つけた。その試料は、奈良国立文化財研究所（当時）が取り組んでいた長屋王邸宅跡の発掘調査に関連して採取したもので、すでに三年ほどが経過していた。しかし、側溝の堆積土に相当量のウンチが含まれていることは、採取地点の周辺かその上流にトイレもしくはそれに関連した遺構が存在することを示している。

平城京跡左京二条二坊五坪のトイレ

この発見を聞いた松井さんは、さっそく道路側溝の上流側で行われた過去の発掘調査の成果を調べてみた。すると一九九〇年（平成二）に行われた左京二条二坊五坪東辺の調査で発掘された導水の施設を見つけた。それは藤原麻呂邸跡と見られる宅地跡の東を区切る築地塀に沿って設置された木枠溝の遺構で、長さ三メートル、幅〇・四メートル、深さ〇・二五メートルの規模をとどめていた[10]。

これがあるいは「水洗式のトイレでは？」と考えた松井さんは、その導水の経路をたどってみた。すると築地の下をくぐる暗渠を通じて道路側溝につながっているではないか。下流側は残念なことに発掘区外に延びていて詳細はわからないが、宅地内に引き込んだ流水は道路の側溝に再び戻すだろうと考え、図13のような構造のトイレを復元した[11]。すなわち、道路側溝の流水を築地下の暗渠で宅地内の木枠溝に導入し、そこで用を足したあとの汚水を再び道路側溝へと排水する水洗式のトイレである。ウンチそのものがプカプカと側溝に流れでないように、遺

(10) 奈良国立文化財研究所『一九八九年度平城宮跡発掘調査部概報』一九九〇年

(11) 松井章「トイレの研究」『歴史と地理』第四七八号、山川出版社、一九九五年

構では確認されていないトラップ（汚穢漉し）を設けるなど、なかなかに細やかな配慮がうかがえる。溝底板の有無や側溝と導水溝との接続関係など、構造になお検討すべき課題を残すが、のちに触れる文献的な検討からも、その蓋然性は大方の認めるところである。

　こうしてはじめて、平城京における「水洗式トイレ」の具体的な姿が、イメージできるようになったのだ。

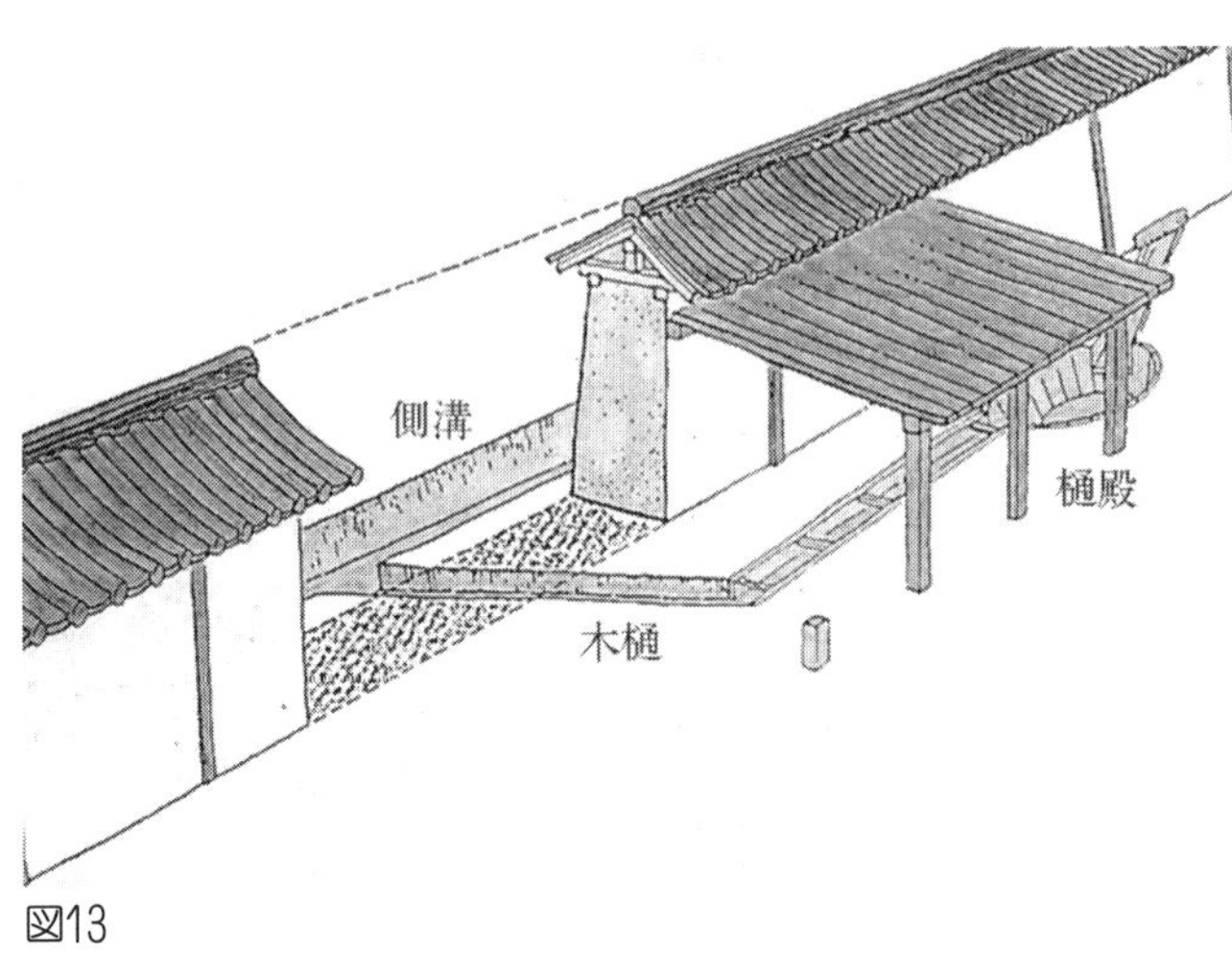

図13　平城京跡左京二条二坊五坪出土のトイレ遺構復元案（松井章復元）　碁盤目状にめぐらされた都城の道路網。その側溝を流れる水を宅地内に引き込み利用する水洗式トイレ。ウンチを流した水は再び側溝に戻されるから、環境には大きな負担がかかったようだ。

藤原京跡右京九条四坊のトイレ

平城京跡で「水洗式トイレ」が確認され、その具体的な姿が復元されたことは、トイレ考古学に新たな進展をもたらした。何度も繰り返すようで恐縮だが、調査担当者が発掘現場で目の前に現れた遺構を「トイレかな？」と疑問を持つことが、トイレ考古学の第一歩である。それにはトイレ遺構に対する具体的なイメージが不可欠だから、道路側溝の水を宅地内に引き込み、そこで用を足し、再び側溝に流し出すという平城京跡の水洗式トイレ遺構が発信したイメージは、まさに貴重である。その効果は翌年になって、藤原京跡の発掘現場で結実する。

藤原京跡の範囲は、五・三キロ四方と復元するのが現在では一般的である。八世紀の奈良平城京よりも広大な京域のその大半は、現在は行政的に橿原市に含まれる（一部は明日香村や桜井市にも拡がる）。そして、その範囲内で計画された開発工事との調整は、市の教育委員会が窓口になる。その結果、藤原京内の重要な地点でも地下遺構の保存が難しいところは、工事の着手に先立って発掘調査が実施される。開発工事によって藤原京の遺構が消滅しても、出土遺物とともに図面や写真などの記録を残そうとするのが行政的な対応策である。藤原京跡ではじめて水洗式トイレ遺構が確認された右京九条四坊の場合も、宅地開発に伴って市の教育委員会が発掘調査を行ったものである。

その調査現場を担当していた露口真広さんから「トイレ遺構を発見した」との連絡を受けたのは、一九九三年（平成五）秋のことだった。さっそく現場を訪れ、露口さんの案内で見せていただいた調査区南端にあった土坑状の遺構は、まさしく「土坑式トイレ」の特徴を持っていた。ところが、同じ調査区の北端近くにある奇妙な溝が、私の目を惹きつけた。それは道路の側溝から枝分かれして流れる弧状の溝だった(口絵2)。宅地内に引き込まれ再び側溝に戻される溝の流れに、平城京跡左京二条三坊の水洗トイレのイメージが重なった。まさしく藤原京跡において、水洗式トイレを認識した瞬間である。

この水洗式トイレ遺構は、西四坊々間路東側溝の東岸から宅地内に向かって掘られた半径一・七メートルほどの弧状の溝で、溝自体は幅四〇〜六〇センチ、深さ約三〇センチの大きさだった。[12] 溝の内部には砂質土が堆積していたが、その中に籌木は見あたらず、ウリの種もさほど顕著ではない。本当にトイレ遺構だと判断するには、土壌分析が必要だった。露口さんにその旨を伝えると、「私もそう思います」と同意してくれた。そこでさっそく、寄生虫卵の分析を中心にした土壌分析を金原正明さんにお願いすることにした。

連絡を受けた金原さんは数日後に現場にあらわれ、みずからの手で土坑と溝内の堆積土をサンプリングして帰っていった。そして翌日、「寄生虫卵の存在が確かめられました」とのうれしい連絡が入った。しかし、先の土坑式トイレの堆積土に比べると溝内における虫卵の密度は低く、一ccあたり五〇〇個ほどしかないという。ただ一般的な土壌には一ccあたりゼロないし最大でも二桁程度しか存在しないので、五〇〇個でもトイレ遺構と解釈するに十二分な数値だと金原さんは保証してくれた。すなわち、ウンチそのものを残す土坑式トイレの虫卵密度(数

(12) 橿原市千塚資料館「藤原京右京九条四坊」『かしはらの歴史をさぐる』二、一九九四年

千から数万個ほど）と違って、流水が希釈する水洗式トイレでは数百程度でも十分なのだ。こうして、この溝の中にウンチが相当量流れこんでいたことは確実になった。平城京跡の例と同じく、宅地の西端に設けられたこの弧状の溝に板を渡し、それに跨がって排泄されたウンチは、再び流水にのって下流側の道路側溝へと排出されていったのだ。

図14　藤原京跡右京九条四坊出土のトイレ遺構復元案
復元図では宅地の境界に簡単な柴垣を描いているが、発掘調査では弧状溝と道路側溝以外、塀や建物などの排泄する姿を隠す施設は見つかっていない。

先にも触れたように、この調査ではもう一基のトイレ遺構が発掘されている。それは、水洗式トイレ遺構の上流側で検出された長さ二・一メートル、幅一・四メートル、深さ〇・五メートルの土坑で、同じく宅地の西端、道路側溝に近接して掘り込まれていた。ただし、土坑内には木片やウリの種実を含む黒色土が堆積しており、また寄生虫卵の分析結果からも、これが土坑式トイレ遺構であることは明らかである。土坑の幅が極端に広く、やや不整形な形状を取るのは、地盤が軟弱な砂地であることによるもので、本来は方位にのって掘られた幅五〇センチ、長さ約二メートル程度の長楕円形の土坑と見られる。以上のように、藤原京跡右京九条四坊の調査で土坑式と水洗式の二種のトイレ遺構が発掘されたが、佐原さんには申し訳ないが、そのどちらにおいてもトイレ遺構を隠す遮蔽施設は確認されていない。

次々と発見される水洗式トイレ

こうして藤原京跡においても、水洗式トイレが姿をあらわしたのであるが、その成果を契機にして藤原京内でもう一例、水洗式トイレ遺構が浮かび上がってきた。それは奈良国立文化財研究所（当時）が五年も前に実施した左京二条二坊西北坪の調査（藤原宮第四八次）で発掘された溝状の遺構（SD五一一三）である。私が紹介する右京九条四坊のトイレ遺構の様子を耳にした同僚の西口壽生さんが、その存在を思い出してくれたのだ。西口さんの記憶に従って、すでに刊行されている報告書を紐解くと、たしかに同じように道路側溝に弧状をなす溝が取りついている。(13)

報告書によるとその遺構は、東一坊大路東側溝の東岸に掘られた半径約二・八メートルの弧状の溝で、幅〇・六〜一・一メートル、深さ二〇〜三〇センチの規模を持っている。右

(13) 奈良文化財研究所編『藤原京左京二条一坊・同二条二坊発掘調査報告』一九八七年

京九条四坊例に比べてやや大きいものの、形状や堆積土の様子などはまさに瓜二つである。当然ながら堆積土の科学的な分析は行われていないが、道路側溝との関係やその形状からこの弧状の溝を七世紀末の水洗式トイレ遺構と解釈して誤り

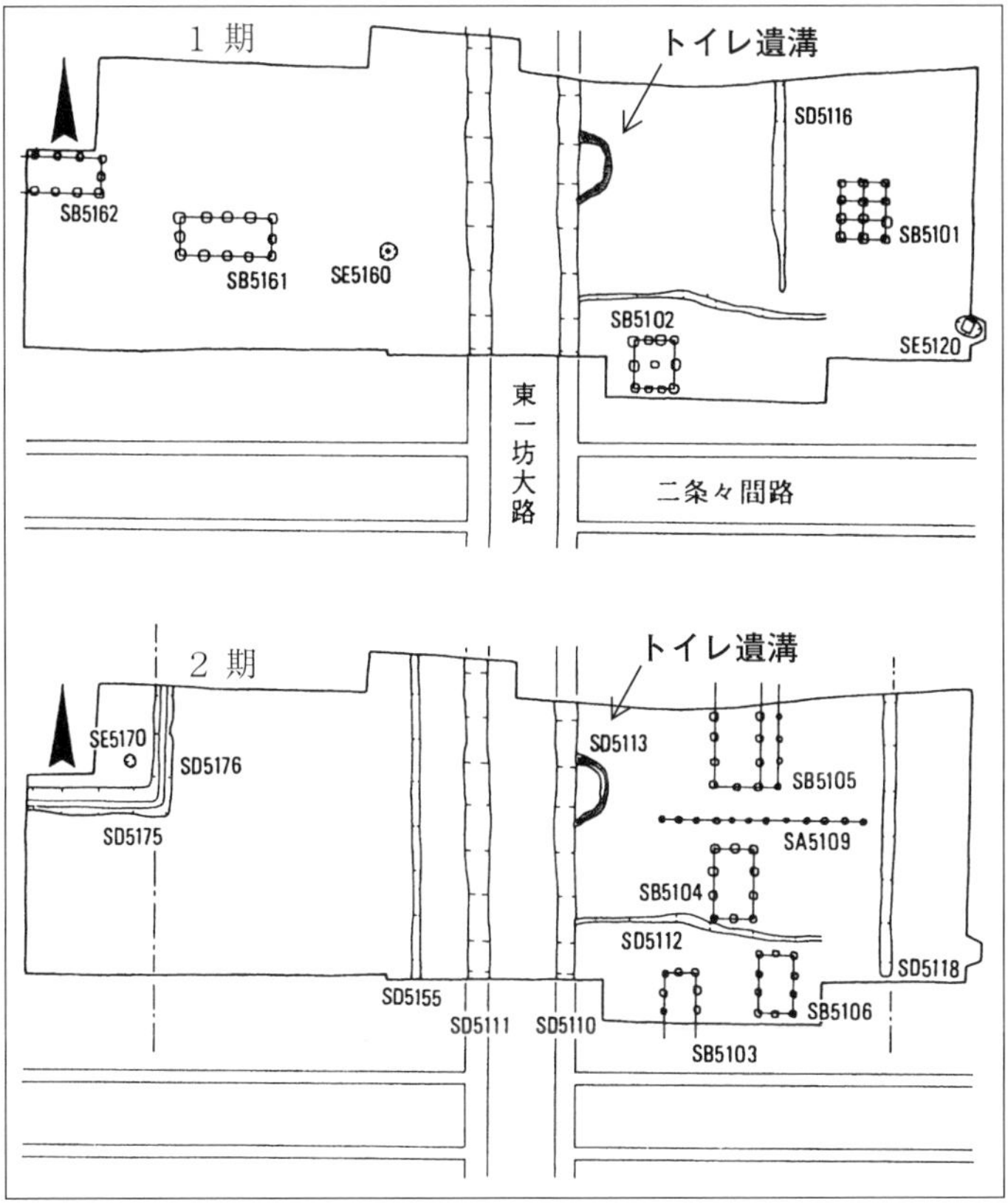

図15

図15　藤原京跡左京二条二坊出土のトイレ遺構実測図
トイレ遺構が注目される五年以上も前の発掘事例。東一坊大路の東側溝に取りつく弧状の溝は、その目で見ればまさしくトイレ遺構そのものだ。

ないだろう。こうしてさらに一例のトイレ遺構例が加わったのだ。なおこの調査でも、道路と宅地とを分ける塀などの遮蔽遺構は確認されていない。

これまで知られていなかった遺構や遺物が、一つの発見を契機に次々と発見されることが、考古学ではままある。藤原京跡における水洗式トイレ遺構もその一つの好例で、そのイメージが明確になるにつれ、さらに類例が増加していった。奈良県立橿原考古学研究所が一九九四年（平成六）に調査した右京一条三坊（県立畝傍高校敷地）でも、溝に取りつく弧状の溝が発掘された。ここでも条坊遺構である西三坊大路の東側溝に、半径約四メートルの弧を描く溝（幅〇・三メートル、深さ一〇センチ）が取りついていた。金原さんが行った土壌分析でも、わずかだが寄生虫卵が検出された。こうして藤原京跡における水洗式トイレの発掘例がまた一つ加えられた。そのうえ、溝の東側、すなわち宅地とトイレの間には小さな柱穴が並んでおり、調査を担当した今尾文昭さんは、それこそがトイレを遮蔽した塀の跡だと考えている。復元できる塀の方向が正方位にのらないことがやや気がかりだが、今尾さんの復元を認めるのなら、遮蔽施設の確認は藤原京跡ではじめてのことになる。

その後も橿原市教育委員会が行う藤原京内の発掘調査で、土坑式トイレと見られる土坑状の遺構や、道路側溝の水を宅地内に引き込み利用する水洗式のトイレ遺構が、数箇所で確認されている(14)（表2参照）。土坑式トイレでは南北の方位に沿った長さ一・六メートル、幅五〇センチほどの平面が長楕円形の土坑、また、水洗式トイレでは条坊道路の側溝とつなぐ幅一メートルほどの弧状の溝である。検出数からすれば

(14) 橿原市千塚資料館「藤原京右京三条三坊」『かしはらの歴史をさぐる』五、一九九七年

図16

表2　藤原京跡におけるトイレ遺構の発見事例

発見年月(調査年)	検出箇所	トイレの形状	判断基準	調査機関
1992年2月	藤原京右京七条一坊	土坑式	寄・花・種	奈良文化財研究所
1993年秋	藤原京右京九条四坊	土坑式＋溝水洗式	寄生虫卵	橿原市教委員会
1993年(1986)	藤原京左京二条二坊	溝水洗式	形状判断	奈良文化財研究所
1993年(1989)	藤原宮内「東大溝」	溝水洗式(架構上屋式)	柱穴・籌木	奈良文化財研究所
1994年	藤原京一条三坊	溝水洗式(塀あり？)	寄生虫卵	橿原考古学研究所
1996年秋	藤原京右京三条三坊	溝水洗式×2基あり	形状判断	橿原市教委員会
1998年11月	藤原京右京一条一坊	土坑式×2基あり	形状判断	橿原市教委員会
1999年6月	藤原京右京北四条一坊	溝水洗式	形状判断	橿原市教委員会
1999年11月	藤原京右京北四条五坊	溝水洗式	形状判断	橿原市教委員会

図16　藤原京跡右京一条三坊出土のトイレ遺構
弧状溝（水洗式トイレ）とともに、遮蔽施設である塀（写真中の白柱＝復元）が確認された。ただし、塀が正方位にのらないなど同時存在に疑問も残る。

水洗式トイレの方が、より一般的なようだ。そして水洗式トイレの場合は、基本的に西北方向に低くなっていく藤原京内の地形とも関連し、宅地の西端に弧状の溝を掘って条坊道路の側溝につなぐ構造である。このように藤原京跡で発見された水洗式トイレ・土坑式トイレは、ともにその企画性が整っている。一定の規範に則って設置されたトイレであることは間違いない。そこにわが国最初の計画都市である藤原京の、屎尿に対する施策の一端をかいま見ることができる。

4　長岡京・平安京のトイレ遺構

長岡京跡のトイレ

長岡京は平城京から七八四年（延暦三）に遷都され、七九四年（延暦一三）に平安京へ遷されるまでの一〇年間、宮都として栄えた。長岡京の中心である長岡宮大極殿の跡は、今、京都府向日市鶏冠井町に残り、京の範囲は向日市・長岡京市・大山崎町・京都市にまで広がる。一九七〇年代後半から現在まで、宮・京の範囲を対象にして数多くの発掘調査が行われてきたが、これまでに発見されたトイレ遺構はさほど多くはない。しかし「土坑式トイレ」と「水洗式トイレ」の両種が確認されており、藤原京や平城京と類似した様子がうかがえる。以下その具体例を紹介していこう。

長岡京跡内で最初にトイレ遺構と確認されたのは、左京二条三坊三町から発見された土坑状の遺構である。(15) 発掘調査は一九九〇年（平成二）六月から九月にかけて行われおり、調査担当者である向日市埋蔵文化財センターの國下多美樹さんの言によれば、調査時には「奇妙な土坑だな?!」という印象はあったものの、ト

(15)　向日市埋蔵文化財センター・向日市教育委員会『向日市埋蔵文化財調査報告書』第三七号、一九九三年

イレとは思いつかなかったらしい。ところが、その後に送られてきた藤原京跡「トイレ遺構」の報告書を一瞥したとたん、「あっ、これだ！」と膝を叩いたという。このため調査時に土坑内の堆積土は捨ててしまい、残念ながら寄生虫卵などの土壌分析による科学的証拠は入手できていない。しかし、「遺構から出土した木片（籌木）や堆積土中のウリの種などはほとんど採取していましたから、何とか状況証拠は提示することができました」と、國下さんはほっとした表情で話してくれた。現場から採取され、整理室で分類された籌木(ちゅうぎ)とウリの種、その様子はまさしく藤原京跡のそれと酷似している。こうして左京二条三坊三町から発見された土坑状の遺構が、長岡京におけるトイレ遺構発見第一号となったのである。

この遺構が発掘されたのは、長岡宮大極殿跡の東方約一・一キロの地点で、これまでの調査成果を総合してみると、一町分（約一一〇メートル四方）を占める宅地の西南隅部に該当するという。そしてこの宅地の住人は、出土した文字史料などから中堅クラスの官人（国家公務員）である車持氏(くるまもちうじ)であろうと考えられている。中堅公務員の敷地に掘られた土坑式のトイレ遺構なのだ。敷地の三割ほどが発掘調査されたのみだが、敷地内の様子を復元すると、東北部には厨房（台所）的な施設があり、北西部には倉庫群と小規模な掘立柱建物（使用人たちの居住区か）が集中するという。

問題のトイレ遺構は、このうち使用人たちの居住区の南に隣接して存在し、その場所の西には東二坊大路が南北に走り、大路の側溝に沿って宅地の西を区画する塀が築かれている。すなわち、トイレは宅地の西南隅に近い場所に設けられ、敷地を囲う築地の内側約二・五メートルの位置に、長軸をほぼ南北方向に揃えて掘られていた。そのうえトイレには、宅地の中央に存在するであろう正殿の建物から目隠しするように、土坑を逆L字形に囲う塀の柱穴が並んでいるという（図18の復元図参照）。

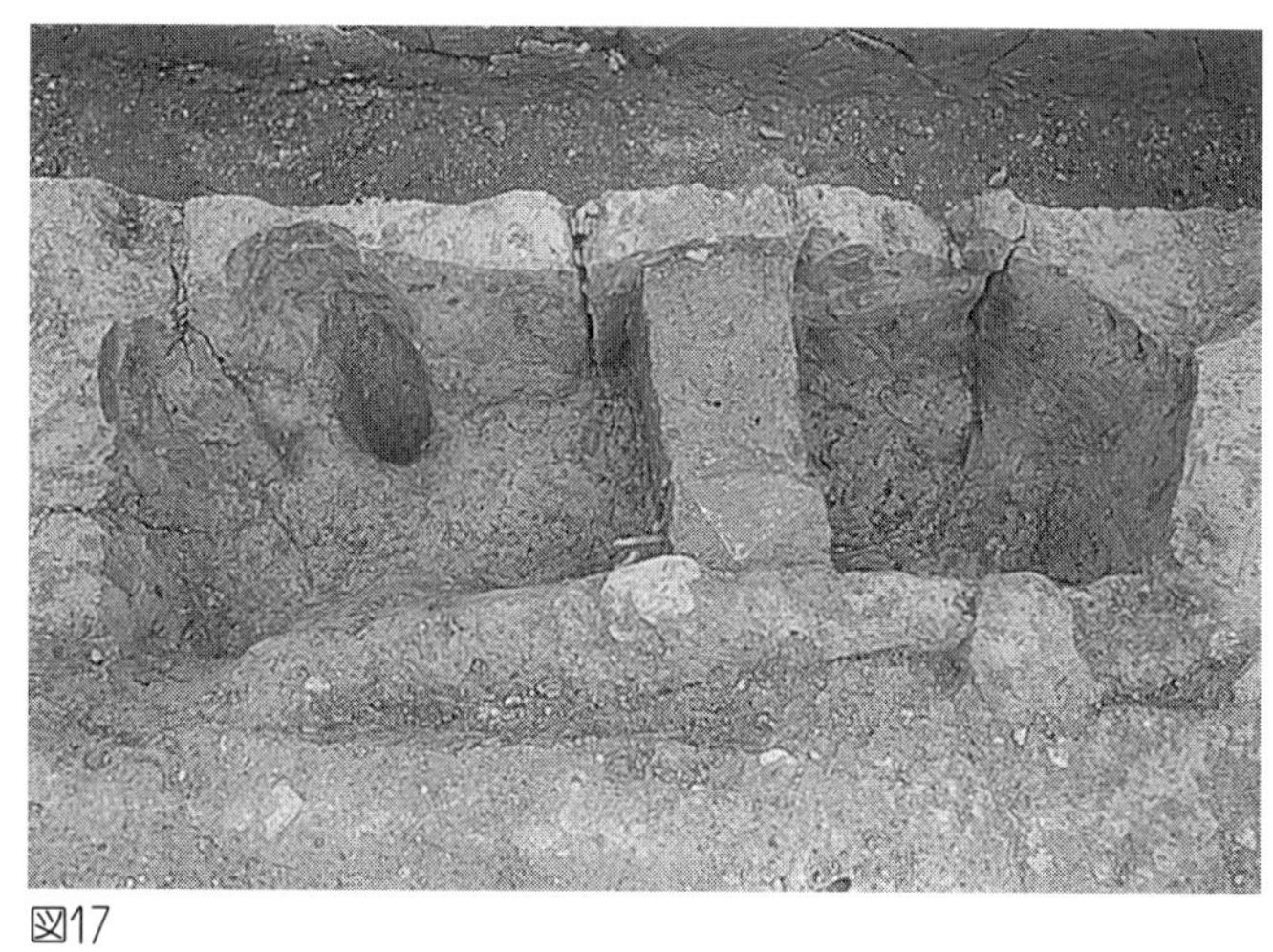
図17

　トイレの土坑そのものは、長さ一・六メートル、幅約〇・三メートルの不整長方形で、平均の深さ約〇・三メートルで断面は箱形に近い。ただし深さについては、旧地表面が五〇センチ程度削平されているから、本来は八〇センチほどの深さであろうか。そうなるとまさに、藤原京跡で見た土坑式トイレ遺構と同一規格となる。ただし長岡京例では、土坑の底面に杭の跡と思われる小さな穴が二箇所で見つかっており、トイレを覆う上屋（うわや）を復元する意見もある。

　このように本発掘例は、宅地（一

図17　長岡京跡左京二条三坊三町出土のトイレ遺構　長岡京跡ではじめて発掘された土坑式トイレ。堆積土の分析は行われなかったが多量の籌木が出土し、トイレ遺構であることは間違いない。

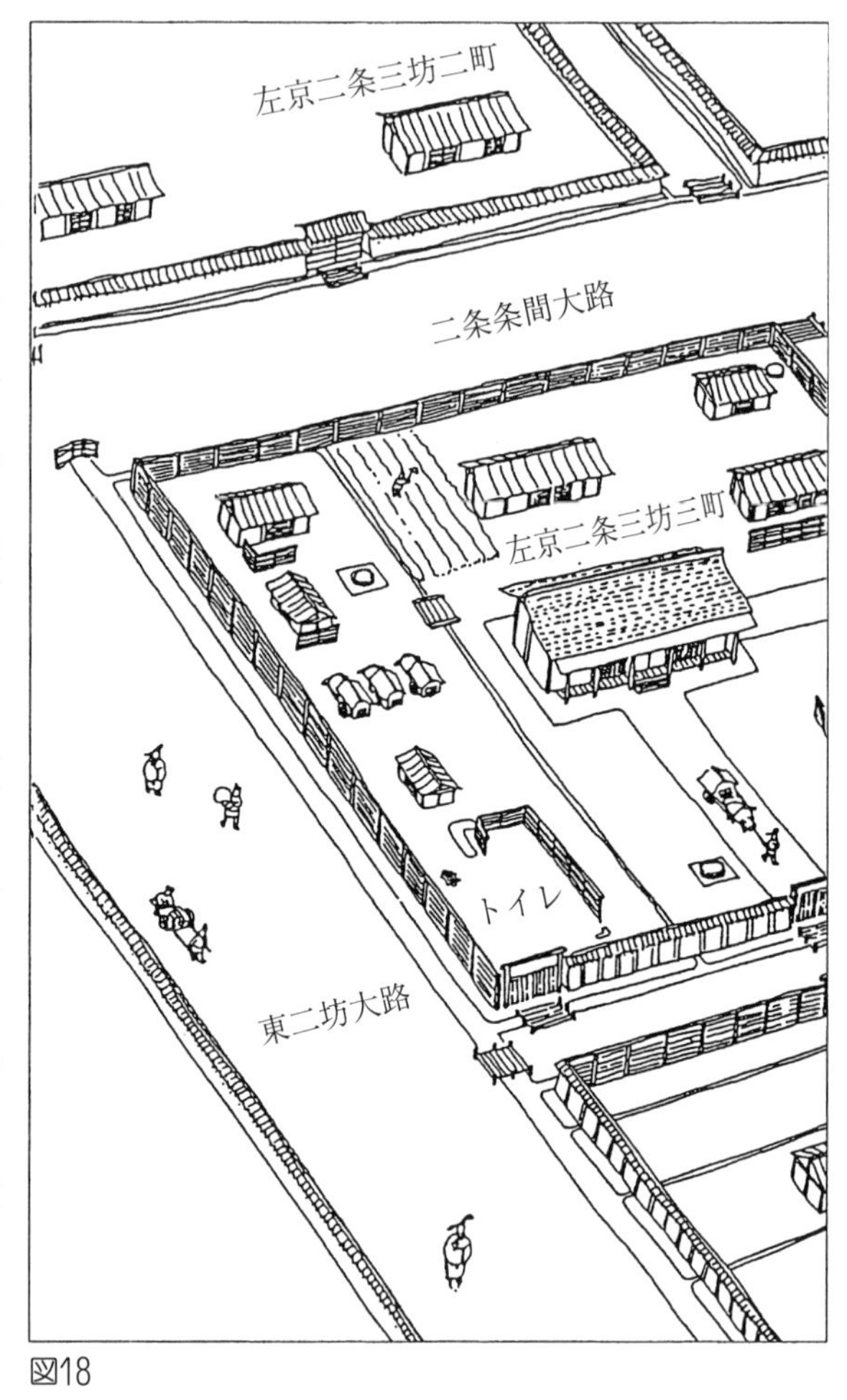

図18

図18　長岡京跡左京二条三坊三町出土のトイレ遺構復元案
土坑式トイレが発掘された宅地の様子。トイレの位置は敷地の西南隅で、厨房などの施設とは対角線上に離れて置かれている。

町四方）の南西隅に掘られた土坑式トイレで、宅地の中央に建つ正殿（未検出）とは柵によって隔離された場所＝褻（ケ）の場所に相当し、そのうえ宅地の北東部に推定される厨房施設とは対角線上の位置、つまり最も離れた位置にあたるようだ。國下さんは、衛生管理上の必要性からこの位置にトイレが掘られた可能性を考え、生活空間（宅地）における機能的な利用区分の一つのモデルとして捉えたいと、報告書にまとめている。それはトイレの位置に意味を見出そうとする重要な視点でもあろう。

ともあれ、長岡京内で発掘された土坑状の遺構が、土壌分析という科学的な手続きは経ていないものの、約四〇〇点にものぼる籌木の出土、ウリをはじめとする出土種実の組成などから、これがトイレ遺構であることは確実である。敷地の片隅に方位に沿って掘られた長方形の土坑という遺構の様子にも、藤原京例と同じ特徴が確認できるなど、古代のトイレ遺構に関する貴重な情報をもたらしてくた発掘成果である。

長岡京跡の水洗式トイレ

長岡京内では、水洗式トイレも発掘されている。それは一九九七年（平成九）から九八年にかけて行われた左京六条二坊十四町の発掘調査であり、藤原京・平城京例と同じく、条坊道路の側溝に取りつく弧状溝の遺構であった[16]（口絵3）。調査を担当する財団法人長岡京市埋蔵文化財センターの山本輝雄さんの案内で現地を訪れると、調査区のすぐ近くを東海道新幹線の高架橋が南北に通っていたが、それと交わるように東西方向に検出された二本の溝が目に入ってきた。「ああ、これが条坊道路ですね」と私は言った。

宮都における条坊道路の遺構は、普通、対になる二本の溝跡を検出することによって確認される。すなわち道路そのものというよりは、平行して直線的に走る

(16) 長岡京市埋蔵文化財センター『長岡京跡左京第四一四次調査』現地説明会資料、一九九八年

一対の溝に挟まれた空間がすなわち路面であり、そこが道路跡ということになる。むろん無関係の溝が偶然に平行して掘られている場合もあり、その解釈は難しい。ただし、ほかの一対の溝と直角に交わり合流している箇所が確認できれば、そこが道路の交差点となり、両者の遺構が条坊道路であることが確定する。

話題がやや脇にそれたが、案内していただいた調査区では、東西道路である六条々間南小路と南北道路である東二坊々間東小路の交差点が見事に発掘されていた。その様子は、東西方向の六条々間南小路側溝が貫通し、そこへ北と南の二方向から東二坊々間東小路の側溝が流れ込んでいる。山本さんにうかがうと、「ここは、東南に向かって地形が低くなります」との説明だったから、側溝の流水は基本的に東へ流れていたようだ。おまけに道路遺構の保存状態がよく、路面には長岡京時代の牛車(ぎっしゃ)などの轍(わだち)の跡も残されていた。

問題のトイレ遺構は、交差点の東北にあたる十四町の宅地内にあり、交差点にも近接する。トイレとして掘られた溝は、弧状というよりはやや角張った印象だが、まさしく藤原京の水洗式トイレと同じ構造で、上流側にあたる西の取水口から流水を引き込み、東へと排出する。溝の大きさは、全長約三メートル強、溝幅〇・三メートル、深さ約〇・一五メートルで、道路側溝よりも〇・二メートルほど上方に底が設けられている。溝および側溝内の堆積土の土壌分析は行われていないが、溝の中からは籌木と見なせる木片も出土している。やや小振りな点や少し角張る溝の形状など、相違点もなくはないが、その基本形は藤原京例とまさに酷似している。この十四町の宅地は、これまでの調査成果などから、町内を小規模に分割して利用した下級役人クラスの宅地ではないかと考えられている。トイレ遺構と分割された宅地との関係など、なお不明な点も多いが、少なくと長岡京でも、条坊道路の側溝を利用する水洗式トイレが存在したことが確認できたのである。

平安京跡の水洗式トイレ

平安京は、七九四年に長岡京から遷都され、以降、一〇〇〇年の長きにわたって首都であり続ける。しかしそのこともあって、京都市内の地下に刻まれた各時期の遺構は実に複雑に重複しており、発掘調査は困難を極める。その影響か、平安京跡の発掘調査において、トイレと明確に断定できる遺構はいまだに確認されていない。ただし、籌木の出土や黒色土の存在など、トイレの可能性を示す遺構はいくつか注意されている。

平安京跡のトイレ遺構に関心を持つ財団法人京都市埋蔵文化財研究所の出口勲さんによれば、平安京右京六条一坊の調査で、平安時代末期から鎌倉時代にかけての井戸が八基発掘されているが、そのうちの二基がトイレ遺構である可能性が高いという。八基の中で三基が井戸枠を持たない素掘のもので、うち二基から板状・棒状の木片（籌木？）が多数出土しているからだ。この二基は、ともに径二メートル前後、深さ一・五メートルほどの円形の掘形を持ち、内部には黒色土が堆積している。

その様子はのちに詳しく触れる岩手県柳之御所跡の土坑式トイレ遺構とよく似ている点に注目して、出口さんは「トイレ遺構と考えて、ほぼ間違いない」と紹介している。(17)

一方、平安京の南方に造営された鳥羽離宮跡の調査（第七七次）でも、籌木と見られる板状の木片が出土している。ただしこれは、溝の中に捨て込まれた状況で発掘されており、その場所が「トイレ遺構」であることを示しているのではない。近くに「水洗式トイレ」の遺構があったか、あるいはウンチとともに廃棄されたことによる堆積のいずれかであろう。ともあれ同様な状況は、右京八条二坊二町の調査でも確認されている。この調査区では、南北に走る西靫負小路の東側溝が発掘され、その堆積土内から籌木と見られる木片やウリなどの種実が多数出土した。ただし、出口さんはその溝の周辺でトイレらしき遺構が発掘されていないか調べてみたが、該当するものは見つけられなかったという。

このように平安京にあっても、条坊道路の側溝や宅地間を区画する溝の中に、ウンチや籌木が捨て込まれていたことが確認できる。その混入が、道路側溝の水を宅地に引き込んで利用する水洗式トイレに起因する可能性も大きいのだが、残念ながら発掘調査ではその具体的な姿を捕捉するまでには至っていない。

(17) 出口勲「籌木とトイレ遺構」『リーフレット京都』第七八号、京都市考古資料館他　一九九五年

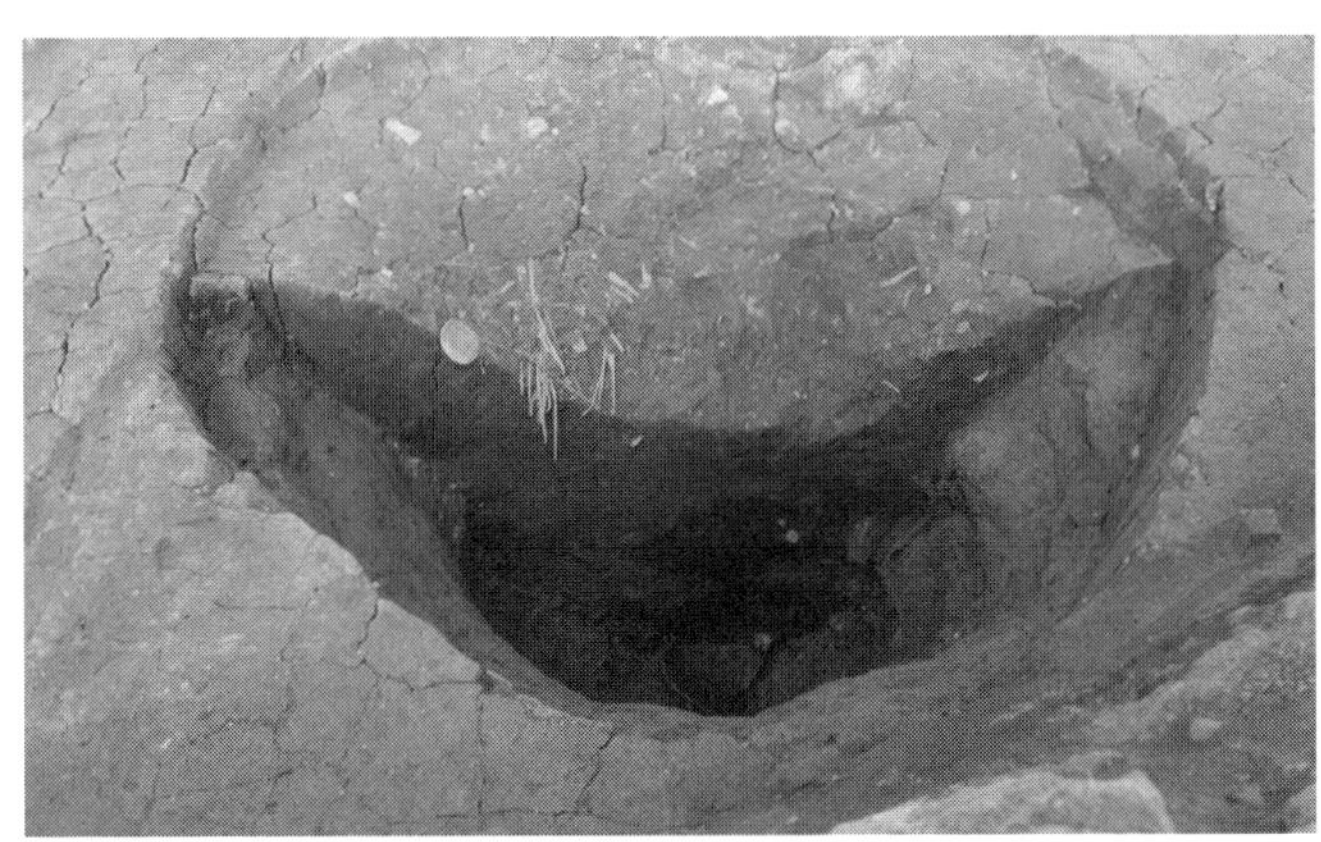
図19

図20

図19　平安京跡右京六条一坊出土のトイレ遺構
図20　鳥羽離宮跡出土の籌木

平安京跡やその関連遺跡などでは、いまだ科学的にトイレ遺構と判定された調査例はない。黒色有機質土の堆積や木ぎれの出土など、状況証拠は多く見られるものの、土壌の科学的な検証が行われていないからだ。

水洗式トイレへの規制

しかし、八一五年（弘仁六）二月九日や八五五年（斉衡二）九月十九日の太政官符（『類従三代格』巻一六、貞観七年十一月四日太政官符引）などの文献史料を手がかりに、平安京内における水洗式トイレの姿をうかがうことは十分に可能である。すなわち弘仁六年の太政官符には、「京中の諸司、諸家、あるいは垣をうがち水を引き、あるいは水を塞いで途を浸す。宜しく諸司に仰せ。みな修営せしむべし。流水を家内に引くを責めず。ただ、汚穢を墻外に露すを禁ず。よってすべからく穴ごとに樋を置き水を通すべし」とある。これは平安京内にある役所や邸宅などが、条坊側溝の水を水洗トイレに利用しようと競って敷地内に引水したため、溝が排泄物で汚れたり、溝肩が大きく損なわれたことへの対策と理解できる。こうした禁止令が発せられる背景には、そのような行為があちこちで頻発している事実がある。

そして、この禁止令から読み取れる水洗式トイレの情景は、まさしく松井章さんが指摘したように、平城京跡左京二条二坊五坪で発掘された木樋遺構を彷彿とさせるものだ[18]。この平城京例でも取水口付近には溝肩に崩れが見られ、数本の杭を打ち込んで護岸している様子がうかがえる。取水による水流の乱れが、路肩に影響を及ぼさないための工夫なのであろうか。いまだに実際の遺構を発掘調査で

(18) 松井章「トイレの研究」『歴史と地理』第四七八号、山川出版社、一九九五年

示せないものの、これらの文献史料を援用することによって、平安京内においても道路側溝の流水を利用する水洗式トイレが存在したことは確実視できる。

　こうして平安京においても、藤原京・平城京などと同じく、土坑式トイレと水洗式トイレが広く利用されていたと見なせるのである。

5 藤原宮・平城宮のトイレ事情

これまで藤原京跡・平城京跡・長岡京跡・平安京跡で発掘されたトイレ遺構、すなわち七世紀末から九世紀代に至る約二〇〇年間の各京内におけるトイレ遺構の発掘事例を紹介してきた。そこでは、宅地の片隅に掘られた「土坑式トイレ」や道路側溝の流水を宅地内に引き込み利用する「水洗式トイレ」が見られた。しかし周知のように、首都でもある平城京や平安京の中心には、天皇が住まい政治を執る宮が存在している。すなわち、宮内には天皇の住居である内裏(だいり)や政治・儀式の場である大極殿(だいごくでん)・朝堂院(ちょうどういん)、国政を司る官衙(かんが)(役所)などが置かれており、これまで見てきた京内とは少しく異なったトイレ事情が予想されるのである。

言うまでもなく、内裏には天皇をはじめとして、その生活を支える多くの人々がともに活動していた。また二官八省とそれに関連する多くの役所では、多数の貴族や役人たちが執務していた。数千人とも目されるそれらの人々が日々使用するトイレがいかなるものであったのか、大いに興味ある課題である。ただしこれまでの調査からすると、京内ほどに発掘資料が存在しないというのが実情である。

京内ほどに宮内のトイレ遺構は、発見されていないのだ。その背景には、遺構として残る土坑式や水洗式のトイレがさほど使われず、持ち運びが可能なおまるや溲瓶（しびん）など、いわゆる「移動式トイレ」が使われていたのかもしれない。そのようなことも考慮しながら、まずは、宮内の発掘現場へと足を向けてみよう。

藤原宮跡の水洗（厠）式トイレ

宮内のトイレ遺構について、最初に注目されたのは、土坑式トイレと同じく藤原宮跡の調査であった。藤原宮の中軸線上には、北から内裏・大極殿・朝堂院が配置されており、その最も南には宮の正面玄関である朱雀門（すざくもん）が設けられている。宮の中枢部を構成するこれらの一画を守るかのように、その東西両側には大溝が設けられている。宮内に降る雨水や湧き出る地下水を排水するための基幹排水路でもあり、幅約四メートル、深さ一・五メートルという大規模な溝である。宮の外周を囲う外濠の幅が約五メートルだから、それに次ぐ大きさである。

藤原宮内において「水洗式トイレ」と思われる遺構が発掘されたのは、中枢部の東側を流れる東大溝であり、内裏と大極殿地区を大きく囲む内裏外郭塀の東外側約四メートルを南から北へと流れている。トイレと思われる遺構は、この東大溝を跨（また）ぐようにして建てられた掘立柱の構築物である。これまで京内で見てきた水洗式のトイレ遺構は、いずれも道路側溝の水を敷地内に引き込む素掘り溝であったが、

図21

図21 藤原宮跡出土のトイレ遺構　藤原宮の基幹排水路である東大溝の両岸に掘り込まれた一対の柱穴列。宮内道路との関係から橋脚でないことは明らかで、溝を跨ぐ大型の水洗式トイレとも考えられる。

ここで紹介する宮内のトイレ遺構は、柱間八間（全長一三メートル余）にも復元できる構築物であって、構造的にもまったく異質である。あえて表現すれば、京内のそれが路傍のトイレであるのに対して、宮内のそれは川屋・厠ともに呼べる本格的な「トイレ遺構」の可能性がある。

東大溝を跨ぐこの構築物は、一九七〇年（昭和四五）の調査で発見された。ただし調査当時は、東大溝を跨ぐように架けられた遺構の様子から、幅の広い橋であろうと解釈された。しかしその後、一九八九年（平成元）から一九九〇年にかけて行われた隣接地の調査の結果、同様な遺構が一六・五メートルの間隔をあけて上流側にも存在することがわかった。また同時に、宮内を相互につなぐ道路（幅一二・五メートル）の存在も明らかになってきた。それを参考にすると、東大溝を跨ぐ南北一対の構築物は、宮内道路の正面を避けるように配置されている。橋であるなら当然に、道路の延長線上に設置されてしかるべきなのに、むしろそれを避けるような位置に配置されている。このことによりこの構築物が、橋である可能性はほとんどなくなったと言える。

溝を跨ぐ共同トイレ

これらの新事実をもとに、一九七〇年の調査にも関わった木下正史さんは、構築物を評価し直し、この遺構が厠（川屋）ではなかろうかと考えた。[19] 木下さんが発掘遺構から復元した二棟の厠式水洗トイレとは、以下のようなものだ。すなわち、南北で一対をなすこの遺構は、ともに東大溝の両岸傾斜面に残された掘立柱穴を手がかりに復元できる構築物で、北のそれでは長辺一・四メートル（短辺〇・七メートル）の長方形大穴と径〇・七メートルほどの円形小穴が相互に並んでいる。大穴に主柱、小穴に支柱が立てられていたと考えた木下さんは、東西方向が柱間一間（三・六メートル）、南北方向が八間（二一・五メートル）の構築物を想定している。また、南の遺構も大穴と小穴が交互に並ぶなどよく似た特徴を持っており、東西方向が柱間一間（三・六メートル）、大穴で数えて南北方向が八間という点も同一である。

このように、宮内道路の延長線を挟んで一六・五メートルの間隔をあけた対称の位置に、「相い似た規模・構造の南北に細長い大規模な構築物」が復元できるのだ。その様子は、発掘された古代建造物に詳しい宮本長二郎さんが復元図を描いてい

(19) 木下正史「橋か厠（川屋）か―謎の構築物―」『季刊明日香風』第三七号、飛鳥保存財団、一九九一年

る奈良平城京の厠を彷彿とさせる。[20] 宮本さんが厠復元の手がかりとしたものは、『西大寺資財流記帳』（以下『資財帳』と省略）と呼ばれる平城京西大寺の財産目録帳に記載された厠で、そこには「瓦葺厠 長さ六丈四寸五分 広一丈二尺」とあるから、瓦葺きで長さ約二〇メートル弱、幅三・六メートルという細長い構造のトイレ建物が存在したのだ。建物内部の構造まではわからないが、宮本さんは、道路側溝の上に跨がるように建てられた二〇人分ぐらいの共同便所と考え復元図を描いている。『資財帳』に見える長さ約二〇メートル、幅三・六メートルという規模や、溝を跨いだことを暗示させるその名称（厠＝川屋）からも、両者の類似点は多い。

さらに、藤原宮東大溝の調査ではこの付近の溝内から、ウリの種や割り箸状の木ぎれが多数出土しており、その中には木簡片も含まれている。まさしく、右京七条一坊西北坪のトイレ遺構内から発見された遺物の内容と類似している。こうして木下さんは、宮内で働く役人たちが用いる共同トイレを思い浮かべたのだった。個室に分ける壁の存在までは不明だが、一個の便所の間口を一メートルとすれば二〇人が同時に用が足せることになる。溝を跨いで建てられた長屋建物の中で、床に開けられた穴を跨いで仲良く並んで用を足す役人たちの姿を空想することも可能である。

平城宮跡の水洗（厠）式トイレ

(20) 宮本長二郎『平城京—古代の都市計画・建築』草思社、一九八六年

平城宮内においてもまた、藤原宮東大溝の例と同じく、大溝を跨ぐ長屋風の共同トイレと見ることが可能な遺構が発掘されている。これは、平城宮の正面玄関である朱雀門の真北に設けられた中央区大極殿院の東側を流れる大溝（SD三七一五）を跨いで並ぶ柱穴の列で、宮内における位置関係も、藤原宮例と類似している。すなわち、平城宮の中枢施設である中央区大極殿院（八世紀後半には西宮へ変遷）と東区大極殿・朝堂院との間には、幅三メートル強の南北に走る大型溝が掘削されている。いわゆる宮の基幹排水路であり、藤原宮東大溝との違いは、水流の向きが藤原宮は南から北へ、平城宮は北から南へと流れることぐらいであろうか。

問題の遺構は、大溝を跨ぐように南北に細長く続く柱列であり、そこから藤原宮と同様に南北に並ぶ二棟の構築物が復元できるという[21]。すなわち、北の遺構（SX五五二七）が南北五間（総長八・五メートル）、東西一間（長三メートル）、南の遺構（SX五五四〇）が南北一二間（総長二六・四メートル）東西一間（長三・一メートル）の規模で、二つの遺構は約六・五メートル離れている。藤原宮の場合は約一六メートル離れていたから、平城宮の間隔はそれに比べてかなり狭いことになる。そのうえ北と南の構築物には、長さで倍以上の差があり、さらに宮内の通路との位置関係も明確でないなど、必ずしも藤原宮と全てが似かよっているわけでもない。

この遺構について報告書では、藤原宮おける当初の理解と同じく「橋のように溝に蓋をした施設」と解釈している。ただし近接して溝の周辺には、南北に細長

(21) 奈良国立文化財研究所『平城宮発掘調査報告XI（第一次大極殿地域の調査）』一九八二年

い小規模な建物群が建ち並んでおり、これらを一体的に捉えて報告書では、「(中央区) 朝堂院の建設に伴う仮設小屋」ではないか、とも考えている。溝周辺に立つこれらの小建物群が、全て同時に存在した可能性も少ないので、なお検討の余地は残しているものの、溝を跨ぐこの二つの構築物が宮内の造営工事に関わるものなら、その特徴から工事に関わった人々が用を足した臨時的な共同トイレであった可能性も推測可能である。南側のものは全長二五メートルをこえる長大な建物遺構であるから、もしこれが本当に厠式の共同トイレであれば、同時に二五人以上が利用できる規模となる。ただし、溝内堆積土の分析などは、調査年次が古いこともあって行われておらず、その面からの検証はできていないが、溝の中から箸状の木製品が出土していることは確認されている。

このほか平城宮東区朝堂院地区の調査に際して、天皇の即位に伴って執り行わ

図22

図22　平城宮跡出土のトイレ遺構
平城宮内の大溝でも、藤原宮と同様な溝を跨ぐ柱穴列が発掘されている。仮設的な作業小屋か、溝を跨ぐ水洗式トイレか、議論が分かれるところである。

れた大嘗祭（だいじょうさい）に関連する遺構群が発掘されている。(22) その中には御厠と目される建物（SB一二二四二・四三・四四）もある。御厠とは、その名前のとおりトイレなのであろうが、非常に限定的で特殊な性格の遺構でもあるので、これについてはのちほどあらためて触れることにしたい。

(22) 奈良国立文化財研究所「推定第二次朝堂院朝庭地区の調査」『昭和六〇年度・平城宮跡発掘調査概報』一九八六年

II 古代のトイレ

宮都のトイレ事情

1 トイレ遺構への批判について

トイレ遺構の再検討

これまで紹介してきたトイレ遺構について、近時、否定的な意見が提示されている。それは平城宮跡・平城京跡などの調査に長年関わってきた井上和人さんが「出土木簡籌木論」として発表したもので、

① 出土木簡のほとんど全ては籌木（ちゅうぎ）であり、

② 古代のトイレと解されてきた遺構は、いずれもウンチを二次的に溜めたり流したりする施設で、当時の排泄は基本的におまるや溲瓶（しびん）で行われた、

とする内容である。[23] 大いに啓発される内容であり、①の「木簡籌木論」については、井上さんが主張するように、土坑や溝などから発掘される棒状・板状の木簡の大多数は籌木として使われ捨てられたものであると、私も考える。

だが②に関しては、簡単に井上さんの説に従うわけにはいかない。井上さんはこれまで紹介してきた各種の「トイレ遺構」について、

① 大溝を跨（また）いで立つ「水洗（厠）式トイレ」は、共同トイレとはまったく別

(23) 井上和人「出土木簡籌木論」『木簡研究』第二八号、日本木簡学会、二〇〇六年

種の遺構である。

② 道路側溝の流水を宅地内に引き込む「水洗（樋殿）式トイレ」は、ほかの場所で排泄されたウンチを投棄する施設である。

③「土坑式トイレ」も、ほかで排泄されたウンチを一時的に貯留する施設か、埋め殺しにする投棄穴である、

と解釈する。すなわち、①はトイレとはまったく無関係の遺構であり、②③は排泄場所を示す遺構ではなく、二次的にウンチを投棄したり、貯留した施設や場所だというのだ。

しかし、土坑内などに堆積したウンチなどを含む土壌が、排泄行為に直接由来する一次的な堆積なのか、ほかの排泄場所から移動されてきた二次的な堆積なのか、その違いをどうして見分けるのか、その判断の基準には触れられていない。結局のところ、トイレ遺構か否かの判断は、遺構そのものの形状や周辺遺構との配置関係などを手がかりにするしかないことになる。だがそこには、研究者個々の古代のトイレに対するイメージが大きく作用するから、遺構の解釈によっては複数の復元案が生まれることになる。

トイレ考古学が「これがトイレだ」と、発掘遺構を指さして学術的にそれなりに発言できるようになったのは、寄生虫卵分析などの科学的な土壌分析法とその判断基準を手に入れたからにほかならない。たしかに井上さんが指摘するように、人に由来する寄生虫卵を多く含む土壌が詰まっている遺構だからといって、その

図23

図23 現代の肥だめ

遺構の全てが一次的な排泄場所であり排泄施設＝トイレだと決めつけることはできない。二次的・三次的に移動された貯留施設である可能性も大いにある。つい四〇年ほど前の日本では、田畑の傍に肥（こえ）だめがごく普通に見られた。現在では、ほとんど全てが壊されたり埋められたりして姿を消してしまったが、後世に何かの拍子で再発掘されるかも知れない。その場合、遺構内の堆積物に糞尿が含まれているからといって、そこが「トイレだ」と主張すれば失笑を買うに違いない。しかし、これは肥だめと知っているからであり、もしその記憶が失われたらいかなる評価が下されるであろう。金原正明さんによれば肥だめ内の糞尿は、肥料として熟成されると寄生虫卵は死滅するというから、あるいは堆積土内から寄生虫卵が抽出されないかもしれない。そうなるとはたしてどのような解釈が、この肥だめ遺構に下されるのであろうか……？

話題が少々脇道にそれたが、土坑式トイレでもそうであるから、ましてや二次的な堆積土が分析の対象となる①②の水洗式トイレ遺構では、なおさらその違いを区別することは難しい。藤原宮跡・平城宮跡の事例ともに、調査年次が古いので堆積土の科学的な分析は行われていない。むろん、溝内からは籌木と見られる板状・棒状の木製品が発見はされているが、それだけをもってこの種の遺構をトイレか、否かと判断できそうにもない。異なるいくつかの想定案が提出されても、明確な否定材料がない限り一方を是とし、他方を否とすることは容易ではないからだ。そのような困難さを念頭に置きながら、トイレ遺構に対する井上さんの批判を個別に紹介していこう。

水洗（厠）式トイレ説批判について

まず「水洗（厠）式トイレ」遺構に対する井上さんの疑問点（①）を整理してみよう。藤原宮跡の事例についての疑問点は以下のとおり。

「便所としての建物であれば当然床を張った構造になるのであろうが、（両遺構＝引用者注記）には妻通りに柱がなく、中間の支えなしで梁行方向の三・六メートルに一枚板を渡すとなると、かなり分厚い板材を必要としたはずであり、建物構造上の不自然さが気にかかる」というもの。すなわち三・六メートルという長い柱間を一枚の床板で渡すことが不可能だという指摘である。

一方、平城宮跡の事例については、近接する建物との関係から、「両遺構が、屋根のある建物である可能性はない。また併存したものでなく、仮に建物であったとしても、柱穴の大きさを見ると、小さいものでは直径が二〇㌢ほどの例もあり、柱径はそれよりも小さかったはずであるから、梁行き三㍍の中間に何の支持構造もない形で「便所」としての施設を造作し得たであろうかという疑問が残る」とする。すなわち、この遺構を建物として復元することへの疑問であり、共同トイレか否か、以前の問題でもある。

井上さんが指摘する諸点は、たしかに発掘遺構を建物として復元するうえでの欠点である。しかし発掘遺構は、のちの削平を受けた最終的な姿であり、柱穴のいくつかがすでに失われてしまっている可能性もある。藤原宮跡の例に関して言えば、妻柱列は本来的に柱穴の深度が浅く、かつ溝の最深部に位置するためにのちの掘削を受けて消失してしまった可能性もある。また平城宮跡の事例でも、報告者が想定するように造営工事に伴う臨時的な施設であるなら、柱穴の遺存状況はさらに悪くなる。そのうえ、我々が思い描く常識的な古代建築物とは異なる構造の建物であったかも知れない。井上さんの指摘は真摯に受け止めるものの、なお、宮本長二郎さんや木下正史さんが想定した「溝に跨る「水洗（厠）式」の共同トイレ」説を完全には否定できていないと私は考えるが、いかがであろう。

水洗（樋殿）式トイレ説批判について

井上さんはまた、松井さんが想定する道路側溝の流水を利用する「水洗（樋殿）式トイレ」遺構にも疑問（②）を投げかける。それは宅地内に設けられた木樋開渠（水洗トイレ）の溝底が、水を取り入れるべき道路側溝の底よりも一メートル余高く、通常の状態では木樋に水が流れ込むということはないという指摘である。これに対し松井さんは、取水口付近に近接して杭列が存在することに注目し、「この部分に堰を設けて、屋敷内で流水が必要な場合に側溝の水位を上げて屋敷内に水を導く」と説明している。しかし井上さんは、「この杭列は側溝の流水が流入する際に大型の夾雑物を濾過するためための施設であり、道路側溝の堰と見なすのは無理」と一蹴する。上幅三メートルもの側溝では、よほどの豪雨時でないと水面が上がらないから、宅地内の木樋施設は水洗式トイレには使えないという批判である。

ただ、井上さんが挙げた平城京跡の事例のみならず、藤原京内の同種の水洗式トイレ遺構も、道路側溝の溝底よりは十数センチから数十センチ高い位置にあり、側溝の底と同レベルの遺構は皆無である。逆に言えば、側溝の溝底よりも高い位置に取水口を設けることが本来的であると見なせよう。それは道路側溝の流水の、その一部を利用する構造であり、先に見た平安京における取水規制令を参考にすると、そこには一定のルールが存在した可能性もある。そう考えると、必要なときに堰を設けて水位を上げ取水するとした松井さんの想定が、具体性を持ってくる。井上さんの疑問のように、堰板を保持した杭などの遺構は判然としないが、取水口部分の対岸にも杭が打ち込まれていることからすると、堰による流水の乱れが両岸をえぐることへの対策とも理解できる。この取水箇所に、必要に応じて堰が設けられていたことは十分に想定可能だと思う。

ただし、だからといって、この木樋の遺構が水洗式トイレであることを証明するわけではない。井上さんが想定するように、排泄物の投棄施設の可能性も大いに残されている。この点については、古代のトイレに対して抱く各自それぞれのイメージと関わってくる。私は井上さんのように、ここへウンチが廃棄された可能性は認めつつも、木樋の内幅が約二〇チセンである点に注目し、そこに跨って排泄行為が行われた情景を想定したい。なぜなら、現代の和式トイレの大用便器の内幅も約二〇チセンであるからだ。「単なる投棄施設なら、もう少し幅広いのでは?」との感想を持つ。あとは読者の判断にお任せしたいと思う。

土坑式トイレ説批判について

井上さんはさらに、「土坑式のトイレ」遺構に対しても疑問点(③)を提示する。しかしここでは、①や②のように遺構の構造面に対する疑問を提示するのではなく、もっぱら検出事例の少なさをよりどころとする。すなわち藤原宮跡・藤原京跡では数例、平城宮跡・平城京跡では皆無という調査事例数を強調し、「この検出例の絶無ないし極端な希少さという事実」は、「この便槽状土坑が排便のための一般的な施設でなかったことを明示する」と評価する。そして、「さらに想いを進めれば、別の場所から持ち運ばれてきたウンチ（ないしは糞尿）を貯留するための施設」と理解できると述べている。

一九九二年（平成四）に藤原京跡で土坑式トイレ遺構が確認されるまで、この種の遺構はトイレないしその関連遺構と判断できなかったのだから、それ以前に検事出例がなくて当然である。そして、それ以降もさほどに検出事例が増加しないのは、「一時盛行したトイレ考古学」と井上さんが揶揄（やゆ）するように、発掘現場でトイレ遺構を見つけようという意識と努力が、二十一世紀に入ってしだいに下火になってきたからだと、私は考えている。検出事例の多寡は、ことトイレ遺構に関する限り、遺跡に刻まれた遺構の数よりも、より意識的な発掘調査が行われたか否かが影響するもので、トイレ遺構の絶対数と調査検出数とは、単純に比例しないものと思う。

ただ一方では、井上さんの想定するように、問題の土坑が二次的にウンチを貯留する施設である可能性も否定できない。土坑内に堆積する土壌の分析から、それがその場で排泄されたウンチの直接的な堆積であるか、二次的に移動され貯留されたウンチの堆積であるか、科学的に判断が下せるまで、しばらくは水掛け論が続くのであろうか……。

トイレ遺構研究の課題

これまで紹介してきたように、井上さんの一連の「トイレ遺構」説批判は、遺構復元上の構造的な問題点を指摘するものであるが、それにあわせて、検出事例の希少さを強調する。「当時排便に際して構築的な施設を使用することが一般的であったとは決して考えがたい」と、発掘されたトイレ遺構が排泄施設であることを明確に否定する。しかし、井上さんがそう判断する背景には、先にも触れたように、当時の排泄は基本的におまるや溲瓶で行われたという、井上さんが持つ古代トイレのイメージが大きく作用しているように思える。私自身も、藤原宮跡や平城宮跡の発掘調査でトイレ遺構の検出事例が少ないのは、おまるや溲瓶が盛んに使われていたことと関係する、と考えている。ただし、井上さんが言うようにおまるや溲瓶が主流というなら、大量に存在し使用されたたであろうそれらの実物＝出土遺物を提示する必要があると思う。その努力を欠いたまま、事例数が少ないからと言って、排泄施設の可能性が残るトイレ遺構を一概に否定してしまうのは正しくない。おまるや溲瓶など、いわゆる「移動式トイレ」については、のちに触れるように、私も保存科学を専門とする村上隆さんらと共同で追究したことがある。ただ残念ながら、それを見極める科学的な基準を手に入れることはできていない。[24]トイレ考古学に関係するものとして、その一日も早い入手をめざすとともに、トイレ遺構と認定するには、「まだ多くの検証作業が必要」だという井上さんの厳しい指摘を心におさめ、今後への課題としたい。

(24) 村上隆・佐藤昌憲・黒崎直「土器などに付着した白色物質―小便容器の可能性を探る―」『トイレ遺構の総合的研究』奈良国立文化財研究所、一九九八年

2 文献史料に見える古代のトイレと便器

古代の史料からトイレを探す

発掘された遺構の解釈をめぐって、やや込み入った検討を重ねてきたので、ここでは少し趣向を変え、古代においてトイレや便器が、どのような名称で呼ばれていたのか、どのような使われ方をしていたのかなどについて考えてみたい。その手がかりとなるのは、当然ながら考古資料ではなく、文字で書かれた文献史料である。すなわち、古代の文献史料の中からトイレなどに関連する語彙や記事を探し出すことによって、当時の呼び名はもちろん、その姿かたちやどのような場所につくられていたのかなど、古代のトイレを復元する手がかりが求めるのだ。ただし私自身、文献史料の操作に疎(うと)いところがあるので、かって「トイレ遺構」に関して共同研究したことのある橋本義則さん（山口大学人文学部）の研究成果を大いに参考にさせていただくことにする。

橋本さんは、奈良時代から平安時代の十一世紀前半（後期摂関時代）までの漢文史料を対象として、トイレと便器に関する記事を検索し、その成果を「平安時代のトイレと便器に関する予察[25]」としてまとめている。ただし残念ながら、文献史料の性格上、どうしても天皇・貴族・寺院に関連するものに偏り、一般庶民の様子まではわからない。以下では橋本さんの成果に導かれながら、天皇・貴族・寺院の順で、史料に見えるトイレについて紹介し、最後に便器について考えてみよう。

天皇のトイレ

平安宮では、天皇の日常的な居所である仁寿殿あるいは清涼殿に、天皇用のトイレとして御厠殿・御樋殿があった。

宮中の祭事の一つに、宮中の災難を祓い平安を祈願する大殿祭があり、その祭事の順序については、『儀式』巻第一や『延喜式』巻一に記載がある。すなわち、『儀式』では仁寿殿（紫宸殿・承明門）→浴殿→厠殿→炊殿の順に、『延喜式』巻一では御殿→湯殿→厠殿→御厨子所→紫宸殿の順に祭事が進められたようだ。両者を比較すると若干の相違は認められるものの、天皇の居所を中心に行われる箇所に限れば、仁寿殿＝御殿、浴殿＝湯殿、厠殿＝厠殿、炊殿＝御厨子所とまさしく対応している。よってこれらはすべて内裏の内部に存在した施設で、しかも天皇の日常生活に関わる祭事に登場する施設だから、互いに大きく離れて所在したとは考えがたいことになる。

(25) 橋本義則「平安時代のトイレと便器に関する予察」『トイレ遺構の総合的研究』奈良国立文化財研究所、一九九八年一方、九世紀末の宇多天皇の時代になると、天皇の居所が仁寿殿から清涼殿に移るが、その移転後に湯殿は清涼殿の西庇（にしびさし）北辺に、御厨子所は清涼殿の西後方にある後涼殿（こうりょうでん）の西庇に置かれたという。御厠殿の位置を直接知る史料はないが、湯殿の南に接して御手水間（おちょうずのま）が設けられていたから、これが厠殿を含む施設であったことは十分に想定できる。ただし、御手水間そのものはトイレでないと、橋本さんは注意を促している。あくまでも手水の本来の意味である手洗いに関わる施設であると……。

それはともあれ、これらの検討を通じて、天皇が日常的に生活する空間＝御殿（仁寿殿・清涼殿など）の西北部に、台所や浴室など水回りの施設が集中して配置され、その一画に天皇のトイレである厠殿も設けられていた様子が復元できる。

ところで、御厠殿も御樋殿も、どちらも天皇が使用するトイレを呼ぶ言葉だが、どのように違いがあるのが、気になるところでもある。これについて橋本さんは、それは時代的な差で、御厠殿がのちに御樋殿と呼ばれるようになったと考えている。もう少し時期の下がる史料である『西宮記』（さいきゅうき）や『江家次第』（ごうけしだい）にも大殿祭に関する記載があり、前者では御在所→御湯殿→御装物所（おんよそおいものどころ）→御厨子所→御在所、後者では御在所→御湯殿→御樋殿→御膳宿→御厨子所→南殿という祭事の順序が記されている。すなわち、各史料に登場する殿舎名などを対比すると、御厠殿・御厠殿をのちに御装物所や御樋殿と呼ぶようになっていることがわかる。

また、『春記』の一〇四〇年（長久元）十月二十二日の記事にも御樋殿の名称が見える。御所の焼亡によって、後朱雀天皇の居所が一次的に従兄弟の内大臣藤原教通宅へと遷されるが、御在所が南対にあてられたことに伴い、その北渡殿に御湯殿と御樋殿を設けたというのだ。まさしくこのとき、天皇のトイレが御樋殿と呼ばれていたことが判明するが、それに併せて西南渡殿の北面には御膳宿之殿が置かれたとも伝えている。このときにあっても、天皇の生活空間の西北部にトイレを含めて水回りの施設を集中して配置するという原則が、依然として踏襲されていたのだ。

天皇に準ずる上皇用のトイレも、御樋殿と呼ばれていた。『長秋記』一一一九年（元永二）十月二十一日の条には、堀河上皇の御所である寝殿の東間を御樋殿としたとの記事がある。これは寝殿造の建物の一部を御樋殿としたものであり、その際に御樋殿には大壺・紙置台などを設置したと記録されている。この大壺こそが便器であろうが、その傍らに紙置台が置かれているにことに注目したい。「紙置台は言うまでもなく紙を置く台ですよ」と、橋本さんが指摘するとおり、その紙はおそらく排泄後の処理のために用いられたものであろう。平安時代の末では、すでに上皇クラスの階層ではトイレの後始末に紙を使用していたのだ。

このほか、平安宮の古図によれば、内裏東北方の中重内（なかのえ）には、華芳坊の南面に接して御樋殿が設けられている。周囲を築地塀で囲まれた一画に南北方向の建物として描かれているが、その詳細はわからない。土坑式か、水洗式か、あるいは移動式のトイレなのか、大いに興味を抱くところであるが、古図はそれ以上の情

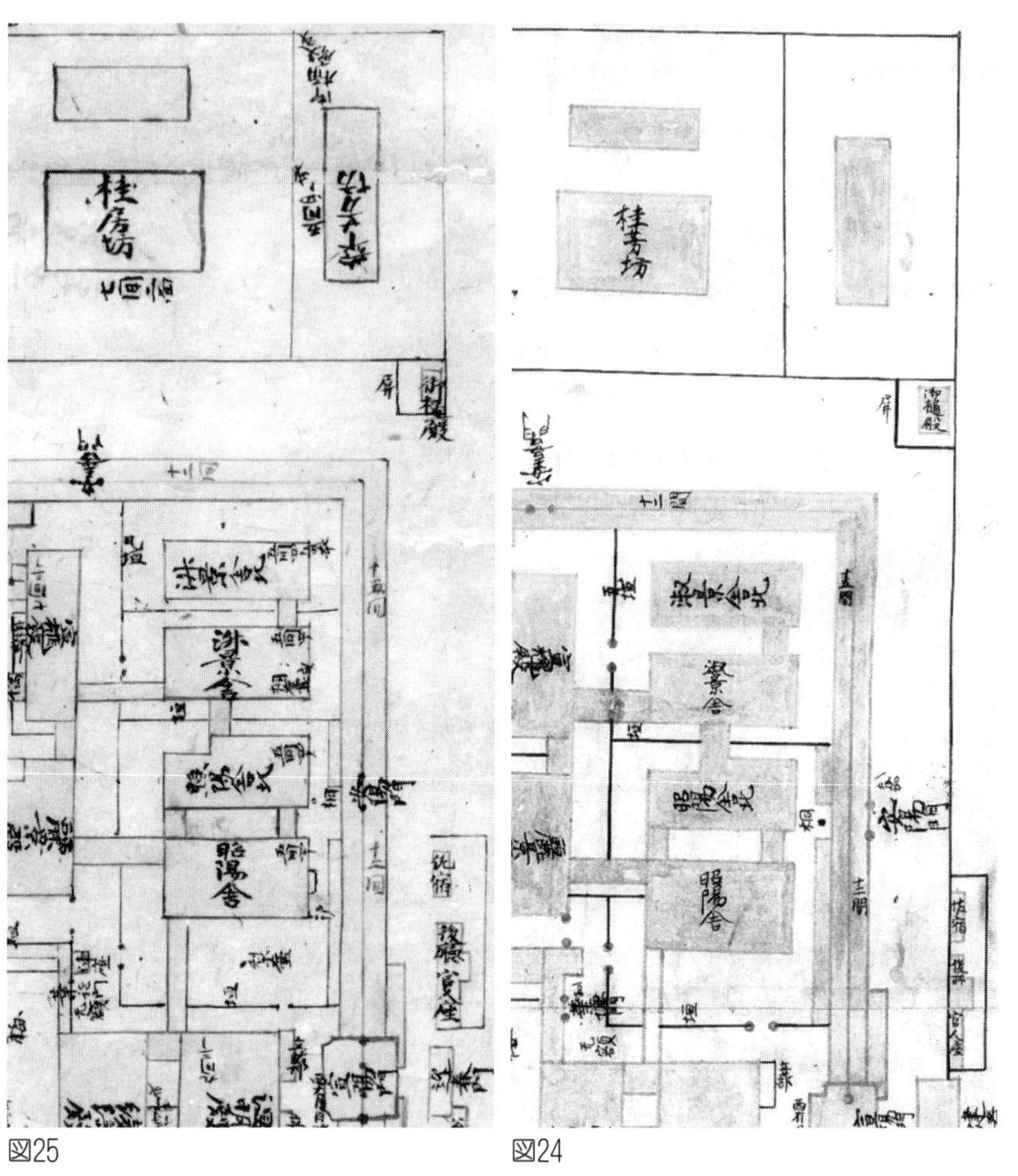
図25
図24

図24 平安宮内裏に設けられた御樋殿（『宮城図』より）

図25 同（九条家本『延喜式』より）

平安宮の殿舎配置などを記した宮城図。その内裏を描いた古図の中に「御樋殿」の文字が見える。内裏の東北方、築地塀で囲まれた小区画の中に南北方向の御樋殿が立つ。

報を我々に示してくれない。平安京跡における当該地の発掘調査が進展することを望みたい。

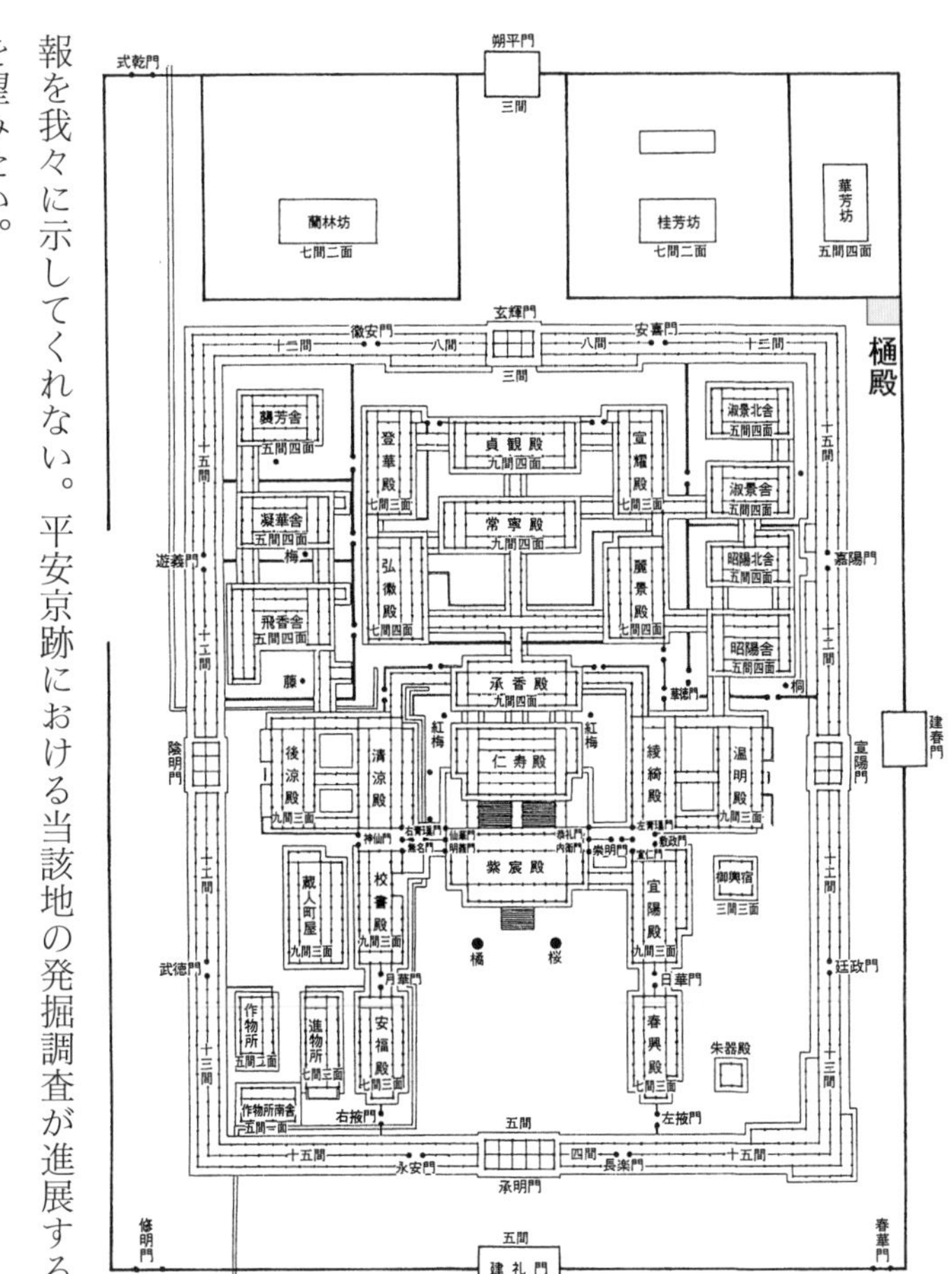

図26 平安宮内裏配置図

貴族のトイレ

貴族のトイレに関する情報は、主として平安時代の日記類から集めることになるのだが、あまりにも日常的な出来事であったのか、「排泄・排便行為やそれらの行為を行う場・空間について記した記事はほとんど見つからない」と、橋本さんは残念がる。そのような中にあって、『小右記』では比較的頻繁に貴族のトイレに関する記事があらわれるという。ただしその多くは、トイレにおける転倒記事であり、居室とは別の場所にあるトイレで、あるいはそこへ向かう途中に、気温差などが原因で脳に発作がおきたのであろう。現代の我々も心しなければならない問題ではある。

そんな記事の中に、藤原道長に関連してトイレに関する内容の記事が登場する。それは一〇一四年（長和三）四月六日と翌一五年閏六月十九日および二十一日の記載で、記事は藤原道長の足の病に触れる内容だ。一〇一四年四月には、道長が足の痛みで歩行ができず、隠所（いんじょ）すなわちトイレへは、円座に坐ったまま曳いてもらって用足しに行っているとの噂が書かれている。また、一〇一五年閏六月には厠からの帰りに階段を踏み外して落下し、大変に苦しんでいると書かれている。この記事によって、隠所がトイレをさす語彙であることが判明する。

また『富家語（ふけご）』という史料には、貴族の邸宅においても湯殿と樋殿が近接して設けられていたことを示す記載があり、先に復元した天皇のトイレと同様な屋敷内の配置関係がうかがえると、橋本さんは指摘している。

寺院のトイレ

寺院のトイレに関する史料として最も時代がさかのぼるのは、七八〇年（宝亀一一）の『西大寺資財流記帳』であり、これは先に紹介した溝を跨ぐ共同トイレを復元する際に宮本長二郎さんが引用した史料でもある。この『西大寺資財流記帳』は、奈良時代末における西大寺の由緒と寺の資財（財産）を書き上げたもので、その第二堂塔房舎の個所に馬屋房にあった施設の一つとして厠が記されている。それによれば、厠は瓦葺きで、長六丈四尺五寸、広一丈二尺の規模とあるから、桁行約二〇メートル、梁間三・六メートルという長大な建物になる。この厠については、トイレ学者の李家正文さんや宮本さんなどは、人間用の厠であるとして、同時に二〇人もが使用できる共同トイレだと理解している。これに対して橋本さんは、記載の箇所が馬屋房に存在した施設を書き上げる部分に含まれるので、この厠は馬の糞を貯めておくための長大な厠建物であり、人間用であった可能性はきわめて少ないとしている。

ただし、古代の寺院史料にトイレが見つからないのかといえば決してそうではなく、平安時代に入ると、いくつかの寺院でトイレが確認されている。まず九〇五年（延喜五）の『筑前国観世音寺資財帳』には、寺域西方の外側に草葺きで桁行九メートル、梁間三・三メートル、高さ四メートルの厠があり、それを八六一年（貞観三）に修理したと記している。

また九三一年（承平元）の『神護寺実録帳』には、板葺きで桁行二間で床張りを持つ厠が存在したことを記している。さらに一〇三五年（長元八）の『東大寺検損色帳』には、一蔵院内に破損した建物として、瓦葺七間東厠と瓦葺九間一面厠各一棟が挙げられている。この二棟の厠は、ともに桁行の長い建物なので、それぞれ七間と九間の個室に別れていたのではないかと、橋本さんは推測する。この復元が正しいとすると、十一世紀前半の東大寺境内には、多人数が使用する共同トイレが存在したことになる。ただそれが「水洗式トイレ」なのか否か、その詳細まではわからない。残念ながら、古代のトイレの構造はここでも、霧の中に隠れてしまうのだ。

虎子・彫木・樋

次に便器に関する史料を調べてみよう。御厠殿・御樋殿など、天皇のトイレで用いられた調度品については、『延喜式』巻一二の中務省殿司条や同巻三六の主殿寮供奉年料条に記載がある。前者には御厠殿料として、両面絹・緋帛・調布などの長い布製品、漆櫃、床、案などが挙げられ、後者では巾布が掲げられている。後者は御厠殿の掃除のための材料であろうが、前者は天皇が御厠殿で用いる調度だろうと橋本さんは考え、その中にある大小二合の漆櫃が何に用いられたものか？　気懸かりであると述べている。これがあるいは樋殿の中心をなす移動式の便器そのものであったのだろうか。

一方、使用者を天皇と特定することはできないが、『延喜式』巻一七の内匠寮樋類条にも便器と思われる調度の製作を示す記載がある。そこには「彫（離）木一脚」「樋一合」「虎子一合」の作成に必要な材料などが書き上げられており、彫木は序数詞「脚」で、樋と虎子は「合」でもって数えられている。このことからすると脚は方形で足付きの台のようなもの、合は蓋付きのものと見なせようか。虎子は尿を受けるいわゆる小便壺だから、彫木と樋はウンチを受ける便器の可能性がある。ただ彫木について橋本さんは、これを便器だろうと想定するものの、「よくわからない」と断定を避けている。

一方、保立道久さんがこの彫木について、興味深い見解を示している(26)。古代のトイレを読み解くキーワードの一つとして「穴」に注目する保立さんは、平安時代の儀式書である『雅亮装束抄』一に載せる「大饗の饗宴の尊座休所」の場面を引用し、排泄のためにあけ（彫）られたものが彫穴であろうと見なす。すなわち、「便宜の所一間に御簾懸け回して、高麗の畳一帖を敷きて、大臣の尊座の折りは大壺を置き、大納言には、板に穴をえ（彫）なるなり」の一文である。大壺は小便器のことだから、大納言のための穴も開脚して座して使う小便用の穴では

(26) 保立道久「文献と絵画史料からみたトイレ」『月刊文化財』通巻三五〇号、第一法規出版、一九九二年

図27 尿筒を腰に差す行列（『法然上人絵伝』より）

ないかと考えるのだ。そうだとすれば、寝殿造の床のあちこちには、このような穴があいていたことになり、「この「穴」こそ、寝殿造りにおけるトイレ施設の原形であったのではないかと思う。便器というのは、ようするに「穴」なのである」と、保立さんの想像はますます膨らんでいく。

ただし、『延喜式』のように虎子・彫木・樋をセットで捉えると、虎子・大壺は小便器で、樋は大便器となり、彫木がそのいずれに属するのか判断できない。ただ、彫木が序数詞「脚」で数えられたり、「台」と示されることからすると、保立さんの推測するように「上面の板に穴を彫ぐり、樋の上に置いて腰をかけて利用される台」である可能性が高くなる。その多くは樋の上にかぶせて用いられる大便器だが、「大饗の饗宴の尊座休所」の場面のように小便器に代用されることもあったと理解しておきたい。

図27

さらに彫木は、一一二四年（天治元）の伊勢斎宮の禊の場面にも「行列の内、樋台あり（彫木とも称す）」（『永昌記』同年四月二十三日条）として登場する。保立さんはこれを、「女性の場合も便器公然携帯の行列がありえたのである。我々には理解しにくいことではあるが、貴族にとっては外出した先で、他人の「尿筒」「大壺」「彫木」を利用することは考えられず、むしろ個人用便器を持ち歩くのが当然のことだった」と解釈している。まさしくこれこそが「移動式トイレ」そのものであり、属人的な便器だったわけである。

古代におけるトイレ・便器の名称

これまでの検討をとおして、古代のトイレ・便器に関わる名称のいくつかが明らかにできた。これに橋本さんが検討したように、『倭名類聚抄』や『類聚名義抄』『色葉字類抄』など、当時の辞書類にも見えるトイレ関連の語彙を加えて整理すると、以下のようにまとめることができる。

◎「トイレ」を意味する語彙

［和語］かわや（川屋・河屋・厠・廁・厠殿）〈類似表現＝川殿〉

ひどの（樋殿）

おんよそおいものどころ（御装物所）

いんじょ（隠所）

〔漢語〕厠（かわや）・廁（かわや）

◎「便器」を意味する語彙

〔和語〕おまる・まる（御虎子・御丸・虎子・丸）

　おおつぼ（大壺）

　ひ・ひのはこ（樋・樋筥）

　しのはこ（私筥・清筥・私器・清器・尿筥）

〔漢語〕虎子（こし）

　彫木（えりき）

　褻器（せつき）

　清器（せいき）

　このようにトイレ・便器に関して、多くの名称が存在することが明らかになった。古代の日本人は、いろいろな語彙を用いてトイレや便器を呼び分けていたのだ。ただし奇妙なことに、そこに現代の我々が普通に用いる便所（べんじょ）という語彙が含まれていないことに気づくだろう。そんな感想を抱いた私に、橋本さんは「平安時代の「便所」は「便宜（便利な）所」の意味で用いられ、トイレを意味しません」と教えてくれた。便所（びんしょ）という語彙は当時にも存在し、用いられもしたのだが、それは排泄場所を示すものではなかったというのだ。

　同様に休所（急所）や閑所など、トイレを連想させる語彙も、古代では前者が休息する場所、後者は文字どおり人気のない静かな所を指すそうで、これもまたトイレを示す語彙ではないという。排泄場所を表すのに便所の漢字をあてるようになったのがいつ頃なのか、大いに興味がわくところだが、少なくとも平安時代では、上記のように「かわや」「ひどの」「おんよそおいものどころ」「いんじょ」などがトイレを示す名称だったのだ。

樋洗童と侍

以上の検討から、平安時代の天皇や皇族・貴族たちが使用したトイレは、殿舎内に設けられた厠殿・樋殿であり、その中には便器である樋や大壺が置かれていた。いわゆる「移動式トイレ」である。そして、トイレは単独で存在するのではなく、台所や浴室など水回りの施設とともに、殿舎の西北方に主として配置された傾向が見られた。呼び名も、平安時代の前半には厠殿が主流だったが、しだいに樋殿へと変わっていったようだ。

樋殿で排泄されたウンチは、別の場所に移され始末される。そして、樋殿で排泄されたウンチは、決して排泄した本人が始末するのではなく、その役目を担う専用の者がいた。樋洗童（ひすましわらべ）と呼ばれる女童がそれで、その名のとおり樋の洗浄を担当する。樋殿から持ち出されたウンチは、洗われるのだ。この樋洗童は、『今昔物語集』に載る有名な説話「平定文、本院の侍従に懸想せる話」（巻三〇―一）に登場する。すなわち、藤原時平の屋敷に「侍従の君」という才色兼備の女房がおり、彼女に懸想した平定文（平中）が恋文などを送るが相手にしてもらえず、彼女の排泄物でも見れば恋心も冷めるだろうと、「洗ひ」にいく女童から「筥」を奪い取って中身をあらためる。しかし、中には「香料で作った偽物」が入っており、それを見た平中は「人とは思えない」と感嘆、悶絶して死に至ったというストーリーである。

平安京における人々の日常生活を研究テーマとする西山良平さんは、女童が登場する場面を「女童が香染（丁字を煎じた汁で染めた薄紅に黄を帯びたもの）の薄物に筥を包み、赤い色紙に絵を書いた扇でそれを隠し、侍従の君の局から出て「洗ヒニ行」こうとする」と読む。[27] そこに樋洗の行為にも、一定の作法が存在した可能性を推測するのだ。その当否は別にしても、樋洗童が樋・筥を洗いに行く先は、当然ながら水の流れる場所であり、ここでもウンチが溝に排出されていく。

ただし、屋敷の主人が排泄したウンチは、直接に樋洗童に手渡されたのではない。西山さんは、女性主人の場合は、「近習の女房が主人の樋をとり伝えて樋洗（童）にわたす」とする。また、男性主人の場合は「侍が主人（男性）の排泄を担当」するもので、侍は受け渡すだけで最終的な洗いは樋洗（童）が行ったとする。すなわち、主人（男性）―侍―樋洗、姫君（女性主人）―女房―樋洗というシステムが存在していたのだ。このように、平安時代における排泄物の始末をめぐって、明確な性別の分業関係が復元できるのであり、さらには侍という新時代を切り開く階層の始源の一端を知ることができるのだ。

(27) 西山良平「平安京のイエと排泄・トイレ」『都市平安京』京都大学学術出版会、二〇〇四年

史料に見える土坑式トイレ

以上のように概観してくると、屋敷内で排泄されたウンチのすべては、道路側溝もしくはそれにつながる水路に流され、始末されたように思えてくる。藤原京跡や平城京跡で発掘された「水洗式トイレ」の遺構を、井上和人さんが「排泄用の施設ではない」と強く主張するのもその所以(ゆえん)であろう。だが、本当にそう言いきれるのか?

貴族たちの排泄物の大多数が、そのようにして始末されていたことはほぼ間違いないところであるが、しかし一方では、敷地の片隅などに穴を掘ってウンチを埋めることも行われていた。

西山さんの指摘によれば、慶滋保胤(よしじげのやすたね)は明確に宅内で排泄する。余暇の時間に召使いを呼び後園に入り、「あるいは糞(くそ)まりあるいは灌ぐ」（『池亭記』）とある。これは菜園に簡便な貯蔵施設を設置し、そこへ排泄し、肥料へ転用したと推定できるという。五位クラスの貴族の屋敷内には、ウンチを一時的に溜る施設（穴？）があり、臨時的ではあろうが、そこで排泄行為も行われていたらしい。

保立さんもまた、「主人につかえる人々、「侍」「女房」そして「樋洗童」などの「私」の行為・排泄行為自身が、寝殿造りの内部のどこでどのように行われていたのか」と自問し、「やはり侍の使用する簡単な「厠」が存在したのだろうと思う」と自答する。そして、その一例として『続本朝往生伝』六を挙げ、「右大臣の邸内に忍び込んだ天狗が僧正の加持によって護摩壇で焼かれてしまったが、壇の灰が「厠の辺」に捨てられたため、糞便に対する「食気」について蘇生した」との記載に注目する。そして、「邸内の塵芥を捨てる場所の近辺に厠がある」のであり、「それが屋敷内に住む人々が使用するものであったことは明らかである」と解釈している。(28) このように平安京においても、宅地内に設けられた「土坑式トイレ」は確実に存在しているのだ。

(28) 保立道久「文献と絵画史料からみたトイレ」『月刊文化財』通巻三五〇号、第一法規出版、一九九二年

3 平安京のウンチは犬が食う
——絵画史料が語る古代・中世のトイレ

古代のトイレを復元する手だては、考古資料や文献史料に限ったものではない。絵巻物などの絵画史料にもトイレは登場する。ただし、これらは年代的に見て平安時代末以降のもので、平安時代前半にまでさかのぼるものはない。このため厳密な意味で古代のトイレを復元する材料とは言えないが、絵画の持つ豊富な情報量を解析することによって、トイレをめぐる習俗までをも復元することが可能となる。ここでは絵画史料を手がかりに、古代・中世のトイレの様子をかいま見てみよう。

『餓鬼草紙』の一場面

トイレ研究においてもっともポピュラーな画題は、言わずと知れた『餓鬼草紙』である。平安京の路上において排泄する老若男女の姿、その周囲に散乱するウンチ・クソベラ（籌木）・紙、そして画題の主人公である食糞餓鬼たちが

図28

図28　路上排泄の情景（『餓鬼草紙』より）
排便する人々が高下駄を履いていること、籌木や紙切れが散乱しているなど、当時の路傍トイレの様子を知る貴重な絵画史料である。

実にリアルに描かれている。渋沢敬三さんらの編集により日本常民文化研究所から発行された『絵巻物による日本常民生活絵引』[29]は、庶民の生活を絵画史料から読み解こうとする労作である。そこでは、①街頭でウンチすること、②ウンチの後始末に紙以外にクソベラ（籌木）が使われていること、③ウンチに際し高下駄

（29）　渋沢敬三・神奈川大学日本常民文化研究所編『新版絵巻物による日本常民生活絵引』全五巻、平凡社、一九八四年

が使用されていること、などの特徴が読み取られている。絵画史料から排泄行為の諸要素を抽出した貴重な研究例である。描かれた情景の直接的な解釈でも、これだけの情報を入手しているのだ。

ウンチの後始末には主として木製のクソベラが使用されているが、それに混じって紙も見られた。十二世紀後半の平安京では、路上のトイレにあっても、後始末用に紙が使用されるまでになっていたのだ。また、老若男女いずれもが高下駄をはいてウンチをしている。まさしく高下駄は、排泄時の履き物なのだ。このため、かような高下駄類が個人の持ち物なのか共同の使用物なのかをめぐり議論もあったが、今では個人宅ごとに備えられていた物と見なされるようになってきている。

彼らが排泄するその場所は、道路上と見なせるから、まさに彼らは天下の公道に堂々と排泄しているのだ。それに対して、「なんと不謹慎だ！　不衛生だ！」と怒る前に、西山良平さんのようにさらに目をこらせば、好き勝手に見える排泄場所にも、それなりのルールが存在することに気づくだろう。

画面に描かれた場所は、「小路と小路の交差点（辻）であるが、横方向の小路のみに排泄し、縦方向の小路や辻自体には人のウンチはない。すなわち、横方向の小路の辻以外の部分に排泄」し、「しかも、老人や女性・子供はすべて小路の片側で排泄」しているのだ。[30]そして、彼らがしゃがむ人々の背後の築地には「くづれ」が顕著で、そういう「零落したイエのまわりの小路」だからこそ、共同排

(30)　西山良平「平安京のイエと排泄・トイレ」『都市平安京』京都大学学術出版会、二〇〇四年

泄の場所に選ばれたのだと、その背景までを西山さんは読み取る。そこは、路上のある場所を選んで使用する「公衆トイレ」であったのだ。

『慕帰絵詞』のトイレ

先に紹介した『絵巻物による日本常民生活絵引』には、「便所」の項が設けられており、『慕帰絵詞』の一場面が引用されている。問題の場面は、京都大谷禅室の裏の様子を描いたもので、用を足したあとの若い僧が衣を肩にして立ち、軽く振り返るそのむこうに簡単な板壁と屋根を持つトイレが描かれている。トイレの内部には、土坑状の便槽が掘られており、その上に渡された踏み板二枚が見える。これほど明確にトイレ施設を描いた絵巻物としてはおそらく最古の例で、十四世紀中頃の寺院の裏庭には、簡単な構造とはいえ覆屋（おおいや）を持つ、かような土坑状のトイレが存在したことを教えてくれる。

保立さんは、この絵を手がかりに排便の本来的な形態は庭にあり、その用便な「スペースに穴が掘られ、状況に応じて、その上に」「簡単な覆屋がついた厠がもうけられ」るようになったと考える[31]。その傍証として、縁先の手水桶（および手拭）を描いた『融通念仏縁起』の一場面を掲げ、それは「庭での用便を前提と」してはじめて理解できるとする。空間（庭）→穴（土坑）→覆屋（厠）というトイレの構造的な変遷を暗示するきわめて興味深い指摘だ。

(31) 保立道久「文献と絵画史料からみたトイレ」『月刊文化財』通巻三五〇号、第一法規出版、一九九二年

図30

図29

図31

図29　大谷禅室裏のトイレ（『慕帰絵詞』より）
図30　縁先の手水桶と手拭（『融通念仏縁起』より）
図31　トイレで排泄する法然上人（弘願本『法然上人絵伝』より）

また『法然上人絵伝』(弘願本)には、トイレで排泄する上人の姿が描かれている。そのトイレには明確に張り床があり、「金隠し(きんかく)」もしつらえられている。地下の様子はわからないが、おそらく下に土坑式の便槽が掘られていたのであろう。扉とおぼしき表現から個室トイレであった可能性が高く、その外側にはウンチ中に衣を掛けておく竿の表現もある。これも十四世紀後半頃の寺院のトイレを描いたものだが、『慕帰絵詞』よりは、我々がより身近に感じる形と言えよう。ただし、ここでも水洗式トイレは登場しない。絵画史料では、「水洗式」よりも「たれ流し式」か「土坑式」トイレが目立つようだ。

ウンチを食べる犬

先に挙げた『餓鬼草紙』の一場面を思い出してほしい。路面上に散乱するウンチや籌木は、その後どうなるのだろうか……と。当然、時間の経過とともに雨や風や日光などの自然現象によって分解していくものと期待されるが、自然の浄化作用にも限界がある。それを補うものとして、いや、それよりも本来的にその存在を前提にして路上のトイレが出現し、存続したのではないかと思わせることがある。では、その存在とは何か？　それは犬である。

絵画と絵巻に描かれた風景から姿としぐさに着目し、中世史を読解する黒田日出男さんは、鳥とともに犬が町の清掃役であるとする。(32) そして、具体的に『春日

(32) 黒田日出男『姿としぐさの中世史』平凡社、一九八六年

権現験記絵』の「大和の国中で疫病が蔓延する」場面（巻八第二段）や、同絵巻の「厨房の縁の上に座る犬」の場面（巻一三第二段）、あるいは『弘法大師行状絵詞』の「疫病が蔓延するする人々が小屋掛けする」場面（巻七第五段）を挙げ、台所から出る残飯整理のみならず病人の嘔吐物を口にし、さらには人間の死体まで食べる犬の姿を抽出する。死体を食べる犬の姿など、現代の我々にはいささかおぞましい光景だが、中世の絵巻物にはそんな場面は多いという。「疫病の流行は中世では珍しいことではないから、それによって生ずる大量の死体を食い尽くす清掃役を犬と烏が務めた」と黒田さんは読み解く。

いささかトイレとは離れてしまったが、黒田さんは絵画史料に描かれたウンチと犬の関係に当然ながら目を向け、犬は「おそらく糞を食べようとねらっているのではあるまいか」と、ひかえめに解釈している。しかし西山さんは、その着想をさらに発展させ、「平安京には、犬が数多く生息した。犬の食料の重要な一部が人糞である。これが空地やイエの人糞の末路である」と断言して憚（はばか）らない。(33)西山さんが参考にするのは、『福富草紙』や『病草紙』に描かれたいくつかの場面。『福富草紙』は室町時代初期に描かれた絵巻だが、主人公の福富が下痢をする場面では板塀の下からそれをねらう犬の姿がある。同様に、十二世紀後半から末期に描かれた『病草紙』の「霍乱の女」には縁側の端で激しく下痢する女性の下方に犬の姿があり、「腸瘻の男」には腹部から排泄する男性の傍らに犬が描かれている。また、『今昔物語集』の「内記慶滋保胤出家せる話」（巻一九―三）には慶

(33) 西山良平「平安京のイエと排泄・トイレ」『都市平安京』京都大学学術出版会、二〇〇四年

図33

図32

図34

図32 汚物を食べる犬（『春日権現験記絵』より）
図33 ウンチをねらう犬（『福富草紙』より）
図34 同（『病草紙』より）

滋保胤（寂心聖人）が風邪の影響で下痢し石蔵の厠に行ったところ、壁の向こう側から老犬が「弊ク穢キ物（排泄物）ヲ要シテ（ほしがり）伺ヒ給フ（うかがっている）」という様子が記されている。このように人間の排泄物は、ごく普通に犬の格好の餌だったのだ。

自分のウンチが犬に食われる?!

ところで、自分の排泄物が犬に食われる。それも自分が知らない場所や時間での出来事ならば我慢もできるが、排泄するときから隣で待つ犬がいる。そしてことが終って立ち上がるとすぐさま近づいてきた犬が、自分の排泄物を食べていく。そのとき、どんな気持ちになるだろうかと想像してみたが、いっこうに実感がわかず、感想も出てこない。次元の異なる出来事だから、それも仕方ないかとあきらめていた。ところが、私の大学の同僚にそれを実体験した人がおられるというではないか。早速にお話を聞きに行ってみた。その人は私よりお若い教授で、フィールドワークの一環で滞在しておられたモンゴルでの経験だとおっしゃる。むろん日本で生まれ育った普通の日本人だ。

滞在先の家には排泄用の施設がなく、家から少し離れた丘（?）の陰で用を足すのが通例らしい。そこでしかたなくその場所にいったところ犬が待ち受けており、用が済めばただちに目の前で件の犬が、それを口に入れたという。その情景を目の当たりにしてどのような気分になったのか？　先の疑問を質問したところ、その先生からは「なんだか一抹寂しい気もし、申し訳ない気持ちもした」との答が返ってきた。さらに補足すれば、「もう少し立派な餌を食べさせてあげたいのに、こんな物でごめんね！」と、犬に謝りたい気分だったという。それを聞いて私は、『今昔物語集』の慶滋保胤が言うところを想起し、「時間を超えても人の感覚はそう変わらないものだ」と変に納得したものだ。話題は完全に脇道にそれてしまったが、犬が人間の排泄物を当たり前のように食する世界が、現在もなお地球上には存在するのであり、かつての日本にも確実に存在したのだ。

4 移動式トイレを求めて

繰り返しになるが、本書の冒頭でイメージしたように、古代のトイレには「土坑式トイレ」「水洗式トイレ」と並んで、「移動式トイレ」が存在している。いわゆるおまるや溲瓶(しびん)の類で、文献史料などの検討からも明らかなように、古代ではむしろこの種のトイレが主流だったようだ。そうなればその具体的な姿かたちを知りたくなるのが人情だが、残念ながら「トイレ考古学」ではいまだに、「はい、これです」と自信を持って実物を提示することができない。ここでは、移動式トイレをめぐる研究の現状を取り上げてみよう。

移動式トイレの姿は?

たしかに発掘現場からは、土器や木器が多数出土するが、その中から「移動式トイレ」を見つけ出すことができていない。それがどのような形をしていたのか、まず探ってみよう。移動式トイレないし古代の便器については、先に文献史料から検討したが、その中で唯一『延喜式』内匠寮樋類条（巻一七）に、便器と思われる調度の製作を示す記載があり、「彫(えり)（雕）木(き)一脚」「樋一合」「虎子(おおつぼ)一合」の作成に必要な材料などが書き上げられていた。それによれば、彫木は長さ一尺七寸（約五一センチ）、幅一尺三寸（約三九センチ）、高さ一尺一寸（約三三センチ）、樋は直径九寸五分（約二八・五センチ）、高さ九寸（二七センチ）の大きさであることがわかる。また、別の箇所にも彫木が長さ一尺四寸（約四二センチ）、幅一尺八寸（約五四センチ）、高さ八寸（約二四センチ）、樋が直径　八寸（二四センチ）、高さ七寸（二一センチ）との記載が見られる。ただし、不思議なことに両方とも虎子・大壺の大きさに関する記載はない。

ともあれこれにより彫木が幅五〇センチ、奥行き四〇センチほどの板（中央に穴？）に高さ三〇センチ前後の足（脚）をつけた椅子・腰掛けであることがわかる。また、樋はヒノキの薄板を曲げて作る曲げ物かと想像でき、径三〇センチ、高さ二七センチ前後のLサイズと、径二四センチ、高さ二〇センチ前後のSサイズの二種類が存在したようだ。彫木・樋ともに材料のうちに漆が含まれるから、表面は黒漆塗りで仕上げられていたのであろう。

一方、先に紹介した保立さんの解釈に従えば、虎子は小便器、樋は大便器であり、彫木はウンチの際に樋や虎子の上に被せて腰をかける、いわゆる便座と見ることができる。その場合でも、必ずしも『延喜式』のように漆塗り製品をイメージすることはない。中央に穴のあけられた板材、および直径二五センチ前後の曲げ物が対象となろうか。かような観点で、私も全国の遺跡から発掘されている木製品、とくに板状木製品や曲げ物などを検索してみたが、残念ながら「これだ！」という遺物を見つけることができなかった。今後の発掘調査や研究の進展に期待したい。

「小便」と墨書された土器

一方、虎子・大壺という小便器に関わる発掘事例として、一九九七年（平成九）に平城宮東院の東南方にあたる平城京跡左京二条二坊十一坪で行われた発掘調査（平城第二七九次調査）を挙げることができる。そこでは、「小便」と墨書された土器の破片が出土している。[34] その墨書土器は、復元すれば口径三〇センチあまりにもなる土師器（はじき）の広口甕で、その頸部外面にその二文字が書かれていた。出土したのは、長さ五メートル、幅三メートルほどの大型土坑からで、一緒に「天平六年（七三四）」の紀年銘を持つ木簡や瓦、檜皮、薪の燃えかすと見られる木片などが出土している。

一方、平城宮内からは、「此所不得小便（ここで小便するな）」と書かれた木札状の木簡が発見されている。それは二〇〇二年（平成一四）に行われた中央区、大極殿院南面築地回廊の調査（平城第三三七次調査）の際に発掘されたもので、西楼建物の解体に伴って抜き取られた柱穴からの出土である。[35] 同じ柱抜き取り穴

(34) 奈良国立文化財研究所「左京二条二坊十一坪の調査」『奈良国立文化財研究所年報一九九七－III』一九九七年

(35) 奈良文化財研究所「第一次大極殿院西楼の調査」『奈良文化財研究所紀要二〇〇三』二〇〇三年

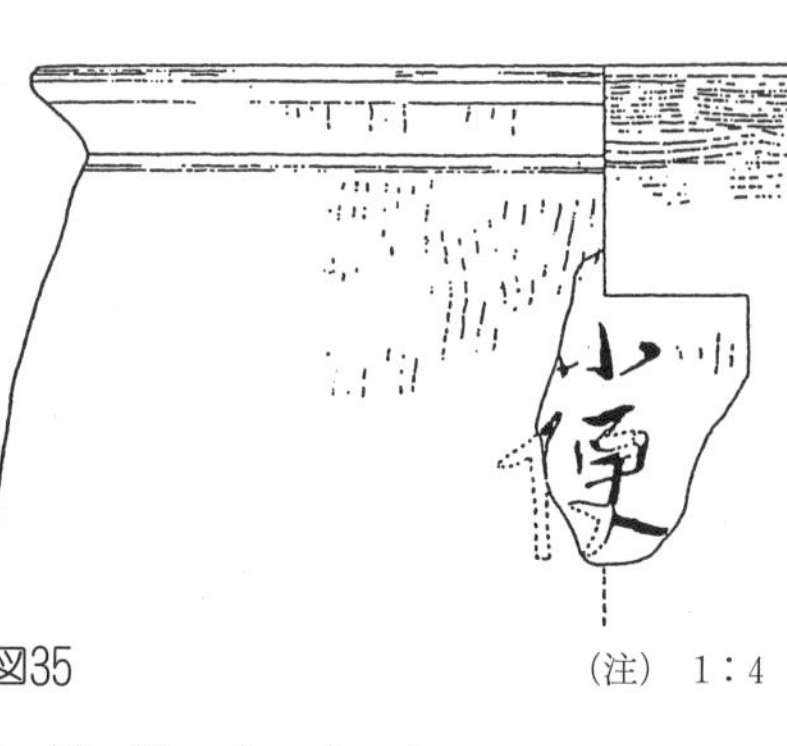

図35

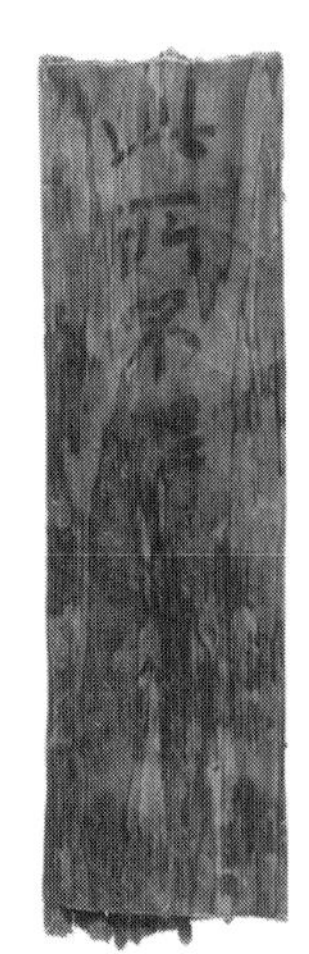
図36

図35　平城京跡左京二条二坊十一坪出土の墨書土器実測図
平城京内から発掘された土師器の広口甕の破片。その頸部に「小便」の墨書がある。作業現場に設置された小便容器だったのか？

図36　平城宮跡出土の木簡
平城宮跡の中央区、大極殿院南面築地回廊の調査で発見された木簡。建物解体に伴う廃材を投棄した穴から出土。人夫たちの立ち小便を禁止する立て札であろうか？

からは「天平勝宝四年（七五二）」の紀年銘を持つ木簡をはじめとし、衛府（えふ）や兵部省など役所に関わる木簡など一五〇〇点ほどが出土している。宮内における建物解体の作業現場で、場所をかまわない作業員たちの立ち小便に業を煮やした監督官が、それを戒める立てた木札ではなかろうか。井上和人さんは禁制の木札の背後に、本来はしかるべき場なり施設があったことを推測している。作業場の片隅に「小便」と書かれた大型容器類がならぶ一画が設けられていたのであろうか。そこに貯められた小便は、宮内を流れる溝に捨てられたのであろうか。小便容器の実態を知るとともに、宮内における屋外トイレの様相をうかがううえでも貴重な発掘事例と言える。

平瓶は溲瓶か？

小便容器と言えば、地方の博物館や資料館などで平瓶（へいへい）の解説文に、ときとして「溲瓶（しびん）かもしれない」と加筆されているのを目にすることがある。片口で横に平たい器形と上部に付く取っ手の類似から、溲瓶を連想させるのであろうが、考古学的にはその確証は得られていない（図37－①参照）。『図解考古学辞典』[36]の中で小林行雄さんは、平瓶を「尿器を連想させる器形をもっているが、そうした用途のものではあるまい」とする。それにもよるのだろうが、一般には酒器として食膳具に分類されることが多いし、小型品は水滴と見なされる。しかしごく一部ではあるが、藤原宮跡や平城京跡などの発掘現場から、内壁に白色物質が付着した須恵器（すえき）の平瓶や、それに類似する片口壺が出土することがある。白ないし薄ピンクの発色で層状に付着するその様子は、堺環濠都市遺跡や江戸城下町遺跡から発見される便槽内部に付着する白色物質ときわめて類似している。そう考えた私は、平瓶が小便容器＝溲瓶として使用されていた事実を確かめるべく、白色物質の正体を科学的な分析で追究してみた。

分析用に集めた試料は九点。その多くは、奈良国立文化財研究所（当時）が担当した調査で出土した土器だが、ほかに秋田市の秋田城跡や大阪府堺市の堺環濠都市遺跡、広島県の吉川元春館跡で出土した類例についても、それぞれの調査機関に協力を依頼して分析させていただいた。その内訳は表3のとおりであり、時代的には七世紀後半の試料が一点（①）、八世紀後半から末の試料が三点（②〜④）、十五世紀後半から十六世紀後半が三点（⑤〜⑦）、十八世紀が一点（⑧）、そして

（36）水野清一・小林行雄編、東京創元社、一九五九年

現代のトイレから採集した試料が一点（⑨）である。九点中の七点は、土器の内壁に付着していたものだが、⑦は木製の桶に、⑨は現在使用中の小便用トイレのモルタル壁に付着していた試料である。

⑥	⑦	⑧	⑨
界環濠 都市遺跡 (SKT313地点)	吉川元春館跡 中心部分	法隆寺 西院西半分 (収蔵庫予定)	「八釣地蔵尊」境内にある 公衆トイレ
大阪府 堺市中之町 西１丁７番	広島県 山県郡北広島町 海応寺	奈良県 生駒郡斑鳩町 法隆寺	奈良県 橿原市下八釣 町内
包含層出土	トイレ遺構 (埋桶) SK162	埋甕遺構 (SX6138)	モルタル塗り 小便器壁に 付着した物質
甕	桶	深鉢	—
径 41.9cm 器高 44.5cm	径 85cm 器高58cm以上	口径 約50cm 器高 約45cm	—
土器 （瓦質）	木製 竹製タガ巻	土器 （瓦質）	(モルタル壁画)
小便槽か？	小便槽	小便槽か？	—
16世紀前半	16世紀後半	18世紀	現代
1991年度調査	第１次調査 (1994年度) 桶は２つ並置 一方のみ白濁	1983年度調査	1997年夏採集

表3 尿起因白色物質が付着した出土容器

資料№		①	②	③	④	⑤
出土遺跡		藤原宮跡 西方官衙 南地区	平城京跡左京 四条二坊15坪 (田村第跡)	平城京跡右京 八条一坊11坪 (郡山焼却場)	秋田城跡	堺環濠 都市遺跡 (SKT47地点)
所在地		奈良県 橿原市四分町	奈良県 奈良市四条 大路一丁目	奈良県 大和郡山市 九条町	秋田県 秋田市寺内	大阪府 堺市甲斐町 西2丁目1-2他
出土遺構		宮内先行 五條大路 南側溝SD8462	井戸SE03	井戸SE930 上層	包含層出土 (第9層)	第5次生活面 建物SB25 (作業小屋?)
容器	形状	平瓶	壺N(把手ナシ)	壺N(把手アリ)	平瓶	甕
	規模	径 約15cm 器高 約9cm	径 約20cm 器高 約30cm	径 18.5cm 器高 約27cm	底径 17.6cm 器高 20.3cm	径 77.1cm 器高 90.2cm
	材質等	土器 (須恵器)	土器 (須恵器)	土器 (須恵器)	土器 (灰釉)	土器 (備前焼)
	用途等	溲瓶か?	溲瓶か?	溲瓶か?	溲瓶か?	小便槽か?
年代		7世紀後半	8世紀後半	8世紀後半	8世紀末	15世紀後半
その他		藤原宮第80次 1995年度調査	平城宮 第191-3次 1988年度調査	1983年度調査 報告書では水礬土(gibbsite)と明記	1996年度調査	1986年度調査 「二石入」の刻印アリ

(出典)『トイレ遺構の総合的研究』をもとに作成

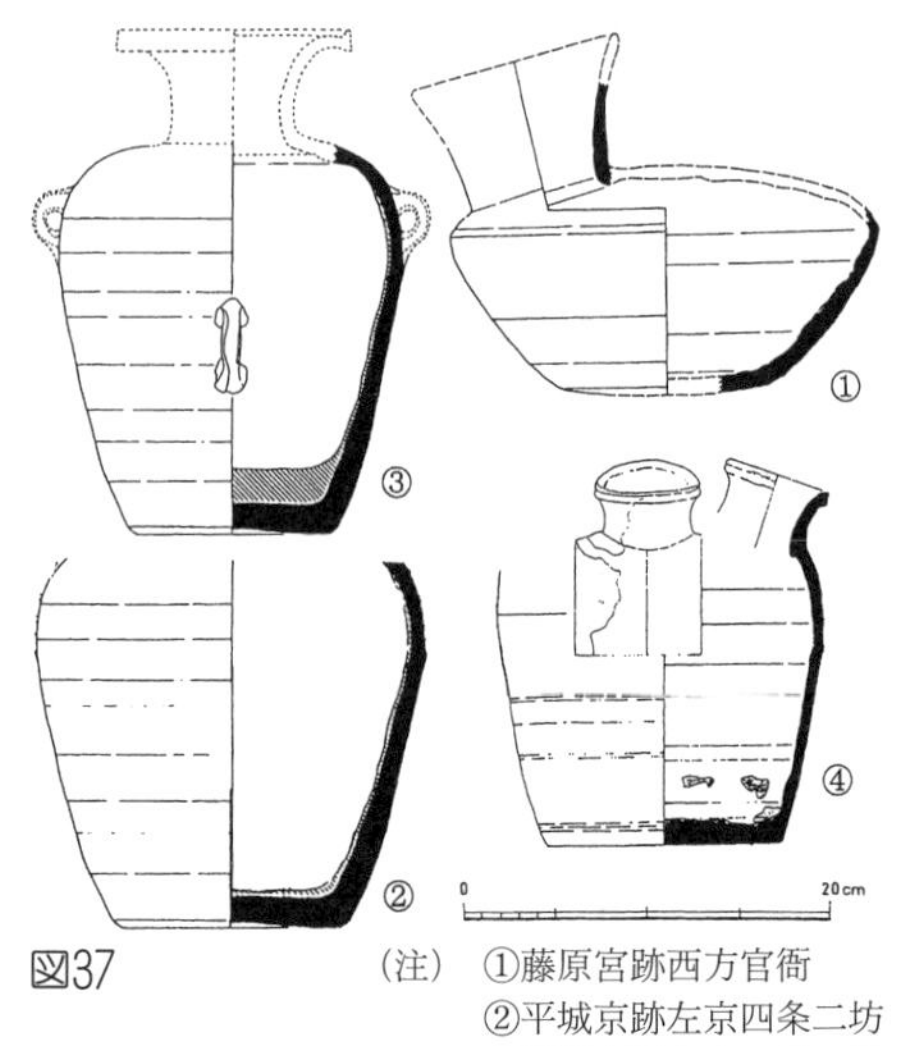

図37

（注）①藤原宮跡西方官衙
②平城京跡左京四条二坊
③平城京跡右京八条一坊
④秋田城跡

図37 白色物質が付着する古代の土器
①は溲瓶かともささやかれる平瓶。②③は壺で、ともに底部に白色物質が沈殿する。④は深い壺のようだが、口が片寄るので平瓶である。

白色物質はギブサイト

白色物質の同定には、文化財の保存科学を専門とする同僚の村上隆さんが中心になってくれて、フーリエ変換赤外分光分析（ＦＴ－ＩＲ）が適当だろうということになった。そこで、その分析に詳しい佐藤昌憲さんに協力をお願いし、さっそくに分析してもらった。その結果、有機的な情報はほとんど得られないものの、スペクトルなどの解析から、白色の物質は、基本的にギブサイト（γAl

(OH)$_3$）＝水礬土か、それに近いものであるとの回答があった。[37]

ギブサイトの主元素は水酸化アルミニウムで、長石・ガラスなどの粘土鉱物、あるいは粘土鉱物の化学的風化の結果として得られる最終物質でもあるという。だから単純に、その成因を人間の尿と結び付けることはできないというのだ。白色物質がギブサイトと判明したものの、それが必ずしも小便から生じた物質とは決め付けられない。残念ながら科学分析の結果をもってしても、ギブサイトが付着するからといって、その土器を小便容器と断定するには至らなかったのである。

では逆に、なぜ土器の内壁にギブサイトが存在するのか？　と問うてみても、村上さんらからは、明快な解答は返ってこない。尿に含まれる尿素や尿酸塩などの物質が、貯められた土器の内部で分解する過程で生じる雰囲気中で、周辺の土壌や土器の胎土中に含まれるアルミニウムを溶解させたのかもしれないという、何とも禅問答のような説明である。要するに尿に起因する可能性も完全には否定できないのだ。そのうえ興味深いのは、七・八世紀代に属する①〜④の試料が、ほとんど同じ分析結果を示すことであり、それらが平瓶や把手壺などの器種に限られることである。また、現代の小便トイレから採取した⑨の試料もまた、ギブサイトかそれにきわめて近い物質であったことは注目できる。

同様な分析結果は、鳥取県倉吉市の大御堂廃寺跡出土の横瓶型土器（直径約三五センチ、高さ二五センチ以上）からも得られている。[38]報告書の中で調査にあたった同市教育委員会は、内部に付着した白と薄ピンク色の物質を岡山理科大学自然科学研

(37) 村上隆・佐藤昌憲・黒崎直「土器などに付着した白色物質―小便容器の可能性を探る―」『トイレ遺構の総合的研究』奈良国立文化財研究所、一九九八年

(38) 倉吉市教育委員会『史跡　大御堂廃寺跡発掘調査報告書』二〇〇一年

究所に依頼した結果、ギブサイト（水酸化ナトリウム）が検出されたと公表している。横瓶の内壁には、底から八分目ほどの高さまで白色物質が付着していたので、尿がそのあたりまで繰り返し溜められていた可能性が高いと説明している。ただし、ここでもギブサイトと尿との必然的な相関関係は明らかにされていないので、白色物質が尿起源とは決められないのだ。

このように土器内面に付着する白色物質の存在は、総体として尿容器の可能性を強く暗示するが、ギブサイトの成因が不分明なため、確定までには至らないというのが、分析を担当した村上さんの最終的なまとめだった。そのスッキリとしない結論に、研究会の進行役を務めてくれた羽曳野市教育委員会の高野学さんが、会のまとめとして残念そうにつぶやいた「何とも〝残尿感〟のある検討結果です」という一言が、今も私の耳に強く残っている。

秋田城跡の白色物質の鑑定

秋田県秋田市にある秋田城跡からは、次章で紹介するように素晴らしい古代の「水洗式トイレ遺構」が発掘されている。そのトイレ遺構から約八〇メートルほど北に離れた第六七・六九次調査区からは、先に紹介した④の灰釉平瓶が出土している。調査を担当した秋田市秋田城跡調査事務所の小松正夫さんらは、その内面の付着物に注目し、私らとは別にその鑑定を秋田大学医学部法医学教室の吉岡尚文さんに依頼している。吉岡さんは、鑑定物件（白色物質）から尿由来の物質が検出されるか否かを検査項目に、平瓶の破片に付着した物質を試料2、参考として提供された古いトイレからの物件を試料1として両者を対比的に鑑定している。[39]検査方法は、科学的検査・分光分析および高速液体クロマトグラフィ（HPLC）の三方法が試みられた。その結果、化学的検査では「尿石の反応を調べたが、試料2の結果は古トイレ由来のもの（試料1）の反応とは異なって」いた。HPLCによる検査では、両者は「同一化か非常に近似した物質」と推定できるが、「本結果のみでは異同は論じらない」というものだった。そして吉岡さんは、「現時点では、依頼鑑定試料2が尿成分を含むかどうかの判断は困難である」とされた。私たちの分析結果とほぼ同様の結論である。

私は、古代の平瓶や壺などの中に付着する白色物質は、尿由来のものであると思っている。しかし、科学的に断定できない以上、それを絶対的な証拠として小便容器を探すことができないのも、また事実である。さらに他方では、大便容器の追究も必要である。平城京や平安京で暮らした皇族や貴族達の排泄が、「移動式トイレ」で行われていたことは間違いないところであり、その点数が膨大なものであることは容易に想像できる。しかし残念ながら、トイレ考古学ではまだそれを特定することができていない。新たな発想と分析方法の開発によって、この「残尿感」が一日も早く晴れることを願ってやまない。

(39) 吉岡尚文・小松正夫「秋田城跡出土の灰釉瓶について」『トイレ遺構の総合的研究』奈良国立文化財研究所、一九九八年

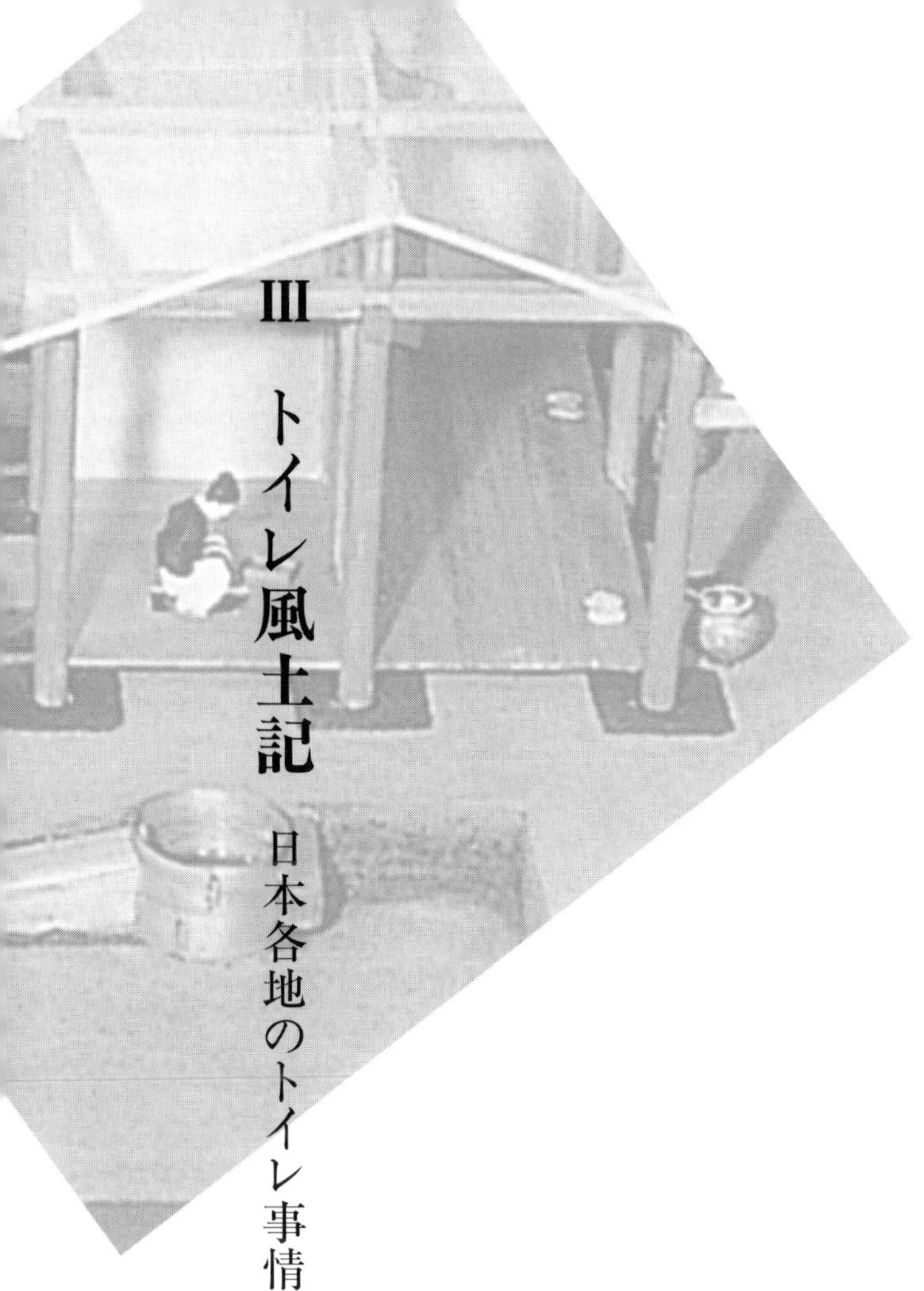

III トイレ風土記

日本各地のトイレ事情

1 日本列島、西のトイレ・北のトイレ

これまで主として、古代の藤原京跡・平城京跡・平安京跡のトイレについて検討を加えてきた。比較的多くの文献や絵画などの史料が残り、発掘の事例もそこそこ存在することによる。だが、これらはいわゆる首都型のトイレの様相であって、それ以外の地域＝地方では、別の様相が展開していたかもしれない。事実、秋田県秋田市にある秋田城跡や福岡県福岡市の鴻臚館跡からは、八世紀から九世紀はじめ頃にかけてのトイレ遺構が発掘されており、その様相はこれまで見てきた首都型とは大きく異なっている。こう説明すれば、地方なのだからより簡略型のトイレだろうと思われるが、ことはまったくの逆で、それらは「土坑式」「水洗式」トイレという分類の枠を越え、より高度でより複雑な構造を持っている。

鴻臚館は言うまでもなく中国や朝鮮半島との外交上の拠点であり、秋田城もまた渤海国との交流拠点として外交上で重要な役割を担っていた。すなわち両遺跡は、日本列島の北と西において、対外交流の窓口としての機能を担っていたのだ。

まずは、一九九〇年（平成二）に発見された鴻臚館跡のトイレ遺構から紹介していこう。

鴻臚館跡のトイレは深度日本一

鴻臚館は、平安時代には平安京・難波（大阪）・大宰府（福岡）の三カ所に設けられたが、現在、その遺跡が確認されているのは、福岡市中央区にある筑紫の鴻臚館だけである。筑紫鴻臚館の前身は、七世紀後半に造営された筑紫館（つくしのむろつみ）であり、その頃の遺構が下層からI期の遺構群として確認されている。トイレ遺構が発掘されたのは、I期の施設群を全面的に建て替えたII期の遺構に伴うもので、その年代は八世紀前半から中頃と考えられている。このII期には、規則正しく南北に配置された二つの区画、すなわち、東西約七五メートル、南北約五六メートルの範囲を掘立柱塀で囲った同一の区画が南北に二つ並んでいるのが確認されている。北館・南館と呼ばれる二つの区画には、ともに東面中央に門が建てられている。調査を担当する福岡市教育委員会では、その内部に礎石建物群が存在したことを想定しているが、それを示す痕跡は今のところ確認されていない。現在、鴻臚館跡として整備し公開されているのは　II期の遺構を全面的に造り替えたIII期の礎石建物群であり、II期南館の西南部に重複する。なお、III期の年代については、八世紀後半から九世紀前半頃と考えられている。

一九九〇年、II期南館の西南角から約二〇メートル南（外側）へ離れた場所から、トイレ遺構である三つの土坑が発見された。[40] いずれも主軸を南北に正しく揃え、かつ一・八メートル間隔の企画性を保って、三つの土坑が一直線に掘り込まれていた。最も北にあるＳＫ六九が長さ一・四メートル、幅一・三メートル、中央にあるＳＫ七〇が長さ一・二五メートル、幅一・三五メートルで、ともに略隅丸方形の平面を持つ。これに対して、最も南にあるＳＫ五七のみが隅丸長方形の平面を持ち、長さ四メートル、幅一・一メートルと大型の土坑である。ただし、いずれの土坑も復元の深さが約四メートル前後と極端に深く、それも花崗岩の地山層を掘込んだ堅固な掘形を持つことが特徴的である。周辺からは柱穴など建物の痕跡は確認されていないが、調査を担当した山崎純男さんは、土坑内から出土した瓦片などを手がかりに、トイレの上部構造として瓦葺きの建物があったことを想定している。

トイレ遺構の堆積土中からは、籌木（ちゅうぎ）（木簡の転用も含む）・土器類・木製品・瓦片などとともに、ウリなどの種実、ハエ蛆などの昆虫類、魚骨など多数が発見された。堆積土を対象に寄生虫卵の分析が行われており、金原正明さんは報告書の中で、大型トイレには有（無）鉤条虫卵が高い比率で存在することから、ブタを常食する生活者、すなわち日本人とは食生活が異なる人＝外国使節などが用いたトイレである可能性を示唆している。たしかに土坑内からは、新羅産の土器や朝鮮五葉マツの実などが出土しており、金原さんたちの想定を補強するかのようだ。

（40）福岡市教育委員会『福岡市鴻臚館跡I』一九九一年

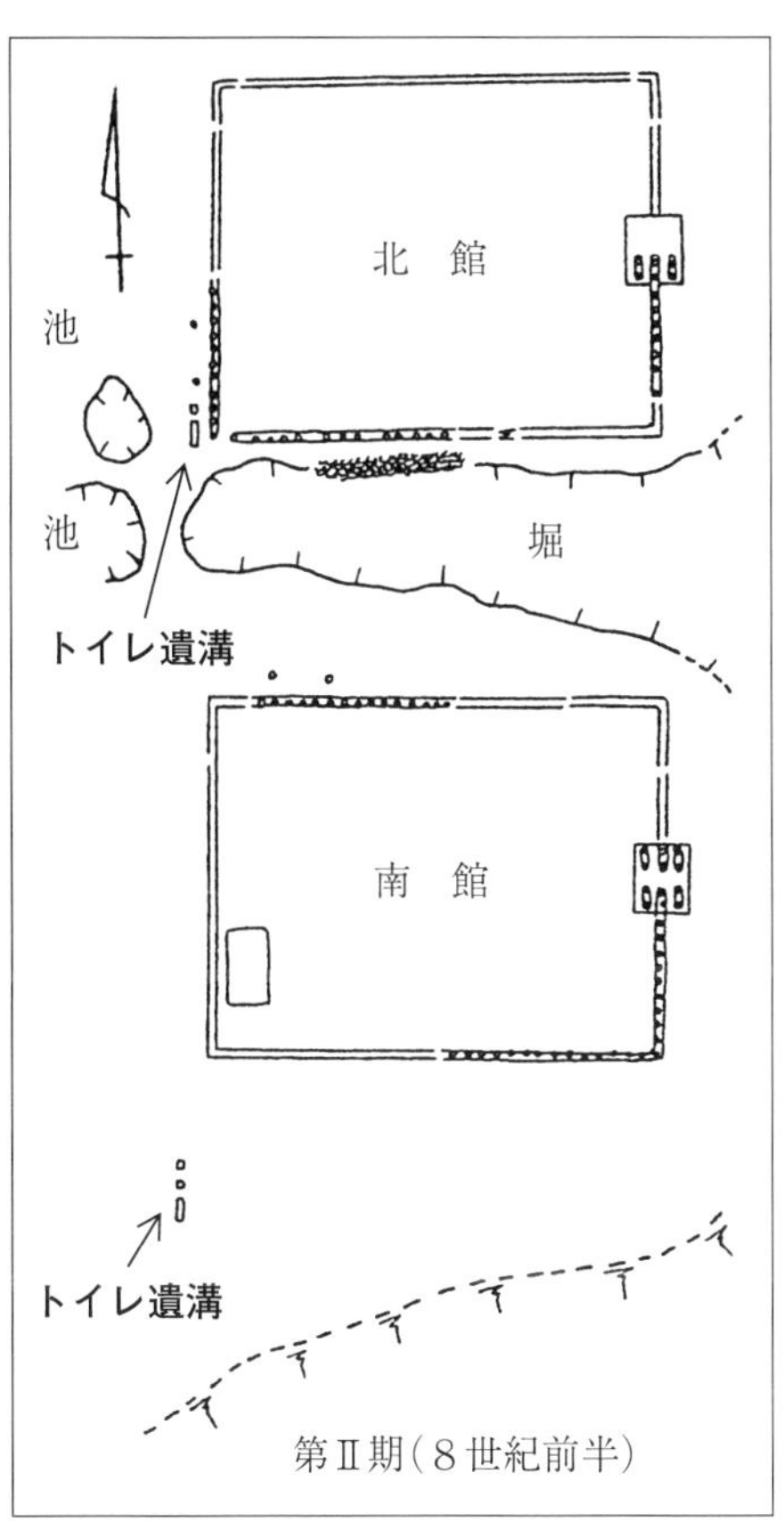

図39

図38

図38　鴻臚館跡Ⅱ期南館出土のトイレ遺構
一九九一年に発見された福岡県鴻臚館跡のトイレ遺構。長方形一と方形二の計三基の土坑が南北一直線に並ぶ。四㍍をこえるその深さに特徴がある。

図39　同Ⅱ期北館・南館の配置とトイレ遺構
鴻臚館跡のⅡ期（八世紀前半頃）には、堀をはさんで南北に同規模の区画が二つ並んでいた。区画の正面は東向きで、両館ともにトイレは裏側の西南隅外側に配置されている。

もう一組あった鴻臚館跡のトイレ

その後、二〇〇〇年（平成一二）に行われたII期北館西南角の発掘調査で、トイレ遺構である二つの土坑が新たに発掘された(41)。その位置は南館のトイレ遺構のそれと少し異なって、北館西南角の西側掘立柱塀に近接してはいるが、全体の位置関係からすれば、館の西南角付近と捉えることが可能であろう。それに関連して興味深いのは、II期北館を囲う掘立柱塀の布掘り掘形が、南西角の南面で一間分とぎれていることだ。調査担当者は、仮にここに柱列による塀の切れ目があり、門（通用口）が設けられていたと見れば、門を出て西に回りこんだ位置にトイレが存在すると解釈している。トイレ遺構と北館利用者との関連を暗示させる発掘所見として注目しておきたい。

発掘されたトイレ遺構は、北のSK一一二五が一辺一・二メートル四方の正方形平面、南のSK一一二四が長さ三・二メートル、幅一メートルの長方形平面を持つ。ここ北館でもトイレ遺構は南北一直線に並んでおり、なおかつ北の土坑が方形で、南が長方形である。おまけにともに深さが現状でも三・五メートルあり、復元すれば四メートルをこえる深いものである。この点でも南館のそれと類似している。トイレ遺構内からは南館と同様に、籌木（木簡の転用も含む）・土器類・木製品・瓦片などが出土している。ただし、寄生虫卵など土壌分析の結果は報告されていない。

（41）福岡市教育委員会『福岡市鴻臚館跡16』二〇〇六年

鴻臚館跡の南館と北館の二カ所で発掘されたトイレ遺構は、①正方形と長方形の土坑を南北に並べて配置し、②いずれも四㍍をこえる極端な深度を持つ、という特徴が見てとれた。このうち①については、「必ずしも同時併存ではなく、一基ずつ順次掘削されたもの」ではないかという井上和人さんの疑問があり、②に

図40

図40 鴻臚館跡Ⅱ期北館出土のトイレ遺構
二〇〇〇年に行われた北館跡西南隅の調査で発見されたトイレ遺構。やはり四㍍におよぶ深い土坑だった。

対しても、またその極端な深さゆえに、そこでの排泄行為を疑問視する意見もある。要するに、鴻臚館跡の「トイレ」土坑が、排泄の施設ではなく、ウンチを集積した捨て込み穴ではないかという解釈である。

ただし私は、四メートルという極端な深度こそが、鴻臚館跡のトイレに不可欠な要素だったと理解したい。底の浅い穴ならウンチが見えたり臭ったりするわけで、それを防ぐには水で流し去るか、深く掘った穴に落とすしかない。鴻臚館の立地する地形は丘陵上の高台にあり、のちに述べる秋田城跡のような水洗式のトイレは、水利の関係からまずつくれない。そのことからすると、後者の方法しか選択肢はない。大型トイレSK五七なら、四割程度の容量でも約五〇〇〇リットルある。前川要さんが推定するように一人の大人一日の大便量が約〇・二リットルだとすると[42]、実に二万五〇〇〇人日分の容量である。これなら少々の期間溜め込んでも、上部で用を足す人がウンチを意識することはない。極端な深さを持つこの土坑こそ、外国使節の使用に供するために考案された特殊な構造のトイレだと思うのだが、いかがであろう。

また、正方形と長方形の土坑が組み合わさるという①の点については、同様なセット関係が南館と北館との二カ所で発掘されていることからすると、一つの捨て穴が満杯になったから、その横に新しい捨て穴を掘ったのだろう、という単純な理解には抵抗を感じる。一時、残留脂肪酸分析を手がかりに、正方形土坑が女性用、長方形が男性用のトイレだと主張されたことがあった。非常にわかりやす

(42) 前川要「便所遺構からみた中世都市と社会構造」『歴史評論』通巻五九〇号、歴史科学協議会編、一九九九年

い区分であるが、分析方法自体が疑問視されている現状では、残念ながらその結果を援用することはできない。①の疑問については、なお今後への課題として残しておきたい。

そして排泄場所か否かの点に関しては、トイレ遺構を調査した山崎さんたちが現場で肌で感じた印象、すなわち出土した刀子（とうす）の柄を「排便時に落としたのであろう」[43]とか、焼けこげた木ぎれを「便所には燈火器（土師器や須恵器の皿を用いた灯明皿）が置かれ、木ぎれに火種を移して来て灯した」[44]と感じた、その臨場感溢れる印象を大いに尊重したいのである。

秋田城跡のトイレは清潔度日本一

一方、北のトイレが発掘された秋田城跡は、秋田市寺内地内にある奈良時代から平安時代にかけての本州最北の大規模な地方官衙跡である。七三三年（天平五）に山形県酒田市にあった出羽柵（でわのさく）を北へ移すことで始まり、七六〇年（天平宝字四）に「阿支太城」と呼ばれるようになった経緯が知られている。

その秋田城跡東門の東南方約一五〇メートルの鵜ノ木地区で、一九九四年（平成六）に掘立柱建物内に設置された三基の水洗式トイレ遺構が発掘された[45]（口絵4）。トイレ遺構に伴う建物は、東西三間（柱間二・四メートル等間）、南北二間（柱間一・八メートル等間）の身舎に柱間二・一メートルの南面廂がつく総柱の構造を持つ。棟通りの柱筋に

(43) 山崎純男「筑紫館（鴻臚館）の便所遺構」『月刊文化財』通巻三五〇号、第一法規出版、一九九二年

(44) 福岡市教育委員会『福岡市鴻臚館跡16』二〇〇六年

(45) 秋田市教育委員会・秋田城跡調査事務所『秋田城跡―平成七年度秋田城跡調査概報』一九九六年

は、各間の西寄りに径三〇センチほどの小柱穴があり、それは扉を受ける柱と復元できるので、建物の内部が三つの個室に区切られていたことがわかる。建物の南面には、幅三〇センチほどの布掘り掘形があり、西妻側に直角に折り曲がっている。おそらく建物の南面と西面を遮蔽する目隠し塀がつくられていたのであろう。

　トイレ建物の北部分には、三つの個室にそれぞれ直径・深さともに約八〇センチの円形穴が掘られていた。その穴の中には、直径約六〇センチの底の抜けた曲げ物が数段重ねられており、その下端に接続するように直径約四五センチの木樋が、北へ延びていく。その長さは約六メートルにも及び、末端は丘陵の裾に達している。これらの木樋は、丸太材を半裁して内部を刳り抜いたあとに上下に合わせて設置したもので、柱材を転用したものと思われる。木樋の末端は、建物北側にある丘陵裾部に顔を出し、沈殿池の機能を担ったと思われる二つの方形の掘り込につながっていた。すなわち、西の木樋は方二・七メートル、深さ一メートル前後の方形池へ、中央と東の木樋は東西四・二メートル、南北二・七メートル、深さ三〇〜五〇センチの長方形池へと流れ出す構造である。

　この沈殿池の北縁は、古来からの沼地に接しているので、沈殿池に溜まったうわ水が、自然に溢れて沼に流れ込む仕組みになっていたと、調査を担当した小松正夫さんは推測している。沈殿池からは、籌木や寄生虫卵、糞虫などの昆虫遺体、各種の種実などトイレ遺構に共通する遺物が出土している。上流側にあたる建物内で排泄行為が行われ、木樋を通してウンチが沈殿池へと流れ出てきたことを如実に物語る。こうして建物内に並ぶ三つの穴が排泄場所であり、据えられた曲げ物が便器の一部であることが明確になった。

トイレ遺構が設置された鵜ノ木地区の中央部分には、掘立柱建物で構成された寺院が存在していた（図43）。そのことは一九六〇年前後に実施された国営発掘の際にも想定され、『類聚国史』八三〇年（天長七）条に記載のある出羽国大地震によって倒壊した四天王寺の跡と比定されてきた。一方、この寺院説に対し、

図41

図41　秋田城跡鵜ノ木地区出土のトイレ遺構
秋田城跡で発掘された水洗式トイレ遺構。三つの個室を持つ古代日本で最も設備の整ったトイレだ。扉を持つ個室には曲げ物を重ねた便器と木樋の下水管を備える。

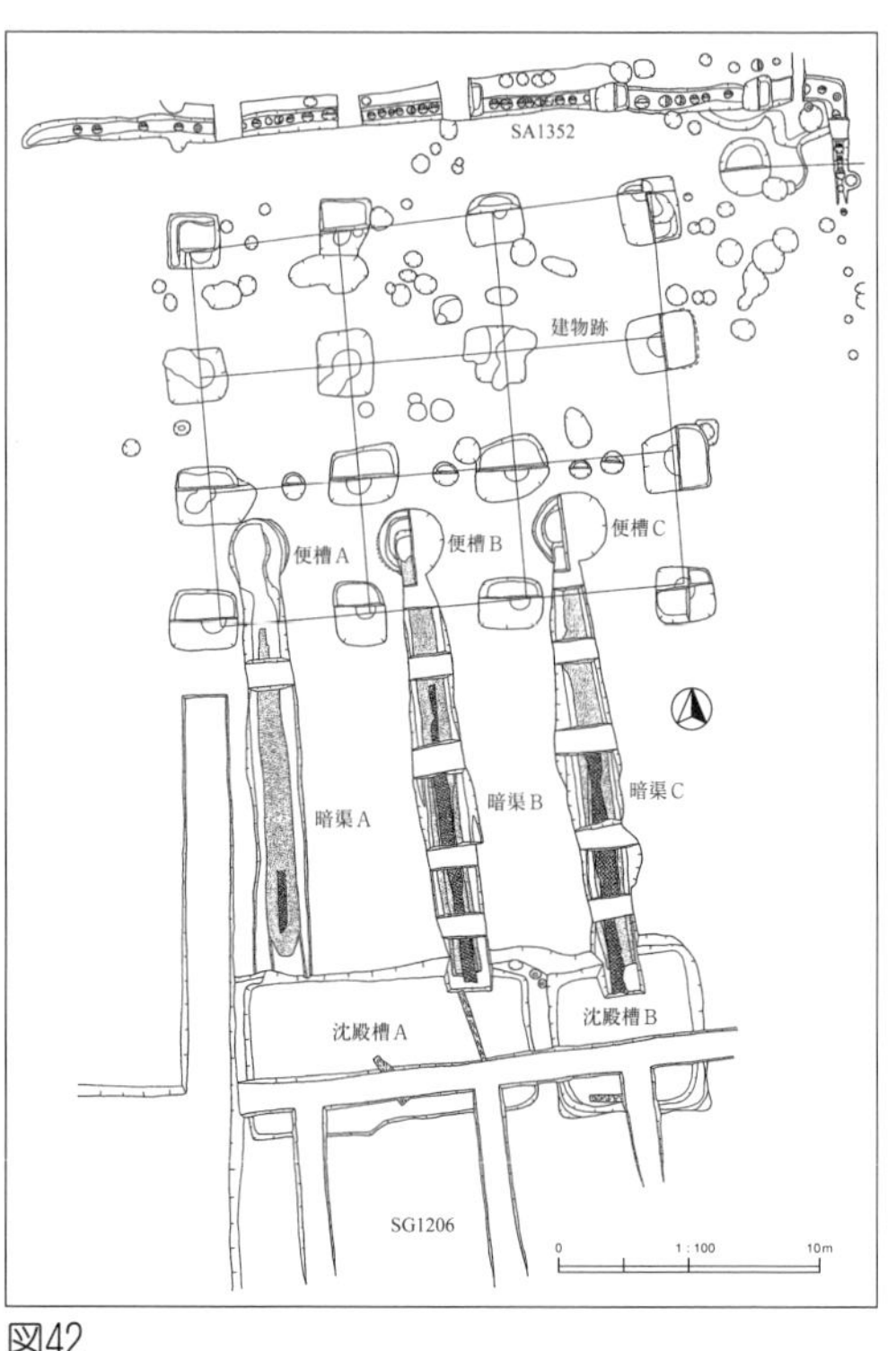

図42

図42　秋田城跡鵜ノ木地区出土のトイレ遺構実測図　下水管である木樋の末端には沈殿池が掘られている。排泄物などはそこにいったん溜められた。池からは多数の籌木が出土したが、使用済みを一括まとめて投棄したのだろうか?

礎石建物でない点や非瓦葺きであること、築地などの区画施設を伴わないことなどから、官衙関連の建物群という解釈も根強くあった。そのために、性格の決め手を欠いていたのだ。

しかし、この地域の調査が進行し、建物群の全体像が明らかになるにつれ、寺院説が再評価され始めた。あわせて鵜ノ木地区中央建物群の遺構が整理され、I期からVI期までの変遷が明らかにされた。そして、とくにIII・IV期（九世紀前半～九世紀後半）の建物群については、寺院跡との判断が下された。すなわち、仏

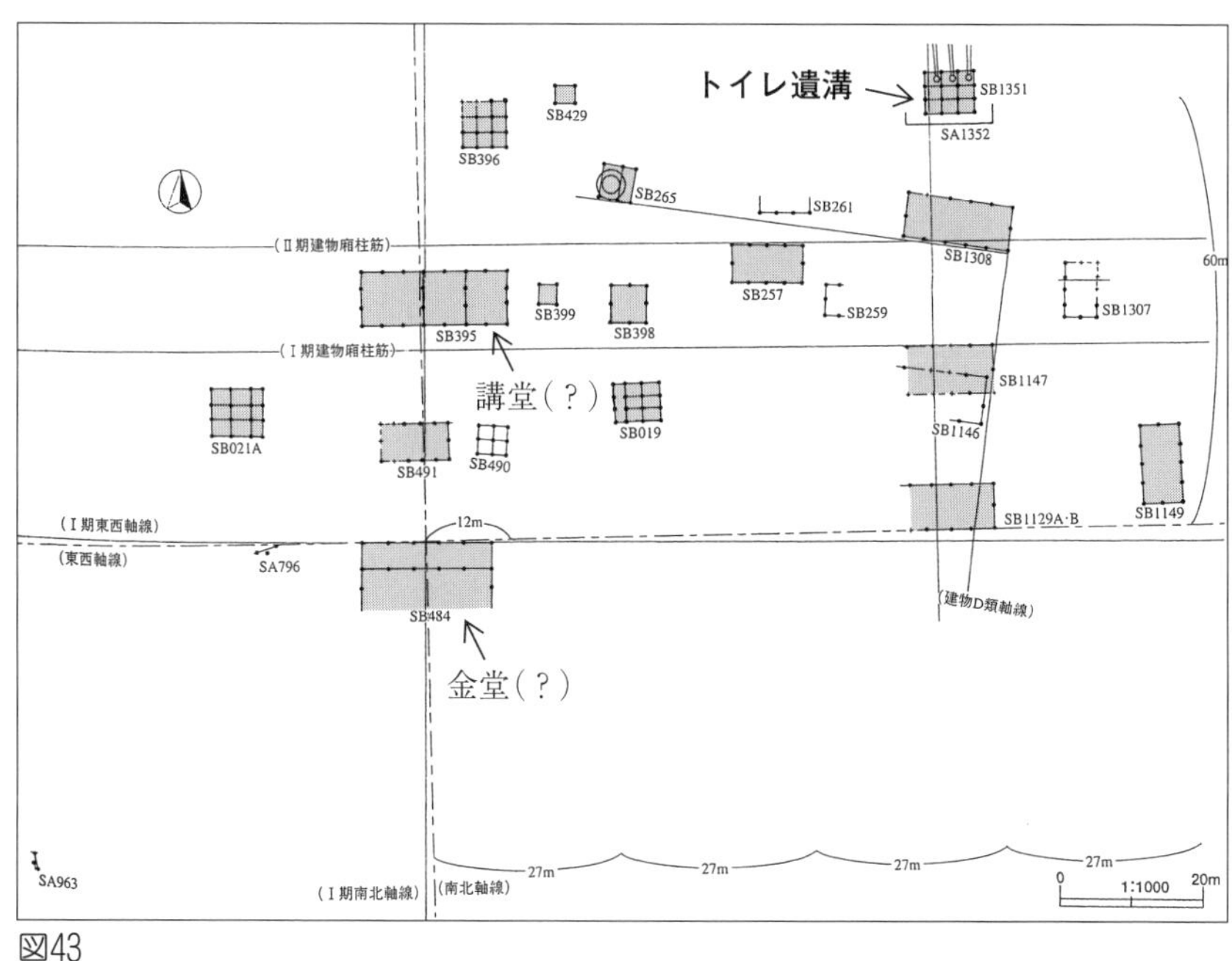

図43　秋田城跡鵜ノ木地区出土の建物配置とトイレ遺構
トイレ遺構は秋田城に隣接する鵜ノ木地区にある。九世紀代には寺院が営まれており、そこに外国使節をもてなすための客館（特別仕様トイレ付）が増設されたようだ。

堂を中心とした区画施設を持つ伽藍配置があり、かつ「寺」墨書土器や仏教関連遺物などの出土が認められたからだ。そのような点から、それをさかのぼるⅠ・Ⅱ期（八世紀前半～九世紀初）の遺構についても、寺院の可能性が高いと理解されている(46)。

以上の検討によりトイレ遺構とその建物が、Ⅱ期（八世紀後半～九世紀初）の遺構群に伴うものであることが明らかになったが、位置的には伽藍の中心部から東北方へ約一〇〇メートルも離れている。このためそこまでを寺院の範囲に含めうるのか否かについては、さらに検討が必要である。またトイレ建物は、一棟単独で存在するのではなく、大型建物四棟と小型建物二棟からなる施設群の一部でもある。このため、Ⅱ期に増設されたこれら施設群の性格解明も必要となる。この点に関して報告書では、①Ⅱ期になって新たに伽藍中心部の東側に増設されこと、②近接する井戸から物資や人の貢進を示す木簡が出土することから、官衙機能を持った客館（迎賓館施設）の機能が付加されたものと解釈する。すなわち、寺院機能を持つⅠ期の鵜ノ木地区に新たに客館機能が付加され、Ⅱ期には寺院兼客館としての性格を持つようになったとの理解である。妥当な見解であろう。

(46) 秋田市教育委員会・秋田城跡調査事務所『秋田城跡Ⅱ－鵜ノ木地区－』二〇〇八年

特別構造のトイレがつくられた意味

以上、遺跡の性格をめぐって煩雑な検討を重ねてきたが、秋田城跡のトイレ遺構が、これまで日本で発掘されたどのトイレ遺構よりも立派で複雑な構造を持っていることは明らかである。トイレの上屋（うわや）である建物内には、扉の付いた三つの個室があり、その内部の奥寄りには曲げ物を重ねた便器が穴の中に据えられていた。おそらくその上に床板などが渡され、そこにある穴に用を足したのである。排泄後は脇に置かれた容器に貯められた水を杓ですくって、ウンチを流し去ったものと想像できる。ただし、籌木の始末については、議論が分かれる。沈殿池から多数の籌木が出土しているから、ウンチと一緒に木樋経由で流されてきたと考えるのが一般的だが、私は木樋が詰まる危険性を考慮し、使用済みの籌木は、いったんは個室内にまとめておき、のちに一括して沈殿池に投棄したのではと考えている。

これだけ立派なトイレ遺構は、奈良や京都の宮都遺跡でも発見されていない。また、金原正明さんの分析所見によれば、東日本のトイレ遺構で見つかるはずの日本海裂頭条虫（サナダムシの一種）の卵は発見できず、藤原京跡や平城京跡のトイレ遺構の内容と等しいという。(47) それは、都から秋田城に派遣された中央の役人が、地元のサケ・マス食文化に馴染めず、都の食料を持参し、あるいは送らせていたことを示すものと解釈している。その当否は別にしても、これほど立派なトイレが、はたして平城京や平安京に存在したかどうか、この点も検討が必要だろう。

それにしても、これほどに特殊なトイレが秋田城につくられていたことは、や

(47) 秋田考古学協会編『みちのく古代トイレ（便所）シンポ』秋田考古学協会四〇周年記念公開シンポジュウムレジュメ、一九八五年

はり外国使節との関連を抜きにして理解できないと思う。

それを知る手がかりは、①秋田城跡のトイレ遺構からも抽出された有（無）鈎条虫卵の存在であり、②トイレ遺構を伴う建物群の時期の理解である。①については、鴻臚館跡の項でも記したように、ブタを常食する生活者、すなわち日本人とは食習慣の異なる人＝外国使節などのウンチがそこに含まれている可能性を示している。また、②については、中国大陸東北部に建国された渤海国との外交関係の中で、理解できるのではなかろうか。日本と渤海国との間には、七二七年（神亀四）の第一回以来、八世紀代だけでも一三回もの交流が行われた。そのうち渤海国の使節が出羽国に来着した記録は六回を数え、その大半を秋田城にて対応した可能性が高い。古代の東北城柵に詳しい新野直吉さんは、「八世紀後半の秋田城は、渤海使や北方民族との交渉に当たる外交施設としての役割を担っていた」[48]

図44　秋田城跡出土のトイレ遺構復元模型

(48)　新野直吉『新古代東北史』歴史春秋社、一九九六年

と指摘しているからだ。だが、七九八年（延暦一七）の第一四回使以降、出羽国への来着記録はなくなり、以後は能登国以西へと移っていく。秋田城が持っていた対渤海国外交施設としての役割は、九世紀になって急速に失われていった。このように、トイレ建物などが増設され存続した期間（II期）と、秋田城が渤海外交の第一線であった時期とは、まさに符合しているのだ。

朝鮮や中国などからの外交使節を意識して作られた鴻臚館跡のトイレ、渤海国の使節を意識して作られた秋田城跡のトイレ。ともに二つないし三つの便槽からなるという奇妙な符合はしばらくおくにしても、この北と西の二つのトイレ遺構こそ、国際社会に伍しようと国の威信（？）をかけてつくった、当時の最先端で最高級のトイレではなかったか。

2 奥州平泉のトイレ遺構

平泉と柳之御所跡

平安時代末の奥州で強大な勢力を誇った平泉藤原氏の遺跡は、今「平泉―浄土思想を基調とした文化的景観」のテーマで、世界文化遺産登録への努力が続けられている。しかし一方、トイレ考古学の世界でもこの平泉は、籌木(ちゅうぎ)を大量に出土する土坑が数多く発掘されることで著名な地域である。むろん、このトイレ関連遺跡と世界遺産登録とは直接的に関係しないものの、文化遺産としての価値の中核をなす中尊寺境内(金色堂)や毛越寺境内(庭園)・無量光院跡(庭園)などの宗教的施設群とその周辺景観を創り出した人々の、その日常生活と不可分の関係にあるのがトイレ遺構であるから、まったくの無縁でもない。以下、柳之御(やなぎのご)所跡(しょあと)や伽羅之御所跡(きゃらのごしょあと)などの遺跡から発見されたトイレとその関連遺構を概観してみよう。

柳之御所跡は、平泉の歴史を記した『吾妻鏡』一一八九年(文治五)九月十七日条に見える平泉館に該当するとの見方が有力視され、その南に接して存在する伽羅之御所跡（加羅御所）とともに、平泉藤原氏四代の居所（政治の場および生活の場）として注目される遺跡である。

とくに柳之御所跡については、北上川一関遊水地計画および平泉バイパスの建設工事に伴って発掘調査が行われ、北上川右岸の自然堤防上に沿うように北西から東南に広がる総面積一一万平方㍍にも及ぶ巨大な遺跡であることが判明している。調査では、遺跡を大きく区画するようにめぐる二本の堀（二本の堀は時期差か）が確認され、その内側と外側とでは遺構や遺物の様相に大きな差があることが指摘されている。また出土遺物も、かわらけや中国陶磁器・国産陶器など豊富な内容を持っており、その年代などから判断すると、遺跡の盛期は十二世紀中葉から末葉にかけてで、その終焉は一一八九年の平泉藤原氏の滅亡時期と合致するものと報告されている。なお、南接する伽羅之御所跡については、調査が部分的なため、遺跡の詳細は明らかでない。

籌木の発見

先にも触れたように一九八七年（昭和六二）、この柳之御所跡の発掘現場から、木ぎれを大量に含んだ土坑三基が発見された。調査を担当した平泉町教育委員会の本沢慎輔さんは、出土した木ぎれを観察してクソベラ（籌木）ではないかと気づき、早速、民俗例などを調べて確証を得る。同じ頃に調査が行われていた

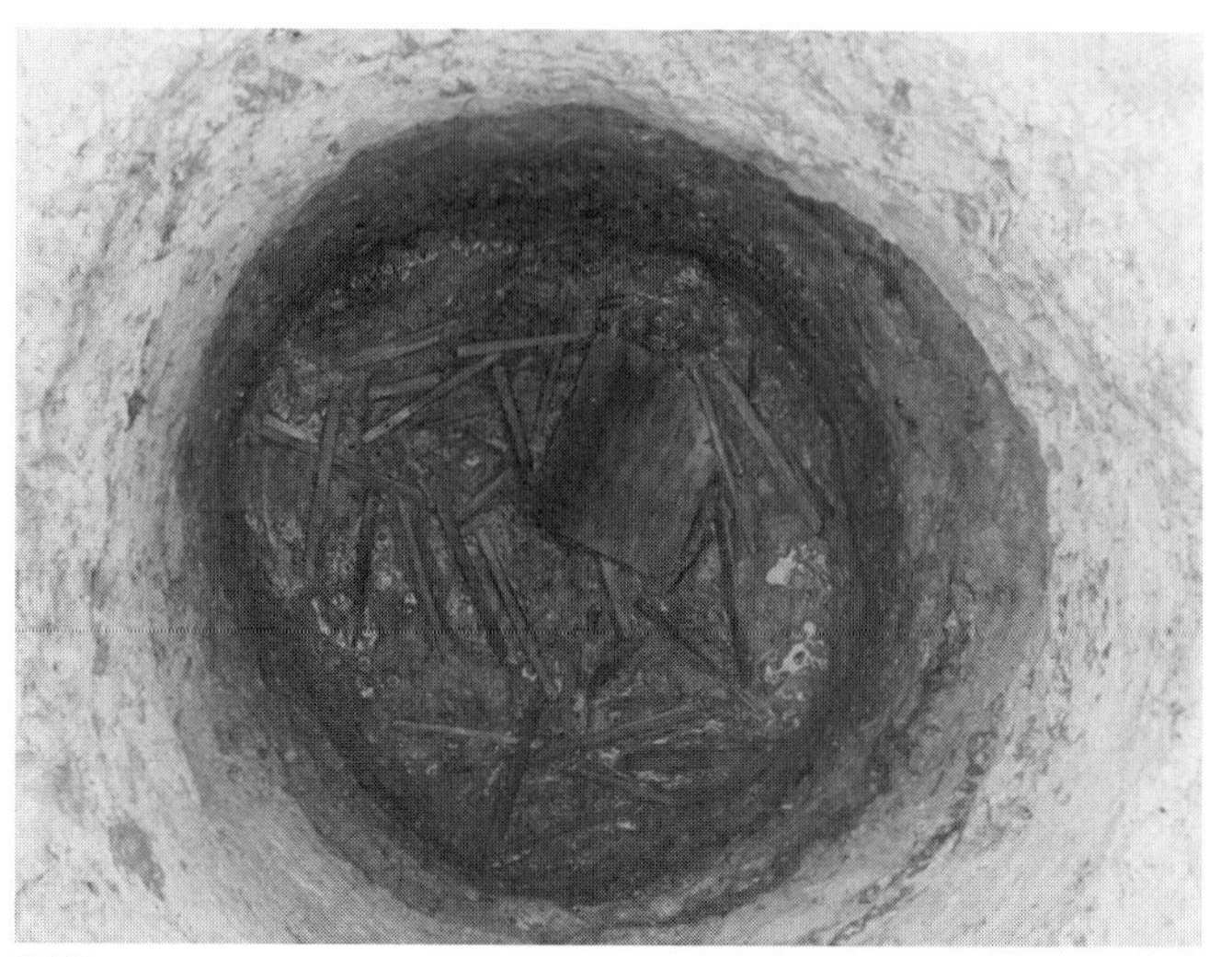
図45

図46

図45　柳之御所跡出土のトイレ遺構
図46　同出土の籌木
平泉の遺跡群が代表する東北地方のトイレ遺構は、平面円形で中から五〇〇点をこえる多数の籌木が出土するのが特徴だ。その籌木も大小長短の差が大きく、割ったままの粗面をとどめるものが多いようだ。

秋田県大館市の矢立廃寺跡（やたてはいじあと）でも、同様な木ぎれが発掘されて、そこでも籌木に思い至る。この二つの調査事例が相次いで報告されると、一躍、東北地方における籌木出土遺構がトイレではなかろうかと、注目を集めるようになった。ただし、その報告書では、民俗調査例などを紹介しながら木ぎれ＝籌木を力説するものの、出土した遺構自体がトイレであるとは、いっさい言及していない。

その翌年の一九八八年から、上記のような開発に伴う柳之御所跡の大規模な発掘調査が開始された。広範囲を対象とする調査の進展によって、必然的に籌木を出土する土坑（以下「籌木土坑」と呼ぶ）の発掘事例が増加したが、それに伴ったこの種の遺構もいつの間にか「トイレ遺構」と呼ばれるようになっていった。

そのような状況の中で、土坑の平面形状やウリの種を大量に含む堆積土の状況など、発掘所見としては籌木土坑と類似点が多いのにもかかわらず、不思議に一本の籌木も含まない土坑（以下「ウリ種土坑」と呼ぶ）の存在が注意されるようになった。

ほぼ同じ時期、柳之御所跡近隣の遺跡（伽羅之御所跡など）でも発掘調査が行われるようになり、そこからも籌木土坑が発見され始めたのだ。(49)

上記のような調査の展開を受けて、岩手県埋蔵文化財センターの三浦謙一さんは、平泉におけるトイレ関連遺構を整理した。(50) その遺構の分布状況を図にまとめている（図47）。それによれば、まず、地図右上の数字1を中心に、南と東と西の三方を囲うように二本の堀が描かれている。堀で囲まれた範囲が柳之御所跡の

(49) 三浦謙一「みちのく平泉藤原氏のトイレ」『月刊文化財』通巻三五〇号、第一法規出版、一九九二年

(50) 三浦謙一「岩手県柳之御所遺跡ほか」『トイレ遺構の総合的研究』奈良国立文化財研究所、一九九八年

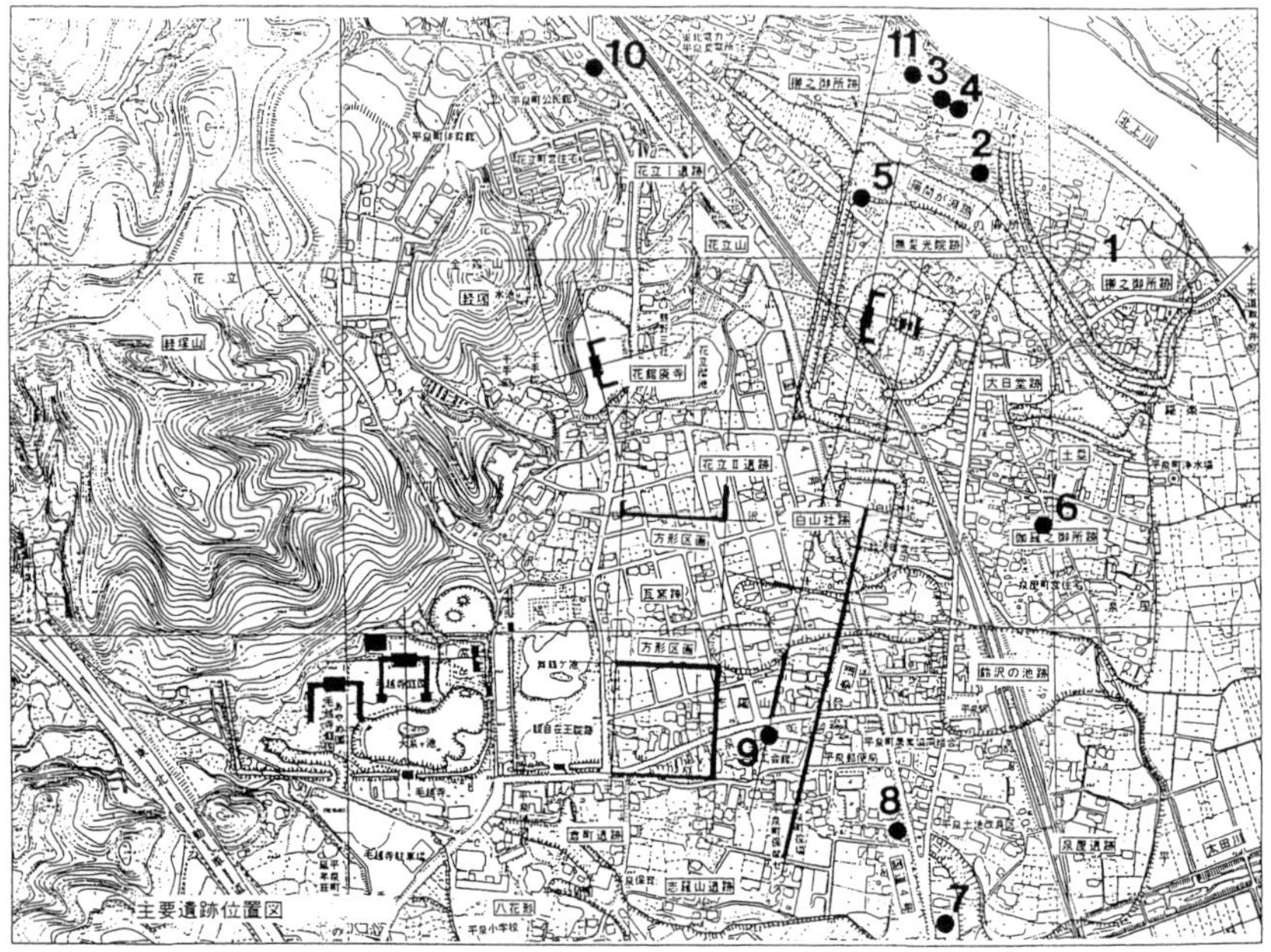

図47

(注)
1 柳之御所遺跡第21・23・28・31・36・41次（1988〜1993）
2 柳之御所遺跡第18次（1987）
3 柳之御所遺跡第27次（1990）
4 柳之御所遺跡第29次（1990）
5 無量光院跡第２次（1994）
6 伽羅之御所跡第５次（1991）
7 泉屋遺跡第15次（1995）
8 志羅山遺跡第46次（1995）
9 志羅山遺跡第47次（1995）
10 花立Ⅰ遺跡第９次（1994）
11 柳之御所遺跡第24次（1989）

＊(　) は調査年度

図47　平泉におけるトイレ関連遺構の分布状況

北上川右岸沿いの柳之御所跡をはじめとし、平泉遺跡群からはトイレと見られる遺構が多く発見されている。ただし、籌木やウリ種子の出土など状況証拠だけの例も多く、土壌分析が今後への課題である。

堀の内であり、遺跡の中心部である。一方、数字2・3・4・11が集まる左の部分が柳之御所跡の堀の外に相当する。その他にも、5が無量光院跡、6が伽羅之御所跡、7が泉屋遺跡、8・9が志羅山遺跡、10が花立I遺跡の位置を示している。なお、このうち7〜10の三遺跡では篝木土坑は未発見で、ウリ種土坑のみが確認されている。

篝木土坑とウリ種土坑

ではそもそも、篝木土坑とウリ種土坑とは何であるのか。両土坑には、篝木の有無以外にも何かの相違点があるのか。その点をまず検討してみよう。

柳之御所跡の報告書によれば、①平面形状、②平面規模、③深度、④断面形、⑤堆積土（埋土）の五点で両者を比較するが、ともに平面形状（①）が円形で、直径（平面規模②）が約〇・九〜一・七メートル、深度（③）が一・〇〜一・七メートル前後の、断面（④）が円柱形の土坑が大半を占め、堆積土（⑤）についても水分の覆い黒色系の粘質土であるという[51]。発掘所見による限り、先にも少し触れたように、篝木が出土するか否かの点を除けば、大きな違いは見られない。おまけに土壌分析が行われた結果例を見ると、いずれの土坑ともに回虫や鞭虫（べんちゅう）・日本海裂頭条虫などの寄生虫卵が含まれている。すなわち、両土坑ともに人間の排泄物が、何らかの量、堆積土内に含まれていることは確実である。

(51) 岩手県埋蔵文化財センター『柳之御所跡』(財)岩手県文化振興事業団、一九九四年

だからといって三浦さんは、これらの土坑をトイレとは判断しない。「(便所として) 直接的な利用と廃棄の場として利用の二面性が考えられる」ととらえ、「チュウ木を鍵とするなら、チュウ木は使用中の便所に投棄されることはなく、(中略) 多数のチュウ木が出土することは、直接利用というよりも廃棄の場としての性格を反映している」と考える。すなわち、籌木土坑は直接の排泄場所＝トイレではなく、ウンチを廃棄した穴だと理解するのだ。一方のウリ種土坑についても、「ウリ科の種子が出土するのは土坑に限ったことではない。土坑同様、その量の多少を明記できないものの、十五基の井戸・井戸状遺構から出土している」とし、ウリ種土坑が「便所遺構として利用されたものではなく、各種の廃棄物の一部を構成するもの」と考える。このように三浦さんは、ウンチ以外にも各種の廃棄物を投棄したゴミ溜め穴 (井戸の場合はそれを転用した) がウリ種土坑であるとする。籌木土坑は排泄物の投棄穴、ウリ種土坑はより広範な投棄物が捨て込まれたゴミ穴と、両者の性格を区別するのが三浦さんの考え方だ。

三浦さんのように考えると、籌木土坑もウリ種土坑も、いづれも排泄場所を示すトイレ遺構ではないことになる。はたしてそう言い切れるであろうか？　対象とする遺跡・遺構をさらに広げて、この点についてもう少し検討してみよう。平泉では先にも触れたように、柳之御所跡以外の遺跡でも、籌木土坑・ウリ種土坑が発見されている。三浦さんの整理した成果を一覧にまとめたのが表4である。寄生虫最下段の矢立廃寺跡以外は、平泉で発見されたトイレ関連の遺構である。

卵分析については空欄があるが、それらは分析の手法が開発される一九九二年度以前の調査である。

この表を見ても、たしかに平面の形状や規模、寄生虫卵の含有などの点で、両種の土坑に大差はない。しかしもう少し詳しく見ると、籌木土坑の深度について特徴を見つけることができる。表の中には約三メートル以上の深度を持つ土坑が三基ある（2―2・3、5）。これらはともに、土坑の中層部分から籌木がまとまって出土したと報告されており、底部付近からの出土はない。一方、二メートル未満のより浅い土坑方では、籌木の多くは底部から発見されている。そのうえ無量光院跡の籌木土坑（5）では、「籌木は、投げ捨てられて立ったような状況で出土し」ており、柳之御所跡では「籌木が立っている例はなく、だいたいが横向き」に埋まっていた、と報告されている。埋没の状況でも何か差がありそうだ。

おそらく底が深い土坑については、本来的には井戸であって、それが廃棄され埋め立てられる過程で人のウンチや籌木が投棄されたのではなかろうか。その点で平泉では、深さ二・五メートルを超える円形の土坑は、トイレ遺構とは言い難いようだ。だが、浅い方の土坑では、籌木の堆積方向が横向きでかつ底部に接していることからすれば、より排泄場所＝トイレとしての特徴を持っているような気がする。このような点を考慮して私は、籌木土坑（深さ二メートル未満）の性格に関してトイレ遺構ではなかろうかと考えてみた。

三浦さんは、道元著『正法眼蔵』の記載や民俗例などを例証に挙げ、「籌木が出土するから直接の排泄場所ではない」とトイレ否定説を述べる。しかしそれらは、中世以降の史・資料であって、それをそのまま平安時代末の平泉のトイレ遺構にあてはめるのは適当でないと思う。なぜなら、これまで紹介してきた奈良時代のトイレ遺構からは、多くの籌木が出土しており、古代では籌木とトイレ遺構には相関関係があると思われるからだ。たしかに次節で紹介するように、鎌倉のトイレ遺構からは籌木の出土は少ない。しかしこの現象は、人の排泄物を肥料に利用することと関係するのであり、そのはじまりこそがトイレ遺構内の籌木の有無に関わるのではないかと、私は考えている。このことについてはのちに再び触れたい。

そのような意味からも、私は三浦さんが指摘する排泄物の投棄穴こそがウリ種土坑であって、籌木土坑はやはりトイレ＝排泄場所ではないかと思う。そう考える手がかりの一つは、今、述べた籌木の出土であるが、もう一つの手がかりとして遺跡内における遺構の位置関係もあげられると思う。再び遺跡に戻り、検討してみよう。

位置	備　考
内外	第21次：1988
内内	第23次：1989
内外	第31次：1991
内内	第31次：1991
内内	第36次：1992
内外	第41次：1993
外外	第18次：1987
外外	第18次：1987
外外	第18次：1987
外外	第27次：1990
外外	第29次：1990
外外	第24次：1984
―	第２次：1994
―	第５次：1991
―	第５次：1991
―	第15次：1995
―	第15次：1995
―	第15次：1995
―	第15次：1995
―	第15次：1995
―	第46次：1995
―	第46次：1995
―	第47次：1995
―	第９次：1994
―	秋田・大館市1987

表4　平泉遺跡群出土のトイレ関連遺構

地図No.	遺跡名	遺構番号	平面	平面規模	深度	籌木数	寄生虫卵
1－1	柳之御所跡	21SK53	○	1.2×1.1	1.5	617	－
1－2	柳之御所跡	23SK83	○	1.1×1.0	0.9	2192	－
1－3	柳之御所跡	31SK46	○	1.1×1.1	1.5	50	－
1－4	柳之御所跡	31SK80	○	1.1×1.1	1.6	1986	－
1－5	柳之御所跡	36SK08	○	1.3×1.3	1.7	443	－
1－6	柳之御所跡	41SK07	□	1.2×1.0	1.3	100	5万↑(回・鞭・肝・横・条
2－1	柳之御所跡	18SK12	○	1.6×1.6	1.8	92	－
2－2	柳之御所跡	18SK27	○	1.5×1.5	3.3	66	－
2－3	柳之御所跡	18SK17	○	1.4×1.1	2.7	85	－
3	柳之御所跡		?	?		有	－
4	柳之御所跡	29SK02	○	1.0×1.0	0.9	600	－
11	柳之御所跡		?	?		有	－
5	無量光院跡		○	3.6×3.6	3.8	2000	－
6－1	伽羅之御所跡	05SK06	□	0.8×0.7	1.7	200	－
6－2	伽羅之御所跡	05SK07	○	1.0×0.9	1.2	200	－
7－1	泉屋遺跡	15SE02	○	1.4×1.4	2.3	無	8130(回・鞭・肝)
7－2	泉屋遺跡	15SK28	○	0.7×0.7	1.4	無	95040(回・鞭・肝・条)
7－3	泉屋遺跡	15SK30	○	1.0×1.0	1.3	無	210(回・鞭・肝)
7－4	泉屋遺跡	15SK31	○	0.8×0.8	1.3	無	21840(回・鞭・肝・吸・条
7－5	泉屋遺跡	15SK45	○	1.6×1.4	0.9	無	12430(回・鞭)
8－1	志羅山遺跡	46SK08	○	0.7×0.7	0.7	無	1100(回・鞭・肝・条)
8－2	志羅山遺跡	46SK26	○	0.7×0.7	1.2	無	8230(回・鞭)
9	志羅山遺跡	47SK01	○	0.9×0.8	1.1	無	71900(回・鞭・肝)
10	花立Ⅰ遺跡	09SKC4-2	?	0.6×0.6	0.7	無	6910(回・鞭・条)
参考	矢立廃寺跡	Ⅷ区3ピット	○	1.0×1.0	0.8	70	－

柳之御所跡の遺構

平泉におけるトイレ関係遺構の分布状況を示したのが先にも見た図47であるが、その1の範囲を拡大したのが図48である。すなわち、図48は柳之御所跡の中

(注)　●籌木出土土坑　　主な遺構

1　21ＳＫ53　　A　堀　21ＳＤ１　　F　塀　23ＳＡ１
2　23ＳＫ83　　A’堀　41ＳＤ１　　G　園池　23ＳＧ１
3　31ＳＫ46　　B　堀　21ＳＤ２　　H　中心建物群
4　31ＳＫ80　　B’堀　　I　地鎮具埋納跡　28ＳＸ１
5　36ＳＫ８　　C　橋　21ＳＸ35　　J　特殊柱列（祭祀遺構）31ＳＸ１・２
6　41ＳＫ７　　D　道路状遺構　21ＳＸ36
■　ウリ類出土土坑　　E　橋　23ＳＸ12　　K　橋　41ＳＸ２

図48

図48 柳之御所跡中心部におけるトイレ関連遺構の分布状況

心部を拡大した図面ということになる。まずは柳之御所跡の遺構の様子を簡単に紹介しておこう。図の下辺が東南にあたるが、それに沿うように、図右のA（内側）・B（外側）から、図左のA'・B'に続く二本の堀がめぐっている。ただし、A・Bの堀が同時に存在した可能性は低く、先行するBを埋めるようにAが掘られたものと考えられている。この堀には、C・E・Kの三カ所で橋脚状の遺構が発掘されており、この部分で堀に橋が懸けられていたようだ。これによって少なくとも堀の内と外をつなぐ通路が、最低三カ所で口を開いていたことがわかる。このうちとくに、Cを渡った内側には、幅三・五メートルほどの道路状の遺構（D）があり、その左右に多くの柱穴などが密集しているのが特徴的である。

堀の内側には、東西方向の塀（F）が建てられており、その西端が北へ折れていることからすると、F塀の北側が塀で囲うべき中心部ということになる。その想定を補強するように、Hには大型の建物群が集まり、その南東のGには園池が発掘されている。調査関係者はHを中心建物群と呼び、柱穴の重複などから四時期にわたる建物の変遷を想定している。掘立柱塀で区画された範囲は、東西約八三メートル、南北七一メートルの大きさで、この塀で区画された範囲と中心建物群こそが、まさしく柳之御所跡の中枢部分を構成する遺構である。(52)

再び籌木土坑とウリ種土坑について

（52） 岩手県埋蔵文化財センター『柳之御所跡』（財）岩手県文化振興事業団、一九九四年

ところで図48には、●と■のマークが記されている。そして、●には数字1〜6の表示がある。これらは三浦さんが抽出した堀の内における籌木土坑六基の分布位置を示しており、土坑1〜6が表4の1－1〜1－6に対応しているので、詳細は表4を参照していただきたい。一方、より数多く点在する■はウリ種土坑で、数字は付されていないが、その分布がD（道路状遺構）やG（園池）周辺に集中している様子が読み取れるだろう。すなわち籌木土坑とウリ種土坑は、いささか分布の状況に違いがあるようだ。2・4・5の籌木土坑は、いずれも中心建物群を囲う塀などに近接して掘られている。また、1と6はCやKの橋を渡ってすぐに存在したであろう建物群に近接するなど、それぞれに居住区との関連が強く想定できる。これに対して、ウリ種土坑は道路Dの東や園池Gの周辺に密集して分布する傾向が強く、その分布に偏りがある。これこそ場所を選んで穴を掘り、そこに排泄物やゴミなどを投棄したこと物語っているのではなかろうか。分布の様子からも二種の土坑の性格の違いをうかがうことができるようだ。

以上のように籌木土坑とウリ種土坑の性格の違いを考えてみたが、もとより確証は得られない。私は籌木土坑をトイレだと考えたが、あるいは三浦さんの復元の方が正しいかも知れない。トイレ遺構かどうかの判定には、ウリ種土坑の堆積土分析も含めてさらに今後の検討が不可欠であることは言うまでもない。

3　鎌倉武家屋敷群のトイレ遺構

鎌倉におけるトイレ遺構の発見

平泉藤原氏を滅亡に追い込んだ源頼朝が幕府を置いた鎌倉でも、興味あるいくつかのトイレ遺構が発掘されている。鎌倉は、神奈川県東南部の三浦半島の付け根付近にあり、一一八〇年（治承四）以降、幕府の所在地として、また、東国の中心都市として栄えたことはよく知られている。その地形は、東西北の三方を標高約一〇〇メートルの丘陵で囲まれ、南側のみが相模湾に面しているため、鎌倉は自然の要害となり、内外の交通は切り通しと呼ばれる坂道を経由するという特徴を持つ。当初の幹線道路は、山側の亀谷（かめがやつ）から大倉を経て六浦（むつら）に抜ける横大路と呼ばれる東西ラインであったが、のちに鶴岡八幡宮の参道として社前から浜に通ずる若宮大路が整備され、南北ラインも加わった。若宮大路は、発掘調査の結果、路面幅が三〇メートル前後で、両側に木組みの護岸を持つ幅約三メートルの側溝を伴うことが確認されている。これらの東西・南北に走る幹線道路沿いや、それをさらに細分するように設けられた小路沿いに、御所や寺院、御家人屋敷や庶民の住居な

表５　鎌倉遺跡群出土のトイレ遺構

No.	遺　跡	比定根拠	形　態	便の処理法	位置とあり方	年代(世紀)
1	政所跡	踏板出土	細長い土壙	埋め捨て?	土塁陰に群集	12末～13前
2	同　上	ウリ・ナス種子	隅丸長方形土壙	埋め捨て?	土塁陰に群集	12末～13前
3	同　上	ウリ・ナス種子/小魚	細長い土壙	埋め捨て?	土塁陰に群集	12末～13前
4	笹　目	一乗谷形	長方形土壙	汲み取り?	縁辺に単独，遮蔽	13後～14前
5	長谷小路周辺	小魚／種他	楕円形土壙	埋め捨て?	敷地縁辺に群集	12末～13初
6	同　上	藤原京跡土坑式トイレ遺構共通遺物	楕円形土壙	埋め捨て?	敷地縁辺に群集	12末～13初
7	同　上	藤原京跡土坑式トイレ遺構共通遺物	楕円形土壙	埋め捨て?	敷地縁辺に群集	12末～13初
8	北条小町邸	形状／籌木	木樋状	水洗	大路側溝に接続	13中～後
9	米　町	踏板出土	円形土壙	埋め捨て?	敷地縁辺に群集	12末～13前
10	同　上	金隠し？出土	円形土壙	埋め捨て?	敷地縁辺に群集	13中
11	同　上	10に共通の埋土	円形土壙	埋め捨て?	敷地縁辺に群集	13前
12	名越ケ谷	ウジ・籌木	円形２基連接	埋め捨て?	敷地縁辺に群集	13前
13	千葉地	８に似る	木樋状	水洗	道路側溝に接続	13中

（文献）　１～３　宮田真他『政所』政所跡発掘調査団，1991年

４　大河内勉『笹目遺跡発掘調査報告書』笹目遺跡発掘調査団，1991年

５～７　宗臺秀明『長谷小路周辺遺跡－由比ケ浜三丁目229番ほか－』長谷小路周辺遺跡発掘調査団，1994年

８　馬淵和雄他「北条小町邸跡　雪ノ下一丁目377番７地点」『鎌倉市埋蔵文化財緊急調査報告書』12，鎌倉市教育委員会（以下『市緊急調査報告書』巻次），1996年

９～11　馬淵和雄「米町遺跡　大町二丁目2315番外地点」『市緊急調査報告書』11，1995年

12　菊川英政「名越ケ谷遺跡　大町三丁目1217番１地点」『市緊急調査報告書』11，1995年

13　手塚直樹他『千葉地遺跡』千葉地遺跡発掘調査団，1982年

（出典）『トイレ遺構の総合的研究』をもとに作成

どが配置されていた。

その町割りなどの具体的な姿を知る手がかりが、若宮大路に近い今小路西遺跡から発掘され、武家屋敷などの遺構から、当時の町構造が復元されている。そのような調査の進展に伴って、一九九一年（平成三）、鶴岡八幡宮にほど近い幕府政所跡（まんどころあと）の発掘現場で、トイレらしき遺構が発見された。ただし、調査時にはトイレ遺構との認識は薄く、藤原京跡におけるトイレ発見の報に接した鎌倉市教育委員会の馬淵和雄さんが、「あれが、あるいはそうだったのでは？」と気づいて注目されるようになったのだ。馬淵さんはそれを機会に、調査済みの遺跡あるいは調査進行中の遺跡からトイレの可能性のある遺構を探していった[53]。その結果、七遺跡から一三の遺構を見つけ出した（表5）。以下、その中から代表的なものを紹介していこう。

政所跡のトイレ遺構

鎌倉におけるトイレ遺構の発見第一号は、先に触れた政所跡で発掘された、三基の土坑である。馬淵さんが「トイレかな？」と思いついたのは、その中の一基、土坑二と名づけられた穴の底に落ち込んでいた二枚の板の形を見た瞬間だった。二枚の板は、それぞれ長辺片側の中央に台形の切れ込みがある。切り込みをそろえて二枚の板を土坑の受けに渡すと、中央に六角形の穴が開く踏み板にな

（53）　馬淵和雄「神奈川県鎌倉遺跡群」『トイレ遺構の総合的研究』奈良国立文化財研究所、一九九八年

るではないか（図50）。穴の差し渡しは三〇センチほどである。これならトイレかもしれないと、土坑の形状を調べると、長さ一・九メートル、幅〇・七メートル、深さ〇・五メートルの東西に長い楕円形で、藤原京跡のトイレ遺構に類似している。堆積土の科学的な分析は行われていないが、「トイレ遺構」の可能性は大きいと、馬淵さんは判断したのだ。

さらにこの土坑二に近接しては、同様な形状の土坑が二つ並んでいる。すぐ北側にある土坑四は、長さ一・六メートル、幅〇・六メートル、深さ〇・五メートルの南北に長い楕円形、そのさらに北にある土坑三は、長さ一・七メートル、幅〇・九メートル、深さ〇・七メートルの東西に長い楕円形。そして、この二つの土坑の堆積土には、ウリ科・ナス科の種子や魚の骨が含まれていたと報告されている。土坑の形状や堆積土の内容からすると、この二基もトイレ遺構の可能性が高いようだ。なお、これらの遺構の年代は、十二世紀末から十三世紀前半頃と考えられている。

三基のトイレ遺構が発掘された場所は、幕府政所と推定されている範囲の南辺付近に相当し、土坑のすぐ南側では横大路の側溝も検出されている。このようなことから、掘立柱建物群がとぎれる敷地南端の空き地に、「土坑式トイレ」が設置されていた様子が復元できる。

米町遺跡のトイレ遺構

図49

図50

図49 鎌倉幕府政所跡出土のトイレ遺構
図50 同出土の踏み板
敷地の南端に掘られた三基の土坑。いずれも種子や魚骨などが堆積しており、そのうちの一基には踏み板状の木製品が落ち込んでいた。トイレの可能性を示唆する。

政所跡と同じように踏み板が落ち込んだ土坑が、米町遺跡から発見されている。この米町遺跡は、鶴岡八幡宮から浜に向かって延びる若宮大路の東側で、若宮大路に交差する大町大路と車大路に挟まれた一画にあり、一般庶民の居住地域と考えられている。発掘区内では、北に居住区である掘立柱建物があり、その南に井戸や土坑群が掘られた空間があり、さらにその南に川岸に接する遺構の少ない空閑地が存在する。トイレ遺構であろう土坑群は、政所跡の場合と同様に、居住区と敷地南端のちょうど中間に東西に並ぶように掘られており、重複の様子から十二世紀末から十三世紀中頃にかけての変遷がうかがえるという。

踏み板が落ち込んでいた土坑一〇は、直径一・七メートル、深さ〇・六メートルほどの円形で、上部などはのちに掘られた穴や埋め甕などで相当激しく破壊を受けており、遺構の中では最も古い時期に属することがわかる。しかし、底部には同じ長さの板材二枚が残っており、その側面には接するように数本の杭が打ち込まれていた。調査にあたった馬淵さんは、「杭の位置からみて、二枚の板はそれぞれがずれないように、平行しておかれていた」と考え、二枚一組の踏み板を二組井桁に組み合わせた復元図を描いている（図52）。その当否は、さらに検討が必要だが、この土坑がトイレであった可能性は捨てがたいと思う。

この土坑一〇の南側にある土坑五からも板切れが出土している。大きさも土坑一〇とほぼ等しい形の一・八メートルほどの円形土坑であり、底部から発見された板切れは金隠（きんかく）しの可能性があると馬淵さんは考えている。腐食が著しいから断定には至らないが、土坑の堆積土内にはウリ科の種子が含まれているので、トイレである蓋然性は大きいようだ。なお、この遺構の年代は十三世紀中頃であるが、土坑五の下で検出された十三世紀前半頃の土坑六からも、ウリ科の種子が出土している。このように米町遺跡においても、敷地の南端付近に「土坑式トイレ」群が設

図51

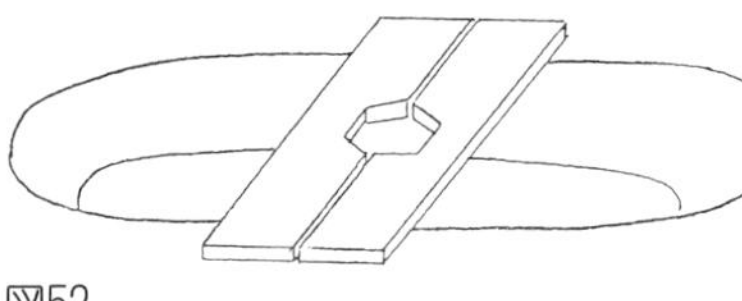

図52

図51 米町遺跡出土のトイレ遺構
図52 同出土の踏み板復元案（馬淵和雄復元）
米町遺跡の土坑からは、真ん中にくり込みを持つ二枚の板が出土した。これを組み合わせると穴の開いた踏み板になるではないか。こうしてトイレが復元された。

置されていた様子が復元できた。

水洗式トイレ遺構の発見

一九九六年(平成八)に発掘調査が行われた北条小町邸跡では、水洗式トイレと見なすことができる木組み遺構が発見されている(口絵5)。この北条小町邸とは、鎌倉幕府の三代執権である北条泰時が、一二二五年(嘉禄元)に幕府の所在地を大蔵から宇都宮辻子(うつのみやずし)に移し、さらに一一年後の一二三六年(嘉禎二)に移した若宮第三次幕府の想定地にあたり、北条泰時邸とも目される遺跡である。調査された範囲は広くないが、若宮大路の東側溝に流れ込む溝の出口付近に、木樋型の木組みが設置されていた。木組みの大きさは長さ一・四メートル、幅四五センチ、高さ二五センチで、梁を渡した上部には二枚の蓋板を乗せる。二枚の蓋板の間には約一五センチの隙間が開いており、そこに跨(また)がって用を足したものと、馬淵さんは想像する。

そのうえ木組み上流側には、細い角棒が二本、約二・五センチの間隔を開けて打ち付けられており、その反対面では角材は失われていたが、それを打ち付けた釘の痕跡が残っていた。このことから二本の角材の隙間に板を挟み、それを上下することによって流水量のコントロールが行われていたことが想像できる。おそらく、用便開始にあたって堰板を落せば水流が堰き止められて水が留まり、用便後に堰板を上げると水が一気に流れ出てウンチを側溝に洗い流してくれたであろう。そ

図53

図54

図53 北条小町邸跡出土のトイレ遺構
図54 同復元案（清水久男復元）

北条小町邸跡では水洗式トイレが発掘された。用便開始時に堰板を下ろして水を溜め、使用後に板を上げると水流の力でウンチを流し去る。まことに合理的な仕組みだが、排水先は古代と同じ道路側溝だ。

のような「水洗式トイレ」の様子を、東京都大田区立郷土博物館の清水久男さんは、想像力豊かに復元図を描いている（図54）。まさしく、藤原京跡の水洗式トイレと同様に、敷地の隅に設けられたトイレであり、ウンチは道路の側溝に排出されていく。馬淵さんによれば、若宮大路の側溝からは、細かい木片も出土するという。それが籌木（ちゅうぎ）であるとは言い切れないが、可能性を考慮しておく必要はあろう。なお、この水洗式トイレの年代は、十三世紀中頃から後半頃である。

トイレ遺構の特徴

このように鎌倉にあっては、「土坑式」と「水洗式」という二種類のトイレが存在することが判明した。このうち土坑式トイレについて見れば、籌木が出土しないことに特徴がある。古代のトイレの場合、ほぼ一〇〇パーセントの確率で籌木が含まれていた。いや、籌木の存在があってこそ、逆にそれが「トイレでは？」という発見に結び付くことが多かった。これに対して鎌倉の場合は、籌木が見あたらない。むしろ、トイレ穴の上に渡した踏み板や、ウリ科・ナス科の種子の出土が発見のメルクマールとなっている。ただし鎌倉において、籌木がまったく用いられなかったとは考えられないし、事実、北条小町邸跡で発掘された若宮大路の東側溝からは、籌木らしき木ぎれが出土したとの報告がある。使用されたのだが、現代の我々の目につかないだけなのであろう。その理由として考えられるのは、使用済みの籌木を便槽に落とさずに箱などにまとめ置きし、のちに一括して始末することであろう。平泉の報告書で例示された籌木の民俗例では、使用済みの籌木はある程度まとまれば、畑などで焼却処分したとある。[54]使用済みの籌木を便槽に落とす古代から、一括まとめて処分する中世への転換が、この鎌倉で行われたのではなかろうか。そしてその背景には、人のウンチの肥料への利用開始が影響しているのではなかろうか。

一方、水洗式トイレは一例しか確認できなかったが、馬淵さんによればこの他にも二箇所の遺跡で同様な木組み遺構が発掘されているという。それらがトイレである確証はないが、いずれも十三世紀中頃以降という比較的新しい年代傾向を

(54) 平泉町教育委員会『平泉遺跡群発掘調査報告書－加羅之御所跡第二次他』一九八七年

示している。あるいは、土坑式トイレにやや遅れて水洗式トイレが鎌倉において流行したのかも知れない。一方、鎌倉においても、古代同様に多用されたであろう「移動式トイレ」は、まったく確認されていない。これも大きな課題である。今後、遺構内堆積土の科学的分析などの実施もあわせ、鎌倉におけるトイレ事情が明らかになることを念願したい。

4 戦国武将たちのトイレ遺構

一乗谷朝倉氏遺跡のトイレ遺構を科学する

ここで時代は、突如、戦国時代へと飛ぶ。北陸越前の雄、朝倉氏五代の城下町として知られる福井県一乗谷朝倉氏遺跡は、本書の冒頭でも紹介したように「トイレ考古学」に先鞭をつけた遺跡として有名である。領主の館や武家屋敷・町屋・寺院などの跡が広範囲にわたって発掘され、その一部は復元整備されて、戦国大名の本拠地の様子を体験することができる。まさにわが国有数の戦国時代の遺跡と言える。その中で武家屋敷や町屋の多くには、敷地の一隅に土坑状の石積施設が設けられている。それが何なのか？　調査者らの間では、早くから「トイレだろう?!」との想定がささやかれていたが、一九七九年（昭和五四）に至って、石組みの中から金隠しが発見されるに及んで、ようやくその想定が正しかったことが認められたのだ。その経緯は本書の冒頭で触れた。

考古学的な材料だけで、発掘遺構をトイレと判断できた、わが国最初の事例として特筆できるが、その判定過程に自然科学的な検証を欠いていた。そこに不確

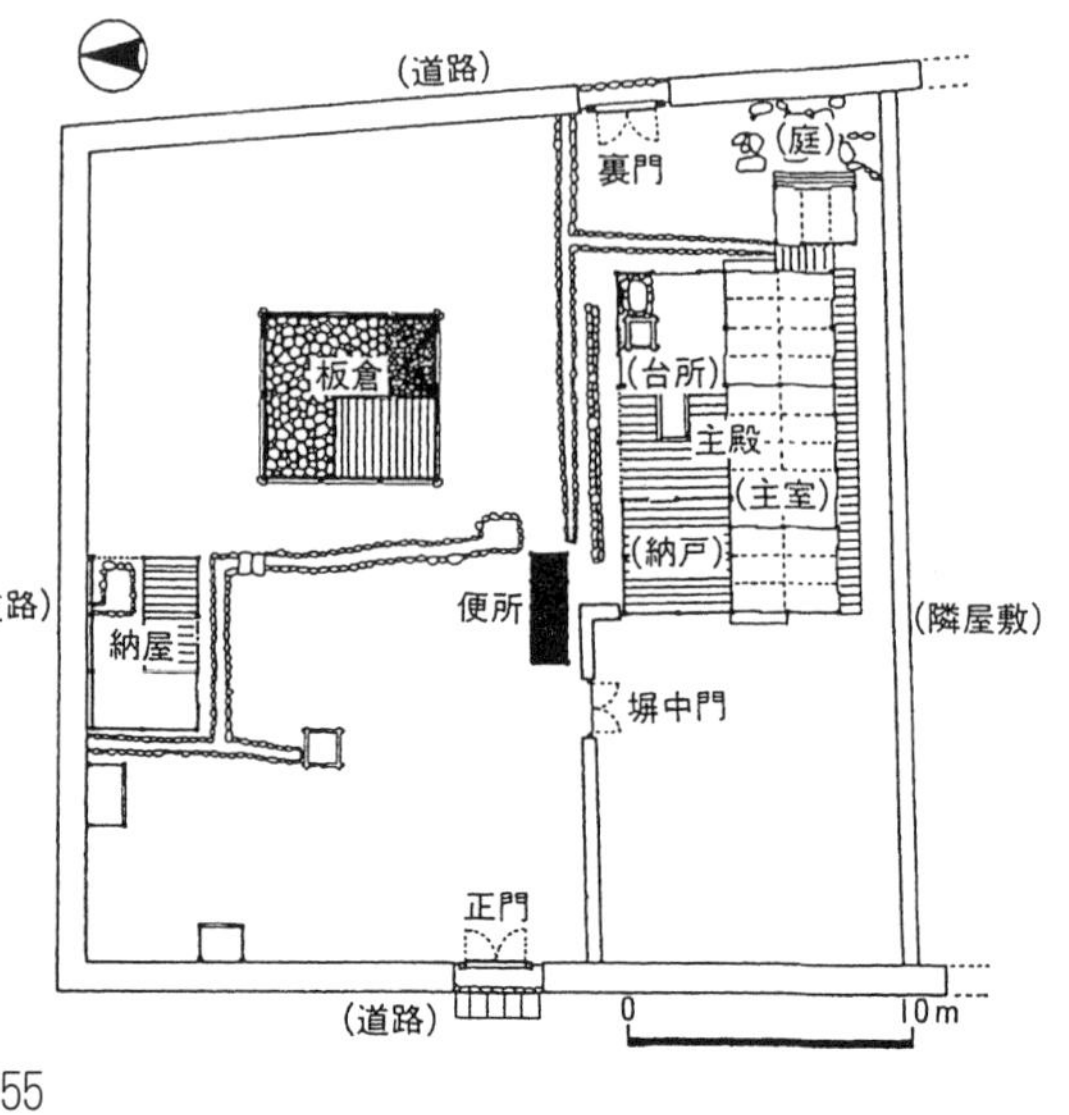

実さを残していたのだ。一方、これも冒頭に述べたが、トイレ遺構の判定には寄生虫卵分析を中心とした堆積土の自然科学的分析によるのが、最も有効であることが明らかになった。一乗谷朝倉氏遺跡の場合も、その手法を応用して早い機会での検証作業が望まれたのであるが、なかなかにその機会が訪れなかった。そして、ようやく一九九七年（平成九）三月に至り、岩田隆さんら福井県埋蔵文化財調査センターの協力によって、石積施設内の堆積土を分析する機会が訪れた。岩田さ

図55　一乗谷朝倉氏遺跡武家屋敷の遺構配置図　発掘遺構を参考にして復元された武家屋敷の平面図。現地で実物大に再現されている。玄関を入ったところに広場があり、井戸や納屋・トイレなどが配置される。広場右手の中門の奥が主たる居住空間だ。

んから送られてきた土壌は、藤原京跡のトイレ遺構の調査以来、共同研究してきた金原正明さんに分析を依頼した。その結果、土壌は「人のウンチの堆積であるとみられる」との報告が出た[55]。石積施設はまさしく、先人たちの想定どおりトイレだったのだ。こうして永年の懸案に、一つの科学的判断を示すことができた。以下に、分析に用いた土壌を採取した遺構の様子や分析結果の成果を紹介しておこう。

土壌が採取された遺構は、遺跡内を南北に通過する県道の拡幅工事に伴う調査(第84次)で発見された石積施設で、一辺〇・八メートルの方形、深さ三〇センチほどの大きさだった。石組みの内部には有機質を多く含む黒い土が堆積しており、それにいち早く気づいた岩田さんが、便所かも知れないと判断し、表面を削って中程の土を密封容器に採取したのだ。この遺構からはほかにも、越前焼の甕や壺、土師器皿、鉄釉壺、銅銭、笏谷石など各種の遺物が出土している。

この石積施設が位置するのは、館跡のある城戸ノ内の外(南)側約四〇〇メートルの地点であり、整備し公開が進行しているいわゆる遺跡中心部とは別の地域にあたる。ただし調査地点に隣接しては、足利義昭が滞在したと伝える御所、安養寺の比定地があり、大きくは城下町の一画に含まれることは間違いない。なお、遺跡全体に残りが悪く、敷地内における建物位置やトイレの配置関係が十分に把握できなかったのは、残念である。

一方、金原さんが土壌分析した結果は上々で、寄生虫卵・花粉分析・種実同定

(55) 岩田隆「一乗谷朝倉氏遺跡の便所遺構について」金原正明・正子「一乗谷朝倉氏遺跡第84次調査における石積遺構に関する自然科学分析」『紀要一九九九』福井県立一乗谷朝倉氏遺跡資料館、二〇〇〇年

のすべてで興味ある結果が得られた。すなわち、寄生虫卵に関しては、多量の回虫卵・鞭虫卵とごく少量の日本海裂頭条虫卵・マンソン裂頭条虫卵が検出された。虫卵が土壌に含まれる密度は、一立方チセンあたり約一万三〇〇〇個ときわめて高く、この一事を挙げても、採取土壌は人のウンチそのものと言えるだろう。また、肝吸虫卵や横川吸虫卵がまったく見られないことから、淡水魚を摂食する機会は少なく、むしろ寄生虫感染の少ない海水魚を好ん食べた食生活が復元できるという。ちなみに遺跡は、福井の名港、三国港から約三〇キロの内陸にある。

また、花粉および種実の分析では、雑穀類、コメ・ソバの穀類、ミズアオイ（水葱）・ウリ類・ナスの野菜類、キイチゴ属・クワの果実類など食用に関係する多くの種類が確認された。このように分析の結果は、寄生虫卵の密度、花粉群の組成および種実群の組成において、この遺構がトイレに深く関わるものであることを物語るのだ。

だが、だからといって一乗谷朝倉氏遺跡におけるトイレ探しは、終わったわけではない。今回分析した石組み遺構は、たしかにトイレ遺構の特徴を備えていた。しかし、同じような石積施設のすべてが、トイレだという確証もない。そのためにはトイレ遺構の敷地内における位置や建物群との配置関係が明らかにならなければならない。その法則が十分に把握・整理しきれていない現状では、石積施設個々に対する自然科学的分析を積み重ねる必要があると思う。今後の継続的な取り組みが、是非とも必要である。

堺環濠都市遺跡のトイレ遺構

大阪府堺市に残る堺環濠都市遺跡は、戦国時代に栄えた商業都市の跡であり、防御・防災・運搬・排水などの機能を兼ねた環濠が都市域をめぐることに特徴がある。環濠が本格的に整備されるのは、一四八六年（文明一八）の大火以降と考えられており、しだいに道路や排水溝など町並みが整備されていったようだ。そして、十五世紀末頃には礎石式の建物や蔵・井戸などを備えた町屋が成立していたことが発掘調査で確認されており、また、十六世紀初頃の町屋遺構に伴っては、トイレ遺構も発掘されている。

堺の都市遺跡では、数層に重複する生活面や焼土層があり、それによって遺構の時期変遷を整理することができる。堺市材木町東一丁（SKT三六一地点）における調査では、調査区の中央を南北に走る砂利敷きの道路面（幅約四メートル）があり、その両側に面して礎石建物が立ち並んでいる様子が検出された。[56] 発掘では四枚に重なる生活面が確認されているが、最下層では道路の両側に各二戸の敷地が存在する。そして、そのそれぞれの間口付近に、木組の枠を持つ方形の土坑が掘り込まれている。これは一辺約七〇センチ前後の四角い土坑であることや、掘り込んだ穴の壁の四周に板を立てて杭で固定することなど、井戸枠に似た遺構である。ただし、深さが五〇センチほどと浅いうえに、大阪府立大学の寒川喜三郎さんが行っ

（56） 堺市教育委員会『堺市文化財調査概要報告』第四〇冊、一九九三年

たキュリーポイントパイロリシスGC／MS（ガスクロマトグラフィーの一種）による土壌の科学的分析結果では、人間のウンチに起因する可能性があるアセトニトリル・トルエン・ピノールなどのタンパク質の熱分解産物が抽出された。[57] このことから調査にあたった堺市教育委員会の嶋谷和彦さんは、方形の木組土坑を各戸の入り口近くに設けられた「土坑式トイレ」であると判断した。

最下層（四次遺構面）で検出されたこの四基のトイレ遺構は、十六世紀初頭頃のものと見なされるが、その上には十六世紀後半へ続くさらに三層もの生活面が重なっており、興味深いのはそのそれぞれの面でトイレ遺構が検出されていることだ。とくに一箇所だけではあるが、生活面が変わっても同じ場所に「貯留式トイレ」が設置されており、家屋内のトイレの位置が基本的に踏襲されていたことがわかる。ただし、便槽を構成する材料は変遷しており、最初の木組土坑から瓦質埋甕へ、そして土師質埋甕への変化がたどれるようだ。すなわち、木組土坑から埋甕への変遷であり、埋甕では瓦質から土師質への変化である。こうして十六世紀代におけるトイレ構造の変遷の一端を、堺環濠都市遺跡からうかがうことができたのだ。

堺環濠都市遺跡のトイレ遺構に関しては、さらに興味深い点がある。発掘されたこれら十六世紀代のトイレ遺構は、表通りに面した町屋の入り口付近に設置されているのだ。当時の日本に滞在した宣教師ルイス・フロイスは、その著書『日欧文化比較』の中に「われらの便所は、家屋後方の、人目につかないところに

(57) 寒川喜三郎「堺環濠都市遺跡の便所遺構の科学分析(二)」『堺市文化財調査概要報告』第四〇冊、堺市教育委員会、一九九三年

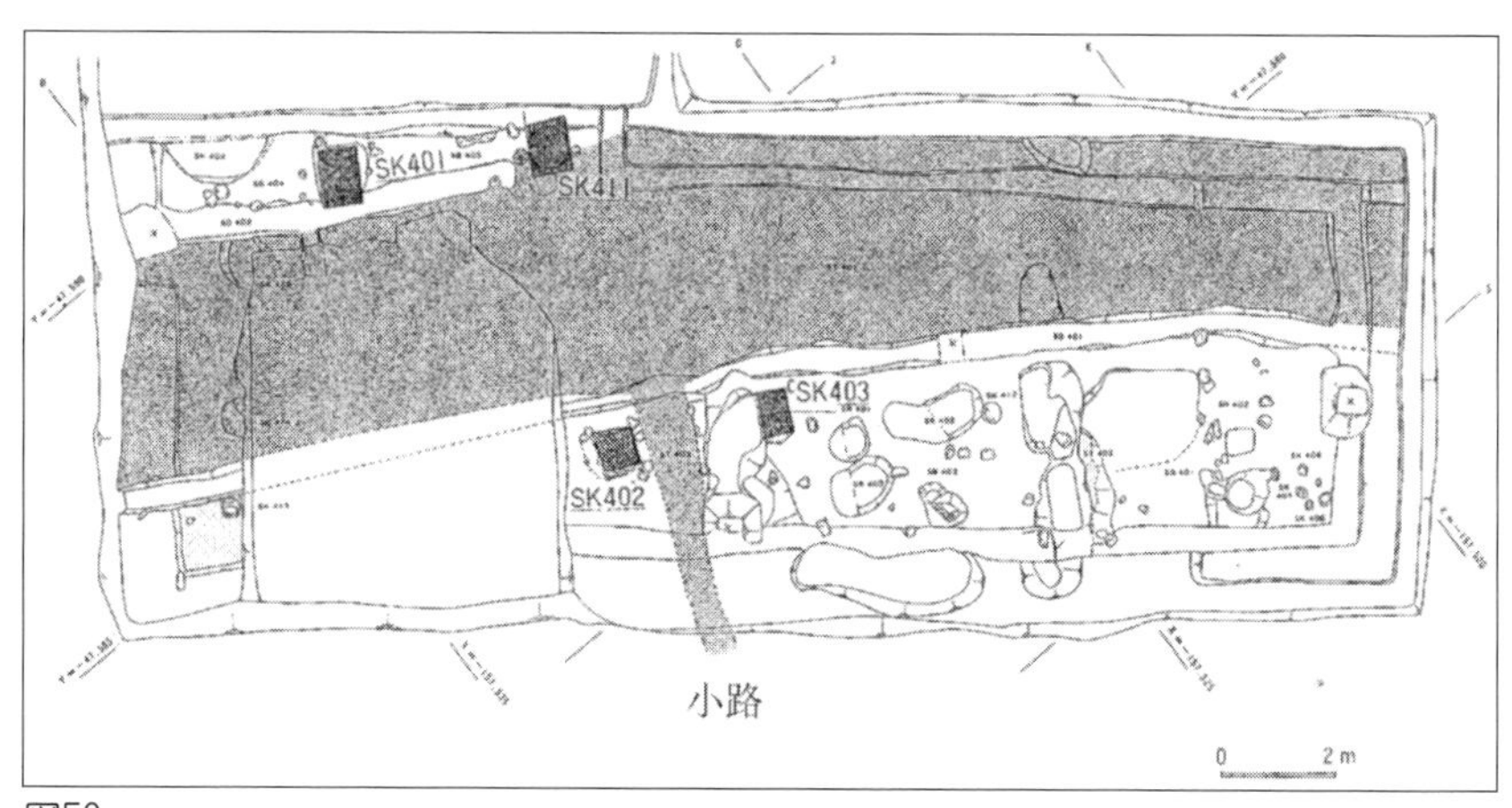

図56

図58

図57

図56　堺環濠都市遺跡SKT三六一地点の遺構配置図

図57　同出土のトイレ遺構（木組土坑）

図58　同出土のトイレ遺構（瓦質埋甕）

堺環濠都市遺跡では、表通り（薄いアミかけで表示）に面してトイレ（濃いアミかけ）が配置されている。図示したのはその一例で、各戸にトイレが設けられている。便槽の素材も木組土坑（図57）から瓦質の甕（図58）へ、そして土師器の甕へとしだいに変化していく。

なければならない。彼らのは（家屋の）前方にあり、みなに開放されている」と書きとどめている。まさに発掘された遺構の様子を如実に表現した記述ではないか。おまけにそれに続けて、「われわれは糞尿を運び去る人に金を支払う。日本では、それを買い、その代償に米と金とを支払う」とある。すでにウンチを肥料に利用する方法が確立しており、農民たちが町に出向き、米や野菜などの農作物や金を代償にして、ウンチを入手しているのだ。川口宏海さんは、都市におけるトイレの成立をこの人糞売買と深く関わっていたと推測し、「中でも堺環濠都市遺跡では、狭い屋敷地の入り口に（トイレ）を設けており、より多くの糞尿を集めて売買し、それを収入の一端に当てていた」と述べている[58]。この時代の堺では、糞尿も収入源だったようであり、そのせいもあってか、次に紹介する広島県吉川元春館跡のような大便用と小便用を区別するトイレ遺構は確認されていない。堺における小便用便槽の成立が何時なのか？　この点については今後への検討課題である。

広島県吉川元春館跡のトイレ遺構

中国山地のまっただ中、広島県北広島町には中国の雄、毛利元就の次男でもある吉川元春（きっかわもとはる）の館跡が残されている。館は石垣と土塁で区画された間口約一一〇メートル、奥行約九〇メートルの範囲を持ち、一九九四年（平成六）から開始された発掘調

(58) 川口宏海「中・近世都市における便所遺構の諸様相」『関西近世考古学研究』III、一九九二年

図59　吉川元春館跡の遺構配置図

図60　同出土埋桶の寄生虫卵分析結果

発掘調査で確認された吉川元春館跡の建物配置。東面する正門を入れば左右に主要な殿舎が並び立つ。その奥の裏手に湯殿などとともにトイレがある。トイレには二つの埋桶が並んでいたが、一方が大便用で他方は小便用。それは寄生虫卵の分析結果からも明解。当然ながら寄生虫卵を含まない方が小便用である。

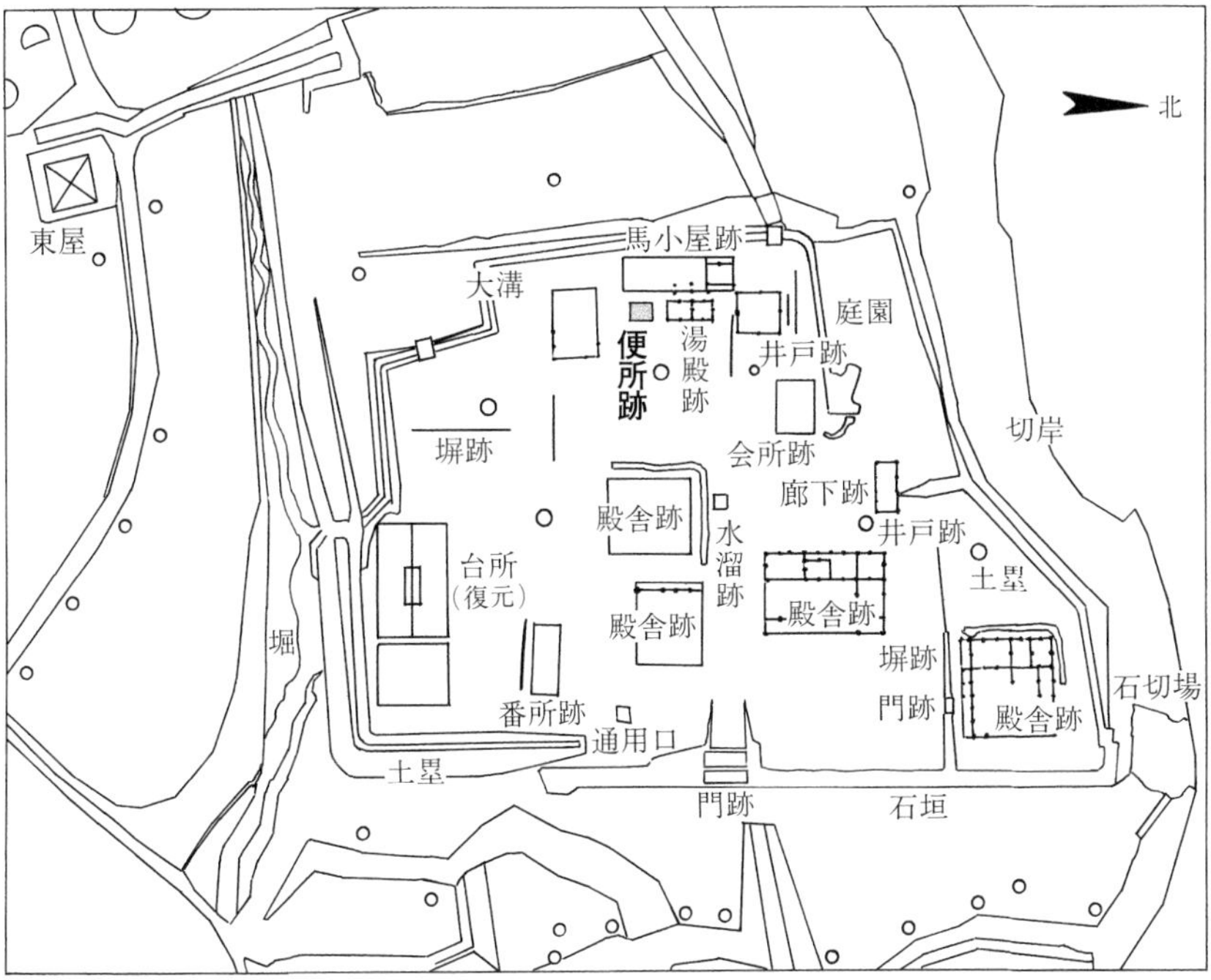

図59

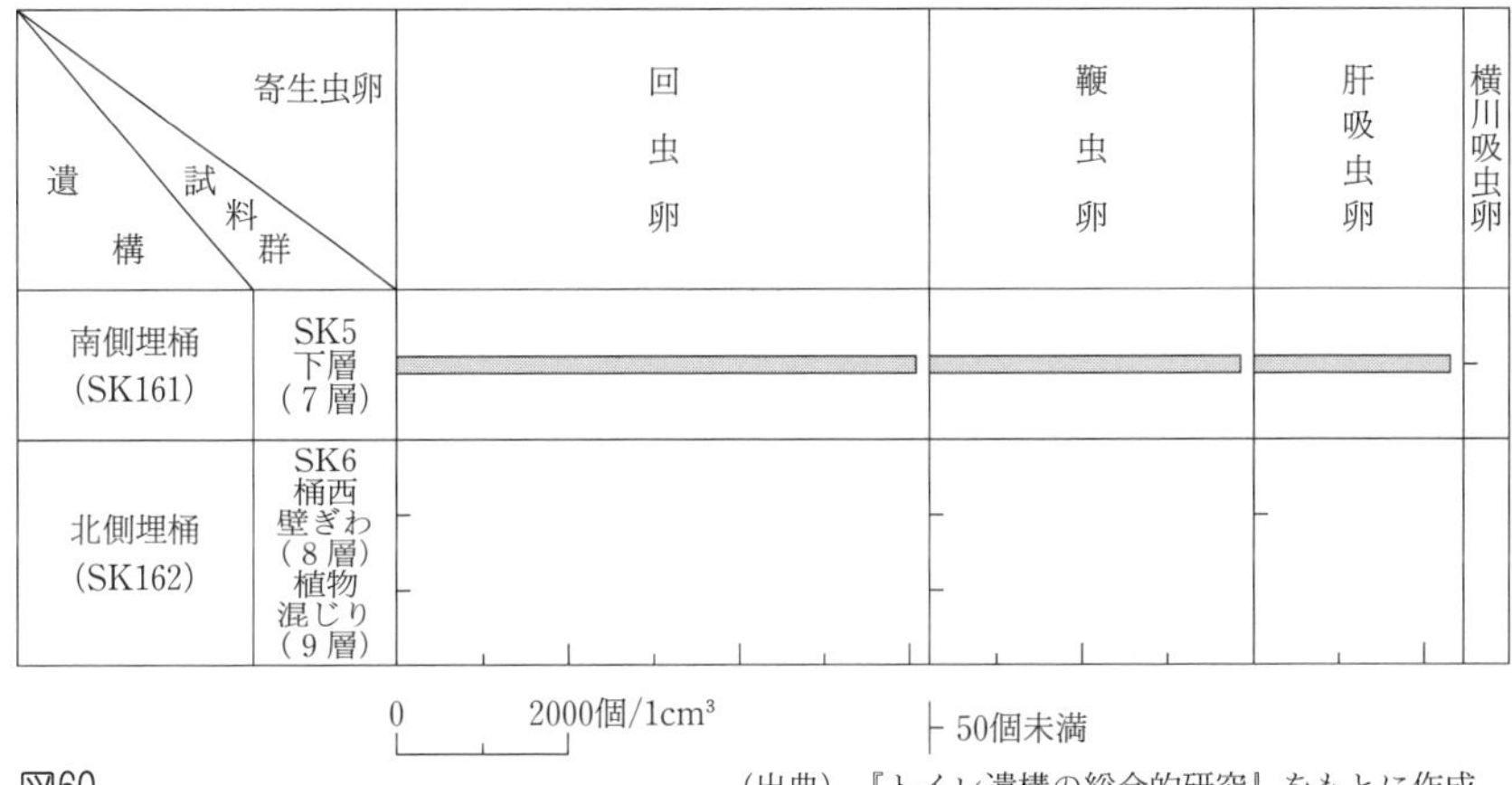

図60

（出典）『トイレ遺構の総合的研究』をもとに作成

査によって、殿舎跡、門跡、湯殿・台所・番所跡、庭園跡などが発見されている。それらに混じって、大きな桶を二つ並べた埋桶遺構が発見された[59](口絵7)。

図61

図61 吉川元春館跡出土の金隠し様木製品
トイレ遺構の後方を流れる大溝から出土した木片。くり込み加工の様子から金隠しだろうと考えられる。口絵6の金隠しと見比べて下さい。

この遺構は、東に開く正門を入ってまっすぐ奥の敷地西端部にあって、近くからは湯殿や井戸・溝などの跡が発掘されている。正門を入ってすぐの正面、あるいは東側には大型の殿舎が数棟配置されており、この部分が館の主要空間であることがわかる。それに対し敷地の西南部には台所跡と見られる建物跡が、また、西北部には石組みを伴う庭園の跡が発掘されている。そして問題の埋桶遺構は、殿舎群の背面にあたる敷地西半部に位置するので、日常生活に関連する遺構と考えることができる。遺構の配置状況からも、トイレ遺構と見なす一つの手がかりを与えてくれる。

埋桶遺構は、長径三メートル、短径一・二メートル、深さ〇・七メートルの長楕円形の穴の中に、木製の桶二つが南北に並んで埋められいる。南側の桶(SK一六一)は口径が九五センチ(底径七五センチ)で深さ六七センチを残し、北側の桶(SK一六二)は口径が八五センチ(底径七五センチ)で深さ五八センチが残っていた。南側の埋桶からは、木製の籌木(ちゅうぎ)三三本とともに竹製の籌木二本が出土しており、中世のトイレ遺構としては籌木の出土例は珍しい。また、いっしょに出土した径五・四センチ、高一三センチの竹製の筒は、

(59) 広島県教育委員会『吉川元春館跡―第二次調査概要』一九九七年

尿筒の可能性もある。二つの埋桶ともに堆積土の分析が金原さんによって行われて、南側の桶からは一立方チセンあたり約六〇〇〇個の寄生虫卵が抽出されたものの、北側の桶からは見つかっていない(60)。埋没の条件で寄生虫卵が分解してしまった可能性も否定できないが、北側の桶にのみギブサイトと見られる白色物質が付着していることを参考にすれば、北の埋桶は主として小便用の便槽であると判断できる。そうなれば、逆に南の埋桶は大便用の便槽ということになろう。寄生虫卵や籌木が出土する事実とも矛盾しない解釈である。

以上の検討から、この埋桶遺構は大便用と小便用が併置されたトイレであったことになる。トイレ遺構に伴う柱などの痕跡は確認されていないが、上屋(うわや)建物が存在することはほぼ間違いなく、隣接する空間には湯殿が復元されている。埋桶遺構の西側を区画するように流れる小溝の存在からも、ハレの殿舎群の背後に、ケに関わるこれら水回りの施設が集められていた様子が復元できよう。

このほか、庭園から流れ出た大溝が、敷地の西辺から南辺を経由して土塁外側の堀に流れ込んでいるが、その堆積土内からも、墨書木札類や金隠し様の木製品(図61)、陶器類などの遺物が発見されている。これらの出土遺物なども総合的に判断して、館の存続期間は十六世紀中頃から後半にかけての頃と推定されている。

(60) 尾崎光伸「広島県吉川元春館跡」『トイレ遺構の総合的研究』奈良国立文化財研究所、一九九八年

鑑賞するトイレ―肥前名護屋城跡のトイレ遺構

茶室に寄り添うように設えられた砂雪隠(すなせっちん)は、一坪ほどの広さに川砂を敷いて中央に穴を掘り、それを囲って自然石を据えて便器としたもので、一種の装飾的なトイレである。その始原は小田原北条攻めの際、太閤豊臣秀吉の無聊を慰めるために千利休が考案したと言われ、まさに実用とは異なる鑑賞用の、見せるためのトイレである。その具体的な姿は京都の桂離宮（十七世紀）の中に見ることができるが、同じような砂雪隠の遺構が、佐賀県唐津市にある肥前名護屋城の跡から発掘されている。

この肥前名護屋城跡は、太閤秀吉が無謀にも朝鮮半島へ出兵した文禄・慶長の役（一五九二（文禄元）〜九八年（慶長二））の際の兵站基地であり、全国の諸大名を参集させ、城の周囲に陣屋を構えさせた遺構群である。これまでの調査で、城を中心に半径約三キロの範囲に一〇〇以上の陣屋が並ぶ様子が復元され、また、それに伴う町屋なども形成されていたことが確認されている。トイレ遺構が発掘されたのは、このうち名護屋城跡の西南約六〇〇メートルにある木村重隆陣屋跡であり、高台にある陣屋主郭部の東側斜面を削平して砂雪隠はつくられていた(61)。

発掘された遺構は、東西一間（二メートル）、南北一間（一・八メートル）の掘立柱建物であり、内部には親指大ほどの玉砂利が敷き詰められ、その中央部分に平坦な面を上

(61) 堀苑孝志「名護屋城の木村重隆陣屋跡で発見されたトイレ跡」『月刊文化財』通巻三五〇号、第一法規出版、一九九二年

にした二石の自然石が配置されていた。この二石の間から楕円形の土坑が検出され、二石の自然石は間違いなく踏み石で、その下の土坑は便槽ということになる。おまけに、土坑の東壁には逆三角形の板石が張り付いているから、これが金隠しということになろう。

また、南側の踏み石の東には一石が配されているが、その東には石を抜き取った痕跡があり、そこから北へは三石が点々と配置されている。調査を担当した鎮西町教育委員会の堀苑孝志さんは、これらの配石を「等間隔に配置され、また歩幅も合致し、飛石を追って厠まで行ける」とし、雪隠に至る通路の飛石であると断定する。飛石の両側には溝が平行して延びているから、その部分が通路であったことは間違いない。雪隠への降り口は東からで、金隠しの位置からすると入り口に向かってしゃがむタイプのトイレとなる。中央の土坑部分は遺構保存のため半分ほどしか発掘されていないので、便槽の深さは未確認という。さらに、飛石の先がどこへつながるのか、近接して茶室が存在するのかなど課題は多いが、非実用と思われる砂雪隠の最古例として大いに注目したい遺構ではある。

同様な砂雪隠の跡は、京都八幡市にある史跡、松花堂およびその跡からも発掘されている。[62]松花堂とは石清水八幡宮内に存在する坊舎の一つ、泉坊内に営まれた庵であり、江戸時代初期の文化人、松花堂昭乗によって造営された。発見された遺構は、外・中・内の三重の露地構造を持ち、雪隠は中露地に位置する。雪隠の建物は、南北一・一メートル、東西二・八メートルの北向きで、内部には仕切りの開き扉があ

(62)　加藤允彦「史跡「松花堂およびその跡」検出雪隠遺構」『月刊文化財』通巻三五〇号、第一法規出版、一九九二年

図62

図63

図62　肥前名護屋城木村重隆陣屋跡出土のトイレ遺構
図63　松花堂跡出土のトイレ遺構（砂雪隠）
茶室に伴って設けられる砂雪隠。大きな一対の石が踏み石。図62が肥前名護屋城跡、図63が京都石清水八幡宮での発掘例。いずれも観賞用の非実用トイレ。図63は現地で遺構が表示されている。

ったらしい。個室の内部には踏み石が二石置かれて、その間には漆喰で固めた便槽が設置されていた。また、周囲の壁の基礎部分には赤・白・緑などの綺麗な色の小石（径約五チセン）が丁寧に並べられていた。近世のトイレ遺構であり、非常に残りの良いトイレ遺構でもある。現在、史跡整備の一環として、その遺構の様子が地表に表示されている。機会があれば、一度訪れることをおすすめしたい。

IV トイレ遺構あれこれ

1 最古のトイレ遺構を求めて

七世紀末の藤原京跡のトイレ遺構から話しを始めて、奈良・平安・鎌倉時代へと、しだいに時代を新しくしてトイレ遺構を追いかけてきた。そして、戦国時代の特徴のあるいくつかのトイレ遺構を紹介した。むろん、これより新しい時代の、すなわち江戸時代や明治時代のトイレ遺構も、全国のあちこちで発掘されている。ただしそれらは、水洗トイレが普及する直前のいわゆる「ポッタン便所」を経験した団塊前後の世代には、とくに目新しいものではない。そこでここでは、逆に七世紀以前へと時代をさかのぼり、縄文時代や弥生時代のトイレ事情を追究してみようと思う。

だが、これには大きな障害がある。トイレに関連する資料がほとんど存在しないからだ。考古学が最も不得意とする痕跡を残さないトイレの形式、すなわち「たれ流し式」トイレが基本の時代であるからだろう。自然が豊かで、人口が希薄な時代や地域にあっては、ウンチをどこに始末しようと、人間生活や環境に大きな影響を与えない。そのような中で、縄文時代の貝塚などから出土するウンチの化石である糞石（ふんせき）に注目してみたい。まずは、糞石の話題から、昔をさかのぼる旅に出かけてみよう。

貝塚の糞石

縄文時代早期の遺跡である福井県若狭町の鳥浜貝塚では、川岸から川中に向かって延びる杭列が見つかり、その周辺から糞石が数多く発掘された(63)。調査にあたった人たちは、これこそ縄文人たちが川面にお尻をつきだして用を足した桟橋状のトイレの跡に違いないと、大いに想像力を膨らました。おそらく川の流れが排泄物を始末してくれるし、あるいはそれを餌に求めて魚たちが集まってきたかも知れない。そのいずれにしても桟橋周辺が排泄物で汚染するという事態は、まずもって生じなかったものと思われる。縄文時代の早い時代から、集落のとある場所をトイレと決めていた可能性を、この鳥浜貝塚の糞石が物語ってくれるのだ。しかし一方、関東地方の貝塚からも糞石が発掘されているのだが、それをトイレと結び付けて考えることは少なかった。

そんな中で、国際キリスト教大学の千浦美智子さんは糞石に注目し、全国約四〇カ所の遺跡からの出土資料を集成し分類した(64)。その形態の分類には、はじめ・直状・しぼり・バナナ状・コロ状・チビ状という何ともほほえましい名称が用いられた。人間の排泄物（人糞）は普通、風雨や微生物の作用で分解したり、動物

(63) 鳥浜貝塚研究グループ『鳥浜貝塚―一九八三年度調査概報・研究の成果』福井県教育委員会他、一九八四年

(64) 千浦美智子「糞石―コプロライト」『縄文時代の研究』2、雄山閣出版、一九八三年

や昆虫などに食されて形がなくなってしまうが、貝塚や洞穴などでは保存されやすい。それは貝殻や岩片・砂粒などの影響で水はけがよい環境があり、そのうえアルカリ性の貝殻や岩片がカルシウム分の多いウンチの保存に好条件となる。こうして貝塚から多くの糞石が発掘されるのだ。

千浦さんの研究は、さっそく鳥浜貝塚の調査研究にも応用された。しかし、糞石の研究において最も大きな障害は、糞石の落とし主が人間であるのか、ほかの哺乳動物なのかという点である。どの種の動物がどのようなウンチをひねり出すのかを知らなければ、ウンチの落とし主を判定できない。たとえば、ウサギのものはごく小さなおむすび形でころころと丸く、ネズミのものは米粒のようで、人・サル・イヌのものはいずれも細長い円筒形で似ているという具合に……。しかし、貝塚から発見される糞石は、イヌか人か、いずれかの場合が多い。すなわち、よく似て見分けにくいイヌと人のウンチを区別する必要がある。それをどのように見分けるのか、という難題に突き当たった頃、千浦さんは病に倒れ、若くして亡くなってしまう。「彼女が元気ならば、縄文時代のトイレの発見ぐらいは実現していたかもしれない」という残念そうな岡村道雄さんの言葉のとおり、彼女の死後、糞石の研究はほとんど取り組まれなくなってしまった(65)。

その後、寄生虫卵の分析技術が開発され、糞石の分析にも応用された。すると当然に、糞石からも多くの寄生虫卵が抽出されたが、その大多数はイヌに寄生する種類の虫卵だった。寄生虫は宿主を選択するから、イヌと人ではその種が異な

(65) 岡村道雄「縄文時代のウンコの化石、トイレはどこだ?」『月刊文化財』通巻三五〇号、第一法規出版、一九九二年

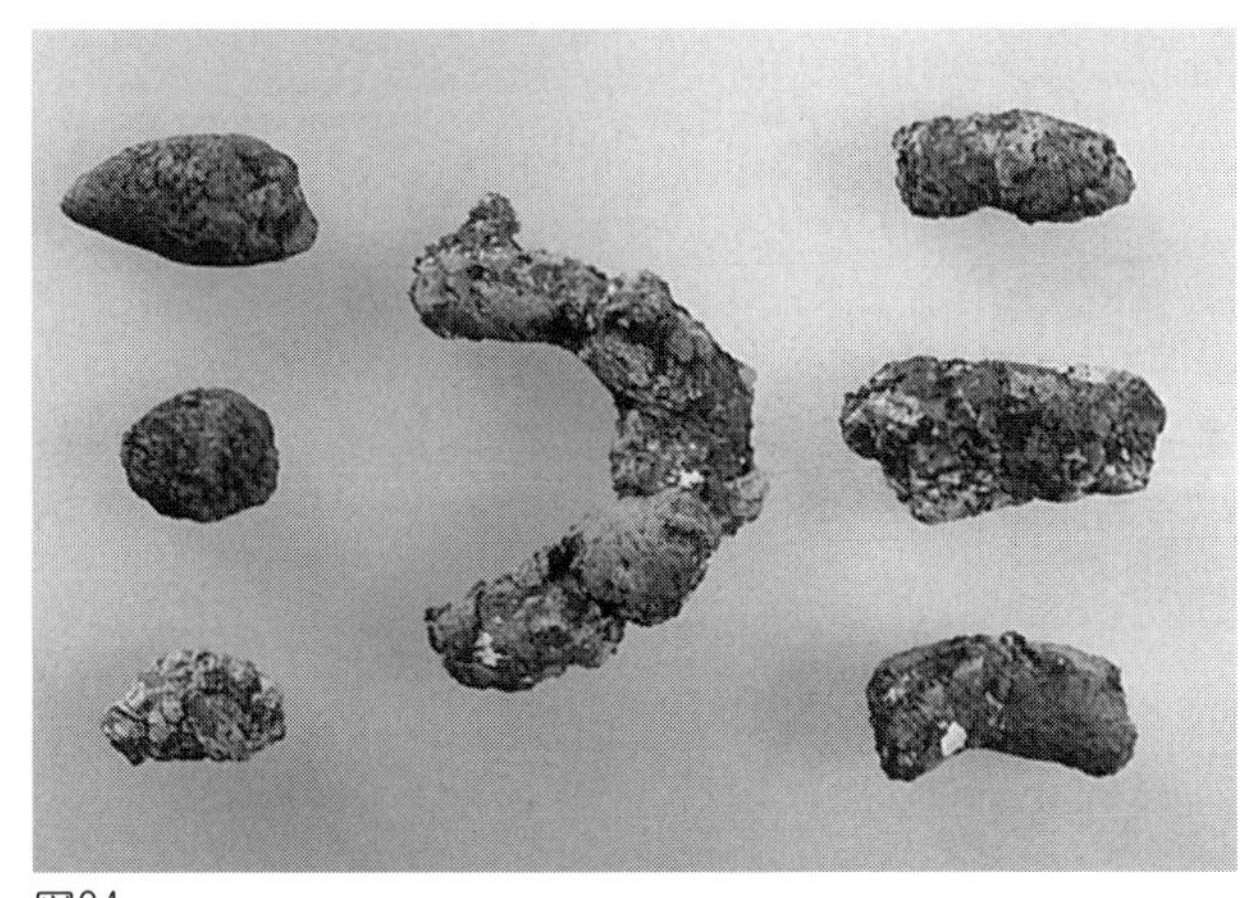

図64

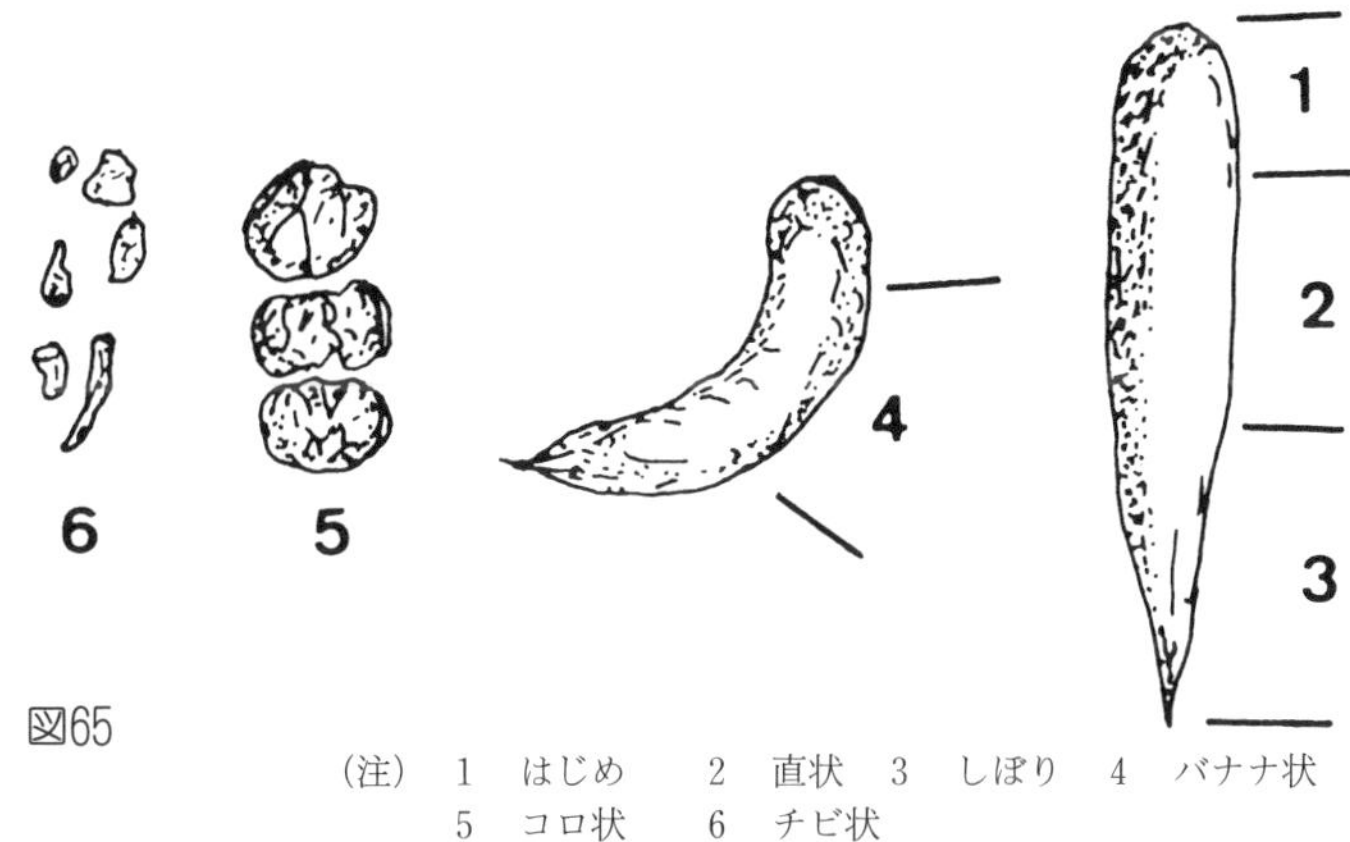

図65

（注） 1 はじめ　2 直状　3 しぼり　4 バナナ状
5 コロ状　6 チビ状

図64 鳥浜貝塚出土の糞石
図65 糞石の分類（千浦美智子分類）
縄文時代の貝塚からは、ときどきウンチの化石＝糞石が発見される。これに注目した千浦さんが研究に着手したが、彼女の夭折で中断したままである。ただし最新の寄生虫卵分析によれば、貝塚の糞石の落とし主はイヌが多いようである。

るのだ。こうして貝塚から出土する糞石のほとんどがイヌの落としものだったことがわかった。その状況を岡村さんは、「貝塚出土の骨には、イヌの噛み跡がしばしば認められる。イヌが貝塚を徘徊し、ほねをかじって噛み跡を残し、しばしばウンコも落としていたことがわかった」と解説している。糞石が出土するからといって、貝塚が縄文人のトイレだったとは明言できないようだ。

いずれにしても、縄文時代のように豊かな自然の中に暮らしている限り、排泄に関するおおよその場所と最低限の作法さえルール化しておけば、人間の排泄物が社会問題を起こすことはない。しかし、自然の持つ分解と浄化の能力をこえて排泄物が集中すれば、事態は異なってくる。排泄物による環境の汚染、それはとりもなおさず人口の集中であり、ある意味で都市的な空間が生み出されたことになる。縄文時代中期の大集落である青森県三内丸山遺跡では、集落の北側に切れ込んだ谷筋があり、そこに有機質土の厚い堆積が見られるが、そこで採取された土塊の一部から、濃密な鞭虫（べんちゅう）卵が抽出されている。金原正明さんによれば、それはこの谷筋に排泄物が相当量投棄されていたことを示すとともに、寄生虫病の蔓延をも物語るという(66)。縄文時代にあっても、鞭虫卵の存在は、人口集中や定住性の問題を議論する手がかりを与えてくれる。

(66) 金原正明「人々は寄生虫卵に悩まされていた」『縄文文明の発見─驚異の三内丸山遺跡』PHP研究所、一九九五年

図66 三内丸山遺跡遺物廃棄ブロックの調査

図67 三内丸山遺跡および他遺跡トイレ遺構出土の寄生虫卵分析結果

遺跡の北側へ切れ込んだ谷筋は、集落から出た廃棄物の絶好の投棄場所だった。その堆積土からは鞭虫卵が検出されたが、なぜか回虫卵はない。稲作が本格化する弥生時代になってから回虫が出現するようだ。

図66

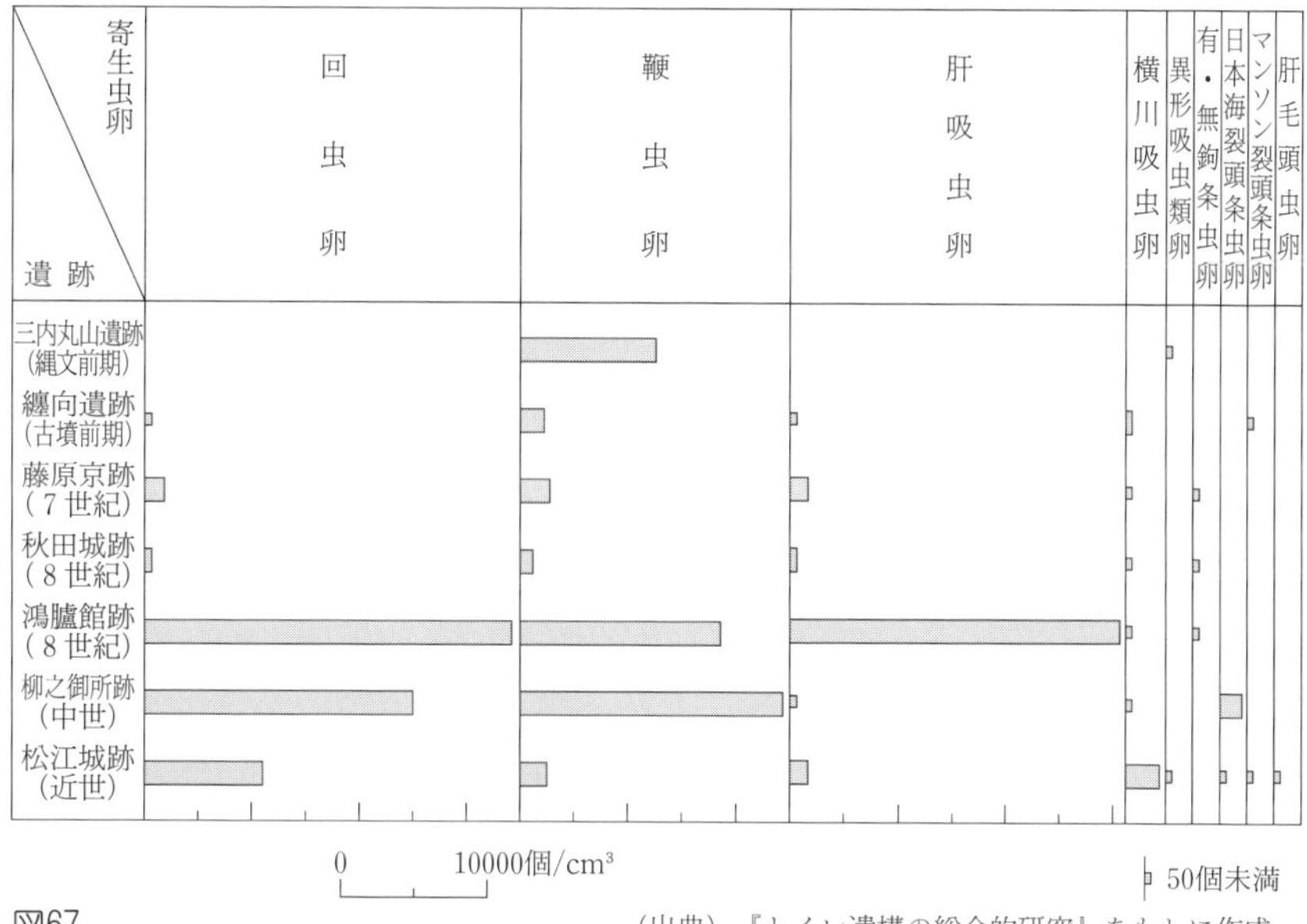

図67

（出典）『トイレ遺構の総合的研究』をもとに作成

弥生時代の環濠集落

一方、弥生時代の環濠集落跡にあっても、同様な問題が見てとれる。大阪府池上・曽根遺跡の環濠内に堆積した土壌からは、大阪市立自然史博物館の宮武頼夫さんや金原正明さんの分析によって、マグソコガネなどのような食糞性甲虫の残骸や、鞭虫・回虫卵の存在が確認されている。(67) 防御の施設であろうという集落を囲う水濠の一般的な理解を超えて、そこは排泄物が投棄される空間でもあったのだ。三内丸山遺跡には見られなかった回虫卵の存在も注目できるが、いずれにせよ寄生虫病の蔓延の事実は認められ、環濠集落内における一定の人口の集中は十分に想定できるのだ。また、奈良県四分遺跡(68)で発掘された井戸からは、密度は薄いものの寄生虫卵が発見されている。排泄物の直接の混入は考えられないものの、飲料水などを介して寄生虫病が蔓延していく原因の一端を、そこに読み取ることは可能である。

以上のように、縄文時代から弥生時代にかけては、排泄物を含む堆積土壌は確認できても、そこが排泄の場所であると積極的に判断する手がかりはない。わずかに鳥浜貝塚の桟橋状の遺構が、その希な発掘例なのであろうか。むろん、道端や川端、広場の片隅にしゃがんで用を足すだけであれば、地表に何の痕跡も残さないから、発掘調査でそれを確認するすべはない。いずれにせよ、旧石器時代以

(67) 宮武頼夫・金沢至「昆虫遺体の報告」『池上曽根遺跡発掘調査概報』大阪府教育委員会、一九九〇年

(68) 奈良国立文化財研究所「西方官衙地区の調査（第七五－六次）」『飛鳥・藤原宮跡発掘調査概報二五』一九九五年

来、弥生時代をとおして、明確な痕跡を残さない簡便なトイレが主流の時代であったのだろう。それはまた古墳時代も同様なようで、ようやく七世紀末の藤原京の時代に至り、トイレの遺構として考古学的な手法で確認することができる。

古墳時代の木槽樋はトイレか?

そのような中、非常に特殊な事例ではあるが、「水洗式トイレ」の可能性を持つ古墳時代の遺構が存在するので、以下に紹介しておきたい。それは古墳時代の導水施設と呼ばれる一連の遺構の中に含まれるもので、水を溜める槽と水を流す樋を組み合わせた非常に特徴的な木製品である。それを私は「木槽樋」と呼んでいるが、なぜそれが水洗式トイレの可能性を持つのか? まずは導水遺構の典型例として知られる奈良県御所市南郷大東遺跡の木槽樋遺構を紹介しよう。

南郷大東遺跡は、大阪府と奈良県とを分ける金剛山塊の東斜面に立地し、東へ流れ下る小河川の屈曲部を利用して造成されている。(69) 全長二〇メートルにも及ぶその範囲内には、上流側から、①貼石を持つ貯水施設(ダム)、②木樋一、③木樋?(消失)④木樋二(覆屋・垣根状施設)、⑤木樋三という五つの施設があり、その配置から、①に溜めた川の水を②③の木樋を経由して④の木樋に導き、さらに⑤の木樋を通して下流側に落とすという導水の構造が復元できる。このうち遺構の中心をなすのが④の木樋二であることは大方の認めるところで、これこそが私の

(69) 奈良県立橿原考古学研究所『南郷遺跡群III』二〇〇三年

いう木槽樋である。発掘された木槽樋は、長さ四メートル、幅七〇センチの一木でつくられ、上面には上流側に槽（長一・二メートル、幅七〇センチ、深七センチ）を、下流側に樋（長二・七メートル、幅一五センチ、深五センチ）を彫り込んでいる。木槽樋は八畳敷きほどの広さを持つ覆屋（おおいや）の中、南に片寄せて設置されており、覆屋の周囲にはさらに柴垣がめぐらされて

図68

図68　南郷大東遺跡出土の「木槽樋」遺構
山麓の谷筋から導かれた水を溜める水槽とそれを流下する樋。その二つを一木に彫り込むのが木槽樋。集落から離れた僻地に厳重な遮蔽空間をつくってそれを置く。山から流れ下る神の子を授かるため、高貴な女性が忌み籠もり、そして跨るカワヤ（厠）の神話世界のシンボルが木槽樋なのではなかろうか。

いた。すなわち、いったん貯水した山の水を木樋を経由して屋内に設置した木槽樋へと導き、そこで利用した水を下流へ排水するという構造である。問題は、覆屋の中で行われた水に関わる行為が何であったのか？　多くの研究者は聖水・浄水に関わる祭祀の場を想定する。だがその下流側、覆屋の屋根材が転落したその下層の土から人間のウンチに由来する寄生虫卵が濃厚に検出されたのだ。トイレ考古学の判断基準からすると、その上流にある遺構は、まさにトイレ遺構ということになるのだが……。

しかし、虫卵検出の報は調査関係者にとって歓迎されず、遺跡が廃絶し埋没する過程で偶然に混入したものだとのと判断が下された。こうして浄水に関わる祭祀施設説を中心に、灌漑水利もしくは治水という実用的施設説や庭園説などが受け入れ議論されるが[70]、私が提示するカワヤ（厠）説は、なぜか検討の俎上にも上がらないまま、現在に至っている。

(70)　奈良県立橿原考古学研究所編『水と祭祀の考古学』学生社、二〇〇五年

木槽樋は水洗式の便器

木槽樋の遺構は、その後いくつかの遺跡で発見があり、現在では一〇に近い事例が知られている（表6）。一方、木槽樋を写した埴輪や土製品が、各地の古墳から出土する。大阪府藤井寺市狼塚古墳や大阪府八尾市心合寺山古墳、兵庫県加古川市行者塚古墳、三重県松阪市宝塚一号墳などからの出土品（図70・71）

がそれである。そして、東京都世田谷区野毛大塚古墳からは木槽樋を模した石製品が、岡山県柵原町月の輪古墳や大分県杵築市御塔山古墳からは、導水施設の一部を模した土製品が出土している。

このように木槽樋の遺構は、年代的に見れば三世紀後半の奈良県纏向遺跡を最古例として、六世紀代までの類例があり、それを模した埴輪や土製品などは五世紀代に集中する傾向が読み取れる。一方、地域的に見れば、近畿地方を中心にしながらも、西は九州から東は関東までの広い分布範囲を持っている。そのうえ、大阪府心合寺山古墳や兵庫県行者塚古墳、三重県宝塚一号墳における木槽樋埴輪

地形・環境	備　　考	文献
西に開けた丘陵裾部の浅い谷筋内に立地	同系統の水路内堆積土から寄生虫卵を検出．貯水池から約4ｍ	①
微高地から緩やかに下がる変換点に立地	新旧2組の可能性あり．貯水池から約12ｍ	②
丘陵裾部，西北に下がる谷の自然流路内から出土	本来の位置を移動した木槽樋の出土	③
丘陵裾部の西に開けた浅い谷筋内に立地	近接して類似の遺構あり（槽のみ？）	④
東に下がる丘陵斜面の浅い谷筋に立地	下流側木樋の下流で寄生虫卵検出．祭祀関連遺物．貯水池から7ｍ	⑤
周濠で区画された敷地内に立地	周辺に大型建物，井戸など存在．祭祀関連遺物	⑥
扇状地の緩傾斜面上の浅い谷筋に立地	西ノ辻遺跡の木槽樋と一連の水系．	⑦
扇状地の緩傾斜面上の浅い谷筋に立地	4基の貯水池あり．上屋あり．貯水池から6ｍ	⑧
北に流れる自然流路の中州状高まりに沿う	祭祀関連遺物	⑨

1991年
2000年

大学考古学研究所，1997年
2005年

表6　木槽樋遺構出土した遺跡

No.	遺跡名	所在地	時　期	木槽樋（構造・規模）	付属施設
1	纒向遺跡（家ツラ地区）	奈良県桜井市巻野内	3世紀後半	槽（長368×幅65cm）と樋は分離．3方向から水流入．石敷の「足場」あり	石敷遺構（板囲いあり），素堀溝など
2	服部遺跡	滋賀県守山市服部町	4世紀前半	木槽樋（長430×幅58mm）．足場のつくり出しあり．上屋あり？	方形区（貯水池？）→素堀溝→堰板→樋→木槽樋（敷石あり）
3	瓦谷遺跡	京都府木津川市市坂	4世紀	樋と木槽樋が一体（長200×幅32cm）．足場のつくり出しあり．同様な木槽樋が同伴出土	不明
4	浅後谷南遺跡	京都府京丹後市網野町公庄	4～5世紀	樋と木槽樋が一体（長350×幅60cm）．足場の表現なし	上流側に堰板？，両側に板材が存在
5	南郷大東遺跡	奈良県御所市南郷	5世紀前半	木槽樋（長400×幅80cm）．足場は不明確．上屋あり	貯水池→木樋→堰板→木槽樋→木樋．囲繞施設を伴う
6	三ツ寺Ⅰ遺跡	群馬県群馬町三ツ寺町	5世紀中頃	木槽樋は現存せず.抜き取り痕跡から「長370×幅70cm」を想定.上屋は不明	水道橋→木樋→木槽樋→素堀溝．石敷広場など
7	神並遺跡	大阪府東大阪市西石切町1丁目	5世紀後半	木槽樋（210以上×48cm）．足場は不明	不明
8	西ノ辻遺跡	大阪府東大阪市西石切町3丁目	5世紀後半	木槽樋（500×80cm）．足場は不明．上屋あり？	懸樋にて導水．一旦，直交する槽（220×50cm）で受水
9	大柳生宮ノ前遺跡	奈良県奈良市大柳生町	5～6世紀	樋と木槽樋が一体（長216×幅40mm）．足場の表現なし	上流側に取水溝や堰板あり．総長7m以上

（文献）①石野博信『邪馬台国の候補地－纒向遺跡』シリーズ『遺跡を学ぶ』51，新泉社，2008年
②滋賀県教育委員会・守山市教育委員会他『服部遺跡発掘調査概報』1979年
③（財）京都府埋蔵文化財調査研究センター「瓦谷遺跡」『京都府遺跡調査概報』第46冊，
④（財）京都府埋蔵文化財調査研究センター「浅後谷南遺跡」『京都府遺跡調査概報』第93冊，
⑤奈良県立橿原考古学研究所『南郷遺跡群Ⅲ』2003年
⑥群馬県教育委員会・（財）群馬県埋蔵文化財調査事業団『三ツ寺遺跡Ⅰ』1988年
⑦⑧松田順一郎「東大阪市神並・西野辻遺跡の古墳時代水利遺構」『王権祭祀と水』帝塚山
⑨木下亘「奈良市大柳生宮ノ前遺跡」『情報祭祀考古』第26・27合併号，祭祀考古学会，

の出土位置は、いずれも前方部と後円部とが接するくびれ部であり、囲形埴輪や家形埴輪などと組み合わせて配置されたその様子は、南郷大東遺跡における導水遺構の情景を彷彿とさせてくれる。それは単に器物の一致だけでなく、背景となる谷筋の地形そのものも見事に一致しているのだ。ではこの情景は何をあらわしているのか。

まずは遺構の中心となる木槽樋の役割を復元するため、その形状の細部を観察してみよう（図69）。上流側にある槽は、下流側の樋よりも幅広くつくられており、底も深い。それに対しそこから溢れ出る水を流す樋は、幅・深さともに小さくなるが、長さは倍以上に長い。槽と樋が一木でつくられている滋賀県服部遺跡例や南郷大東遺跡例に対して、纒向遺跡例は槽と樋を別に二木でつくっている。ただし、作りが一木であろうと二木であろうと、全長は四メートル前後とほぼ一致している。また同様に、槽は長さ一メートル前後、幅〇・五メートル前後、溝は長さ二・五メートル前後、幅〇・二メートル前後であり、規格はほぼ統一されている。

最も古い時期の遺構である纒向遺跡例では、槽から樋への接点の両側につくられた足場状の石敷が目を引く。この足場状のつくりは、四世紀代の服部遺跡例にも見られる。服部遺跡例では槽と溝が一木でつくられてはいるが、槽から樋への移行部に明確な足場状のつくりだしが存在している。この特徴は、南郷大東遺跡例や大阪府神並遺跡例など五世紀代の遺構になるとしだいに不明確になっていくが、大阪府狼塚古墳出土の木槽樋を模した土製品を加えると、その変遷をまことにスムーズにたどることができる。木槽樋の機能を復原するキーポイントは、この槽と樋との接点に造られた足場であろうと思う。その足場とはまさに、溝を跨いでしゃがみ込む姿勢、すなわち排泄の姿勢をとるための装置と見なすことができる。

他方、槽と樋の組み合わせにも謎を解く鍵がありそうだ。先に紹介した鎌倉市北条小町邸跡の水洗式トイレ例を参考にすれば、用便の開始に際して槽と樋の接点に板を立てて水を蓄え、ウンチ後にその板を外せば、溜まった水が樋の中のウンチを一気に流し去る様子がイメージできる。現在の水洗式トイレにおける流下システムそのもので、まさにこれこそが、槽と樋からなる木槽樋の主要な機能ではないかと……。

そのうえ、木槽樋の下流からは濃厚な寄生虫卵が検出されている。それも纏向と南郷大東の二遺跡においてである。これだけの条件がそろえば、木槽樋を排泄のための施設、すなわち水洗式の便器だと判断しても許されるだろう。ただし、寄生虫卵の存在をめぐっては、遺構と無関係だという反論がある。しかし、これまでの調査・研究の経験からすると、むしろ虫卵が遺跡から検出される方が珍しい。虫卵が遺構から検出されることは、そこに相当量の人のウンチが堆積していたことを示す、何よりの証拠である。短期間のみ利用された遺跡において、たまたま別の時代にそこで人がウンチしたという偶然のレベルで、これほど濃密度の虫卵は抽出できない。後世の肥だめ遺構でも重複して存在していたというなら別

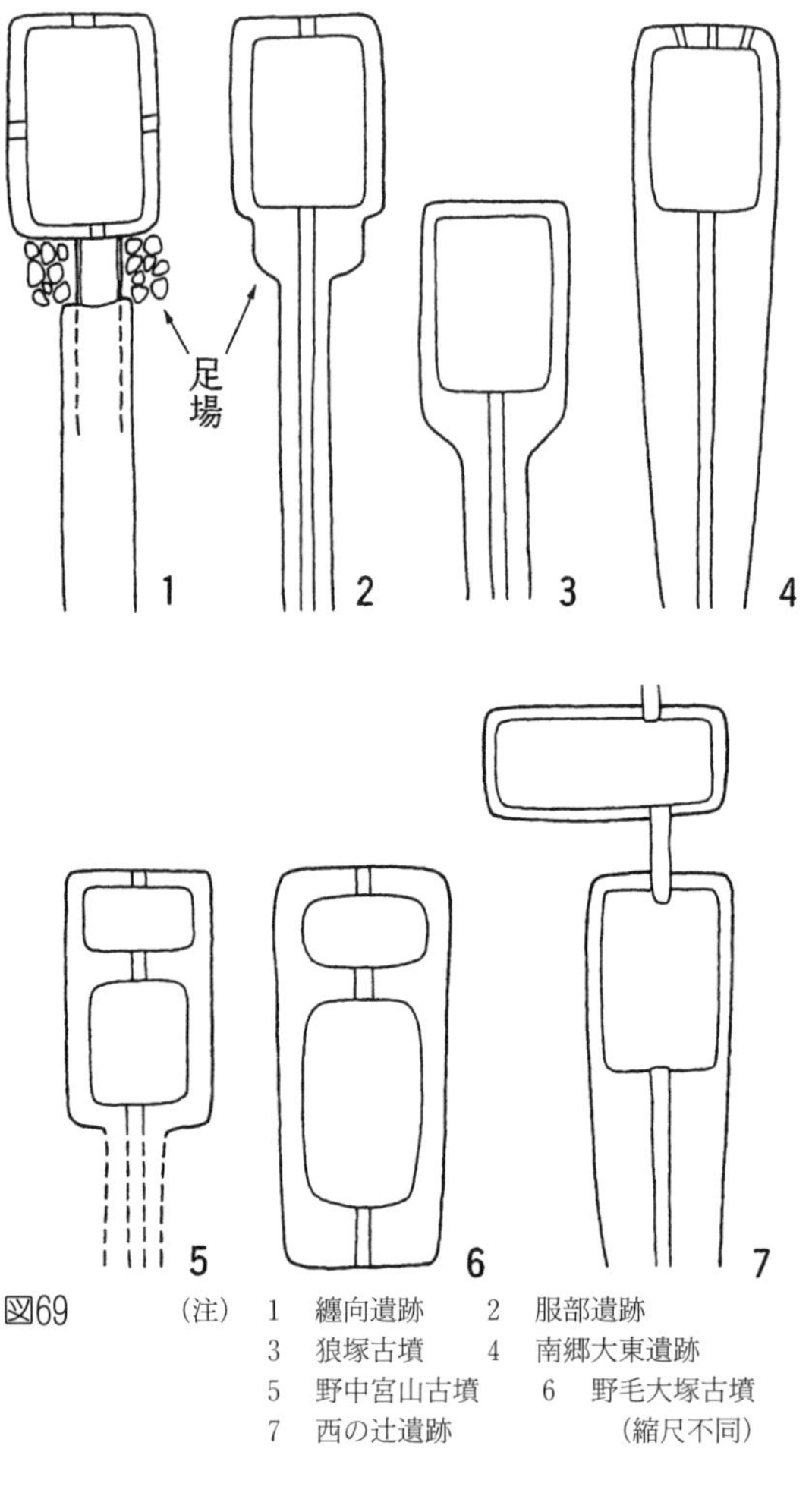

図69　木槽樋の変遷概念図
木槽樋の変遷は、槽と樋の接点付近に設けられた、跨るための足場がキーポイント。最古の1では実際に配石があり、2や3には足を置く突出部をつくる。しかし、時代が新しくなるほど不明確になる。しだいに跨ることをせず、形骸化していくのであろう。

だが、それが確認されていない纒向遺跡例も南郷大東遺跡例も、木槽樋と関連してウンチの堆積が確認された事実はやはり無視できないと思う。このようにして私は、木槽樋が水洗式便器の機能を持つものであると判断したしだいである。読者の皆様の判断はいかがであろうか？

しかし、これで問題が解決したわけではない。なぜそのような水洗式便器が、古墳時代につくられ用いられたのか。その謎を解くため、今度は遺跡に即して考えてみよう。

図70

図71

図70　宝塚一号墳出土の囲形埴輪（内部に木槽樋形土製品などを設置）

図71　狼塚古墳出土の木槽樋形土製品（佐藤右文撮影）

古墳の副葬品として埴輪や土製品に写された木槽樋のミニチュア。それを覆い囲う垣や建物の表現を伴う。谷筋に類似したつくりだしのくびれ部から出土することが多く、木槽樋が置かれた地形的な特徴まで再現されている。

木槽樋は出産に関わる施設

木槽樋の遺構が発見された遺跡の特徴を整理してみると、以下の諸点が抽出できる。すなわち、

① 山あいの谷筋や旧河川敷きなど集落から離れたところに立地。

② 上流の貯水池などに溜めた水を木樋などで木槽樋に導き、さらに下流へ流す。

③ 木槽樋は屋内に設置されており、その外側をさらに垣などで二重に遮蔽する例もある。

④ 各種の祭祀遺物が周辺から出土する。

⑤ 新旧二つ以上の木槽樋がセットで存在する場合がある。

などの諸点である。①は集落から離れた場所を、②は山からの水を引き込むことを、③は外界とは厳密に隔離されたことを、④は祭祀行為が行われたことを、⑤は場所を変えながらも繰り返し行われたことを、それぞれ物語ってくれる。この遺跡の特徴と水洗式トイレ＝カワヤ（厠）という木槽樋の特徴を加味すると、導き出される解答は限られてくる。すなわち、産屋（うぶや）（神婚儀礼の齊屋を含む）の遺構、というのがその解答である。

産屋と聞いて、それがなぜトイレと関係するのかと疑問を感じる方も多いかと

思う。しかし民俗学などの分野では、トイレは出産や育児などの面で密接な関連を持つことが知られている。また、『古事記』や『日本書紀』『風土記』などに記載された神話・説話などにも、婚姻や受胎・出産に関連してトイレが登場することも多い。一例を挙げよう。イワレビコノミコト（神武天皇）が日向にいたとき、神の御子と称する少女が妃候補に挙がったが、彼女の名の由来は三輪のオオモノヌシノミコトの娘であることによるという。すなわち、オオモノヌシノミコトが容姿の美しいセヤダタラヒメを気に入って、姫が大便するとき、丹塗り（にぬ）の矢と化してカワヤの溝を流れ下り、その姫の陰部を突き刺し、それを契機に結婚して産まれたのが先の少女だというのだ（『古事記』神武記）。

また、イヅシヲトメという美しい神がいたが、誰も妻にすることができなかった。そこでハルヤマカスミオトコという神が一計を案じ、自分の弓矢や衣服を藤の花に変えて、カワヤの中に飾っておき、カワヤに入ったヲトメがその花を奇妙に感じて自分の部屋に持ち帰ったのを契機に結婚に成功し、子供をつくるという（『古事記』応神記）。紙幅の関係もあってこれ以上の紹介は省くが、ほかにもこの種の神婚説話があり、婚姻のきっかけがトイレにあることがわかる。(71) まさにカワヤとは、神と人との接点であり、この世と異界とを結ぶ接点であるという考えが、古い時代には存在したのだ。

以上のように理解することが許されるなら、ウブヤの中に水洗式トイレ（木槽樋）が置かれていたこともそれほど奇妙なことではない。神の御子を産むための

(71) 平林章仁「箸墓伝攷」『龍谷史壇』第一一二号、一九九九年

施設としてカワヤが意識され、結果的にそれがウブヤになる。川を流れ下って訪ねくる神と、それを迎えるために忌み籠もる女――そんなウブヤ・カワヤの情景を、南郷大東遺跡などの木槽樋にダブらせて想像することは許されないであろうか……。

一方、木槽樋を写した埴輪や土製品などが、広く九州から関東までの古墳から出土しているので、五世紀の段階ではこの木槽樋形埴輪の持つ意味が理解され、広く全国に浸透していたことがうかがえる。その示すところが、私が復元するようにウブヤ・カワヤであれば、古墳に葬られた貴人の出自を物語るのか、あるいは貴人を産み落とした婦人の功績を物語るのか、今後への課題としたい。

いずれにしても、木槽樋の遺構は非常に特殊な遺構であり、きわめて限られたほんの一握りの女性（おそらく首長層に連なる女性たち）が、木槽樋を伴う産屋に籠もって受胎し、出産したものと思われる。そんな風習も、五世紀を境にしだいに形骸化し始め、六世紀には姿を消してしまうようだ。

以上、木槽樋こそ産屋の中心的な施設であると論じたが、その本質は水洗式のトイレ、すなわち水洗便器であることに変わりはない。これまでの検討を通じて、三世紀末頃から五世紀末頃までの約二〇〇年間、それは間違いなく存在した。おそらく現時点ではっきりとわかるわが国最古の水洗便器である[72]。しかし、残念ながら六世紀以降、その系譜がどのようにたどれるのか、今のところ明らかではない。奈良県桜井市の上之宮遺跡で発見された六世紀後半頃の園池遺構（SX〇

(72) 黒崎直「古墳時代のカワヤとウブヤ」『考古学研究』第四五巻四号、一九九九年

一）が、あるいはその系譜を引く可能性を残しているものの、木槽樋は遺存しておらず確定的なことはわからない。たとえそうであっても、一〇〇年ほど長く系譜がたどれるにすぎず、それ以降はまったく姿を消してしまう。七世紀末の藤原京では、道路側溝の水を宅地内に引き込み排水する水洗式トイレ遺構が発掘されているが、言うまでもなくこの木槽樋の遺構とはまったく別系統で異質のトイレである。

2　トイレ遺構の諸問題

トイレ変遷の諸段階

これまでの検討をとおして、各時代におけるトイレ遺構の特徴などが明らかにできた。このトイレ考古学の成果にもとづいて、日本におけるトイレの変遷を概観したのが表7である。ほとんどトイレの痕跡をとどめない第Ⅰ段階、都城を中心に土坑式や水洗式のトイレが確認できる第Ⅱ段階、人のウンチの肥料への利用開始に伴って土坑式トイレに便槽が出現し、逆に籌木(ちゅうぎ)の出土が減少する第Ⅲ段階、そして戸別トイレが発達し、大小便槽が分離し始める第Ⅳ段階に大別区分してみた。ただし移動式トイレについては、不明な点がありすぎて今後に多くの課題を残している。トイレ遺構の変遷を理解するうえで、あくまでも概略として、参考にしていただければ幸いである

なおこれまで、調査・研究の過程で多くの課題や疑問が提示されてきた。できるだけそれに答えてきたつもりであるが、なお検討が不十分で、研究成果として成熟しきれなかった事柄も多い。ここではそれらの中からいくつかを選び出し、ト

表7　日本のトイレ変遷の諸段階

【第Ⅰ段階】(　～7世紀後半)	
旧石器時代	大自然の中のトイレ ・キャンプ地周辺の自然の中
縄文～弥生	集落周辺の空き地トイレ ・空き地や雑木林，貝塚，環濠など
古墳時代	排泄物処理システムの黎明 ・集落周辺の空き地が主体 ・ごく一部に「移動式」「水洗式」トイレ出現か
【第Ⅱ段階】(7世紀後半～12世紀後半)	
飛鳥時代	排泄物処理システムの出現 ・人口集中地区（都市）では，移動式・水洗式・土坑式トイレ ・その他では，集落周辺の空き地
奈良時代	排泄物処理システムの確立 ・人口集中地区（都市）では， 上級階層＝移動式トイレ→道路側溝などへの投棄 中・下級階層＝水洗式・土坑式・たれ流し式トイレ ・その他では，集落周辺の空き地（一部に土坑式トイレ）
平安時代	排泄物処理システムの展開 ・人口集中地区（都市）では， 上級階層＝移動式トイレ→道路側溝などへの投棄 中級階層＝移動式・水洗式・土坑式トイレ 下級階層＝土坑式・たれ流し式トイレ ・農・漁村など＝集落周辺の空き地（一部に土坑式トイレ）

(次ページへつづく)

(表7つづき)

【第III段階】(12世紀後半～16世紀後半)	
鎌倉時代	人糞肥料利用システムの開始(土坑式トイレにおける便槽の出現) ・人口集中地区(都市)では, 上級階層＝移動式トイレ→道路側溝などへの投棄 中級階層＝水洗式・土坑式(籌木未投棄)トイレ 下級階層＝土坑式(籌木未投棄)・たれ流し式トイレ ・農・漁村など＝土坑式・たれ流し式トイレなど
室町時代	共同トイレの成立・便槽素材多様化の端緒 ・人口集中地区(都市)では, 上級階層＝移動式・土坑式トイレ 中級階層＝道路脇や裏地に設けられた共同(土坑式)トイレ 下級階層＝土坑式・たれ流し式トイレ ・農・漁村など＝土坑式・たれ流し式トイレなど
【第IV段階】(16世紀後半～18世紀)	
戦国時代	戸別トイレの登場・便槽素材の多様化・大小便槽分離の端緒 ・都市・城下町では, 上級階層＝移動式・土坑式トイレ(「鑑賞するトイレ」登場) 中級階層＝町屋などに併設された戸別トイレ(土坑式・籌木不使用) 下級階層＝道路や空き地に設けられた共同(土坑式)トイレ ・農・漁村など＝土坑式・たれ流し式トイレなど
江戸時代	戸別トイレの普及・大小便槽の分離 ・都市・城下町では, 上級階層＝移動式・土坑式トイレ 中級階層＝戸別(土坑式)トイレ 下級階層＝共同(土坑式)トイレ ・農・漁村など＝土坑式トイレなど

ピック風に紹介しておきたい。多くは資料不足などが原因で追究が頓挫しているテーマであるが、発展の見込みがまったくない単なる思いつきも含まれているかも知れない。そのへんのことは、あらかじめ了解のうえで、読み進めていただければ幸いである。

韓国のトイレ遺構

二〇〇四年三月、韓国の国立扶余文化財研究所は、全北益山市にある王宮里遺跡において、韓国ではじめてトイレ遺構を発見したと発表した。

この王宮里遺跡は、石積の城壁で囲まれた東西約二四〇メートル、南北約四九〇メートルの広がりを持つ四沘（しひ）百済（くだら）時代（七・八世紀）で、内部からは宮城関連施設とともに、五層の石塔や金堂・講堂跡などの寺院関連施設も確認されている。トイレ遺構は遺跡の北西部で発掘され、長楕円形の土坑が東西に三基が並んでいた。このうち西側にある一号トイレ遺構が最も大きく、長一〇・八メートル、幅一・七メートル、深さ三・四メートルの規模を持つ。土坑の長辺両側には各六本の木柱が立っており、この土坑を覆う上屋（うわや）があり五つの部屋に区画されていた可能性を示している。深い土坑の内部には有機質土が堆積しており、そこから穀物などの種実や長さ二〇～三〇センチほどの木ぎれ（籌木）などが発見された。また、高麗大学の協力を得て寄生虫卵を分析したところ、回虫や鞭虫（べんちゅう）・肝吸虫など日本でもおなじみの寄生虫卵が抽出できたという。こうして七世紀後半（百済時代）のトイレ遺構の存在が明らかになった。ほかの二基のトイレ遺構はやや平面規模が小さく、中央の二号遺構は上屋が三間、東の三号遺構は上屋が二間に復元できる。

三基のトイレ遺構の西端からは、それぞれ幅一メートル、深さ一メートルほどの石組み溝が延びており、宮内を東西に走る通路の南側溝に連接している状況がうかがえる（図72）。これによって水洗式トイレの可能性も推測させるが、各土坑に水を流し込む溝などの施設は見つかっていない。また石組溝も、三メートル以上ある土坑深度の上三分の一程度しか水を排出することができないので、基本的には土坑式トイレ

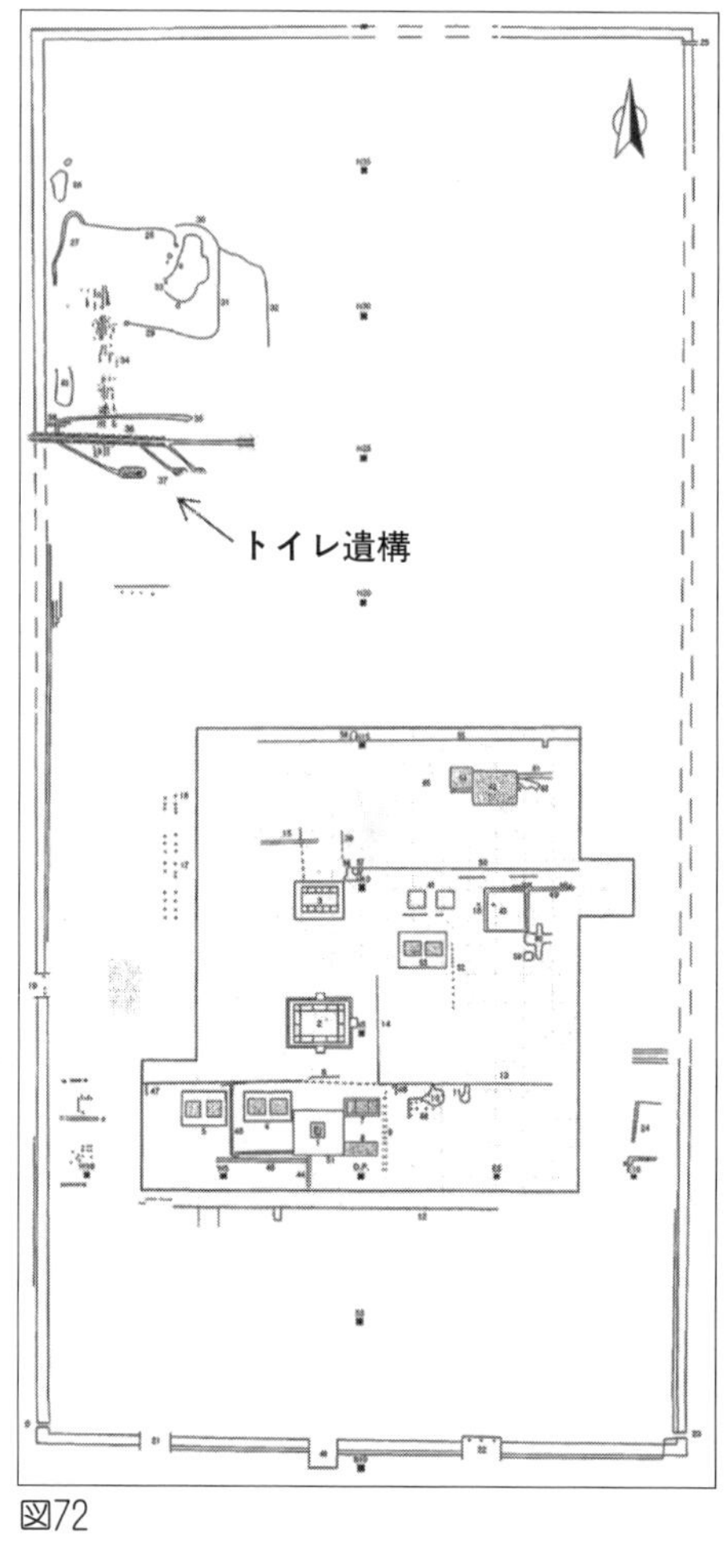

図72

図72　韓国王宮里遺跡とトイレ遺構
王宮里遺跡（韓国全北益山市）は、百済時代（七・八世紀）の王宮跡。南北約五〇〇メートルの敷地を持ち、その北西部から三基の土坑式（?）トイレ遺構が発掘された。

であり、地下水や雨水などのオーバーフローに対応する余水吐けの機能を担っていたのかも知れない。トイレの構造についてはなお、検討が必要だろう。

いずれにせよ、全北益山市の王宮里遺跡で発掘された三基の土坑は、寄生虫卵や籌木などの存在から、トイレ遺構であることは疑いない。韓国国立文化財研究所の関係者は、百済時代（七世紀後半）の大型共同トイレの遺構と評価している。それに従えば、時期的には日本の藤原京例よりも若干先行し、その構造にも関連するところが見られる。ただし、複数の個室を備えた上屋を持つ点は、鴻臚館跡と秋田城跡のトイレ遺構を足して二で割ったような構造である。韓国における系譜やわが国との関連において、今後検討すべき課題は多いようだ。

平城宮大嘗宮の厠跡

先に少し触れたことであるが、平城宮の中枢部の一つである東区朝堂院（ちょうどういん）のど真ん中から、厠の跡が発掘されている。これは天皇の即位儀礼に伴って臨時的に造営される大嘗宮（だいじょうきゅう）に伴う施設で、非常に特殊なトイレである。おまけにその構造もよくわからないので、はたしてトイレ遺構の範疇に含めてよいものか、その評価がなんとも悩ましい。ともあれその遺構の様子を紹介しておこう。

大極殿（だいごくでん）・朝堂院は、宮の中心、律令国家における国政のシンボルでもある。その朝堂院の朝廷から、特別な儀式に使用したと思われる臨時の仮設建物群が発掘されたのは一九八五年（昭和六〇）のことだった。早速に遺構の検討が行われ、その配置状況などから大嘗祭に際して臨時的に造営される大嘗宮の遺構であると判断された(73)。

大嘗祭とは、平成天皇即位の際にも挙行されたように、新しく天皇になるための即位儀礼の一つとして、即位の年もしくはその翌年の十一月下旬頃に挙行される。その儀式を行うところが大嘗宮であり、そこでは新米を祖霊などに捧げてともに食するなどの儀礼が行われたようだ。儀礼内容そのものは、毎年秋に行われる新嘗祭と共通するところが多いが、悠紀・主基の両国を定めたり、特別に大嘗宮を造営したりするところは大いに異なっている。

では、大嘗宮にどのような建物が建てられたのか？ 古くから研究が進められてきており、平城宮で発掘された遺構の考察にも、平安時代の書物『儀式』をもとに建築史学者の関野克博士が復元された配置図が大いに役立ったという。こうして復元された平城宮大嘗宮A期の建物配置は、図73のとおりである。図にあるように、大嘗宮には東西対称形に配置された悠紀院と主基院の二院構成が特徴的であるが、発掘で確認されたのはこのうち東にある悠紀院のみである。調査された悠紀院は、南北四六・五メートル、東西約三一メートルの範囲で、問題の御厠はその東南隅に存在する。一間四方の掘立柱建物で、柱間寸法が二・五メートルほどだから、内部は畳四枚分ぐらいの広さである。その内部の様子を、「中央やや東寄りに、長さ六〇センチ、幅二五センチ、深さ二〇センチの掘形を検出したが、御厠に関連する遺構であるか

(73) 奈良国立文化財研究所「推定第二次朝堂院朝庭地区の調査」『昭和六〇年度・平城宮跡発掘調査概報』一九八六年

は不明」と調査概報は紹介する。この建物遺構が御厠として建てられ使用されたことは間違いないようだが、はたしてそこに便器が置かれ、実際にそれが使われたかどうかは判定のしようがない。調査年次が古く、当然ながら寄生虫卵分析も行われていない。調査関係者に聞いても、有機質土の堆積はなかったとのことな

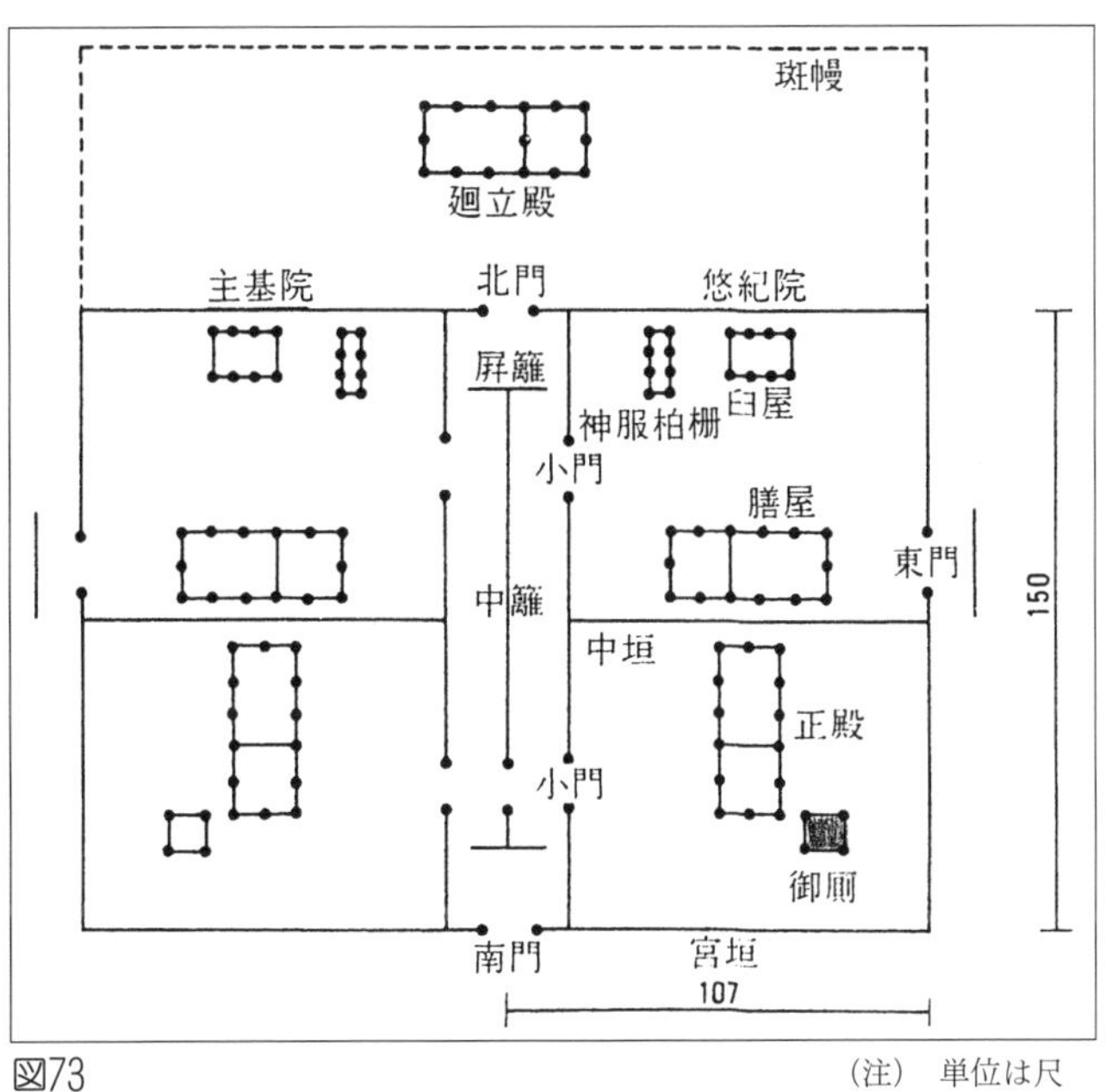

図73　　　　（注）単位は尺

図73　平城宮大嘗宮A期建物の配置図（『儀式』より復元）
平城宮跡の東区朝堂院の下層から、大嘗祭に関連する建物群が発掘された。古文書などを参考に復元すれば、東南隅の一棟が御厠に相当。しかし、トイレの存在を示す遺構は確認されなかつた。

ので、たとえ分析していても虫卵は検出できなかった可能性が高い。

ともあれ、八世紀の大嘗宮に御厠が設けられており、それが平城宮の発掘調査で確認されたことは紛れもない事実である。しかしそれが、実際に使用されるトイレなのか、単なる儀式用の仮器なのかはわからない。なおしばらくは謎のままである。

寄生虫の生活史

古代人の食卓の上に並んだご馳走を復元しようとすると、これまでは、記録類や木簡など文献史料によるところが大きかった。考古学からは、溝や井戸・土坑などから発見される植物種子や動物の骨などを手がかりに、ごく少量の情報を提供していたにすぎない。それがトイレ遺構の発見によって、大いに状況が変化しだした。トイレの堆積土中には、人間の食生活に関わる情報が満載されているからである。魚骨や植物の種子・花粉、それに寄生虫卵など、前述したように実に豊富な内容を持つそれらの情報を通じて、より具体的な食卓の復元が可能になり始めた。とくに寄生虫卵の抽出は、その生活史から食品名とその調理法までもが推測できるのだ。回虫・鞭虫（べんちゅう）卵や肝吸虫・吉川吸虫卵は、各地のトイレ遺構からまんべんなく発見されている。それも一立方cm（チセン）あたり五〇〇〇個を超す多さである。その蔓延の様子から、回虫卵からは生野菜が、肝吸虫・横川吸虫卵からはコイのあらいなどが並んだ古代人たちの食卓の光景が目に浮かぶようだ。

生食好きの日本人

日本の古代人たちが野菜を生で好んで食べていたことに、とくに驚くことはない。『魏志倭人伝』にも「倭の地は温暖にして、冬夏生菜を食い、皆徒跣なり」とあって、三世紀頃の日本人が、一年中、「生菜」、つまり生の野菜を食べていたことがわかる。中国人が日本人の野菜の生食をとくに記録していることからすると、当時の中国人は、生野菜を食べる習慣を持たなかったのであろう。そういえば、今の中国の人たちもあまり生野菜は食さないと聞く。魚を生で食べることもまた、現在の日本人は好むから、おそらく古代人もそうであったに違いない。肝吸虫や肺吸虫などの寄生虫が蔓延しているから、コイやアユなどの川魚やサワガニなどのカニ類を生か十分に火をとおさない調理法で口にしたのであろう。

南米ペルーの人気料理の一つにセビチェというのがある。生魚に海草や生野菜や唐辛子などを混ぜ、レモンの汁で味付けした海鮮サラダ風の食べ物。しかし、美味(おい)しいからといって、街角の屋台や場末のレストランでこれを注文するには勇気がいる。バケツに溜おかれた不衛生な水で、繰り返し野菜や食器などを水洗いしているかも知れないからだ。浄水で洗わない生野菜ほど恐ろしいものはない。ほぼ九〇パーセントの確率で、肝炎や寄生虫病に感染する。でも美味しいものは美味しい。古代の日本人もまた寄生虫病の恐怖にも負けず、生ものの持つ新鮮さと舌触りを好んで、あえて危険を冒したようだ。

食物残渣

トイレ遺構内の中には、古代の日本人が口にした食べ物を、もっと直接的に知る手がかりが埋もれている。寄生虫卵の抽出作業に伴って、顕微鏡の視野の中にあらわれた食物残渣がそれだ。植物の繊維や動物の筋細胞など、消化しきれずに排泄された食物の滓（かす）が食物残渣と呼ばれるものだが、その残渣がもともと何であったのかさえわかれば、当時の人々の食べ物そのものが、ずばり復元できることになる。寄生虫卵の検鏡に障害となるこの食物残渣は、検査マニュアルなどにもいくつかの種類が紹介されており、検査技師にとっても比較的見慣れたものであるらしい。ただし、それらがどのような食べものの滓であるのかについて触れたものは少ないようだ。

高知医科大学寄生虫教室の鈴木了司さんの教示によると、すでに食物残渣の先駆的な研究がなされており、その成果は乃能謙一さんの著書『糞便学』（一九一八年）や宮内義之介さんの著書『消化残渣図鑑』（一九六三年）にまとめられているという。さっそくその本を借り受けた金原さんは、食物残渣の同定作業にも手を拡げてみるが、そう簡単にことは進まない。白黒の写真だけでは判断がつけにくく、やはり同定のためのサンプルを整備しなければ使えないとわかったからである。でも、食物残渣はその名のとおり、間違いなく人が口にし、人体の消化器をとおって排泄された食物の残り滓である。その同定結果が、古代人の食生活の復元に多大な情報を提供することは疑う余地のないところである。その方面での研究が一日も早く進展し、より豊かな情報が得られる日が来ることを待ちたい。

ベニバナは駆虫剤か？

寄生虫の蔓延——それは、トイレ考古学が明らかにした紛れもない古代人の宿痾（しゅくあ）である。病には医薬、これは古代人も現代人も変わらぬ発想である。そのような観点から、ベニバナに注目してみよう。

トイレ堆積土の花粉分析から、とくにベニバナの花粉が注目されることは前に述べた。ベニバナの花粉は虫媒花で、一般には検出されることが少ない花粉だが、屎尿が流れ込んでいた平城京長屋王邸宅跡近くの溝からは、五パーセント前後の高い比率で検出された。あまりにも不自然な高比率に、分析当時は染色に使用したベニバナの廃液に起因するものとの意見も出されたが、寄生虫との関連からすると駆虫剤としてベニバナが服用された可能性もあると金原正明さんは考えた。平安時代の医学書である『大同類聚方（だいどうるいじゅほう）』によれば、駆虫剤としてベニバナの花などを煎じて服用する方法が記載されているからである。しかしベニバナは、現在の漢方薬の処方からすると、婦人病への効用は知られているものの駆虫剤として用いる例はなく、そのうえ『大同類聚方』そのものが偽書であるとの説もあり、否定的な側面も残る。ただし、トイレ堆積土の分析に伴って、ベニバナの花粉が特徴的に見出されることから、金原さんは駆虫剤の可能性に自信を持っており、さらにはベニバナ花粉の出現が、トイレ遺構の判定にも重要な役割を果たすものと考えている。

漢方薬の処方

ベニバナの花粉以外にも、アブラナ科の花粉やアカザ－ヒユ科の花粉が、トイレ遺構およびその関連遺構から特徴的に検出されている。アブラナ科の花粉は、おそらく菜の花などの花を摂食したことによるものと理解できるが、アカザ－ヒユ科（この二つの科を区別するのはたいへん労力がかかり、通常は二つまとめて報告されることが多い）の花粉の出現は、単に食用としたのではなく、腹痛や解熱などに対する漢方薬として処方された可能性も考慮する必要がある。

一九九三年（平成五）秋に調査された岩手県柳之御所跡（やなぎのごしょあと）のトイレ遺構からも、アカザ－ヒユ科やアブラナ科の花粉が発見された。この遺構の特徴は、周囲の自然環境からの流れ込みを想定しなくてもよいほどの好条件下で保存されており、堆積土中に含まれたものは、間違いなく人が口にし排泄したものと言える。こうして、奥州藤原氏がアカザ－ヒユ科を口にしていたことがうかがえる。一般的な漢方薬の知識からすると、アカザ（学名キノペディウム）は痛み止め、ヒユ（学名アマランサス）は、茎や葉を煎じれば解熱の効果があるという。

このような観点からすると、藤原京跡右京七条一坊のトイレ遺構から発見されたアカザ科－ヒユ科の花粉や種子なども、煎じ薬として摂取された可能性があり、また時代は下がるが、島根県松江城二の丸番所跡（江戸時代）のトイレ遺構(74)で金原さんが発見した食物残渣中の海草細胞断片は駆虫剤として、トウゴマの種子は下剤（ヒマシ油）として摂取されたのかも知れない。このように、トイレ遺構から発見された花粉や種子資料などの検討をとおして、漢方薬に関わる情報を引き出しうる可能性は大きい。今後、古代の医薬の分野でもトイレ考古学の発言力が増すことが期待できるのだ。

(74) 松江市教育委員会『史跡松江城発掘調査－二ノ丸番所跡－』一九九三年

トイレの配置と遮蔽施設

土坑式のトイレが発掘された藤原京跡や鴻臚館跡・長岡京跡とも、地表に掘られた便槽は、方位に沿って正しく掘られた方形ないしは長楕円形の遺構であった。鴻臚館跡では、三基のトイレが発見されたが、それらはともに正しく南北に並んでいた。方位に沿ってトイレを置く。これを偶然の一致と見なすより、当時、トイレ設置のマニュアルが存在し、それにもとづいて便槽が掘られたと考えたほうが理解しやすい。

一方、秋田城跡のトイレ以外、明確に遮蔽施設を伴った古代のトイレ跡は確認されていない。それ以外は、詳細な調査にも関わらず、一つの柱穴さえ確認できないという。古代人は、遮蔽物のないトイレで、平気で用が足せたのか。『餓鬼草紙』に見られる路傍のウンチ風景や、京都東福寺に残る東司（とうす）の開放的なトイレ構造からすれば、現代の我々とは異なって、あるいは平気だったのかも知れない。しかし、慎み深い日本人のこと、たとえ古代でも何らかの遮蔽物があったはずだと、藤原京跡の水洗トイレの復元図には、路側溝に並行する垣根を想像してみた。はたしていずれが正しいやら……。

そんな中、奈良県明日香村飛鳥池工房跡から、扉材を転用した井戸枠（長さ一・四メートル、幅約五〇センチ）が出土した(75)。取り上げて水洗いしてみると、裏面に女性の陰部などを描いた猥褻な落書きが見つかった。まさしく、現代の公衆トイレなどに見られる落書きと共通する画題である。そのため、いつの間にか調査員の中で、この扉材のことを「トイレの扉」と呼ぶようになった。描かれている場所も、復元するとしゃがんだ姿勢で筆をのばした高さに相当する。これが本当にトイレの扉であったなら、七世紀末から八世紀初頭頃の飛鳥に、扉を備えた個室トイレが存在した証拠品となる。が、問題はそう単純ではない。「戯画は落書きというより永続的な湧水の願いを込めたもの」とする金子裕之さんの考え方(76)も無視できな

(75) 奈良国立文化財研究所「飛鳥池の調査—第八四・八七次—」『奈良国立文化財研究所年報一九九八—II』一九九八年

(76) 金子裕之「令制下の水とまつり」『水の祭祀の考古学』学生社、二〇〇五年

いからだ。やはりここでも、結論は得られそうにない。

一方、トイレと周辺建物との位置関係も検討に値する。宅地内のどこにトイレが置かれたのか、周囲に立つ建物との関連などの問題を通じて、古代人の生活の中で、トイレがどのように扱われていたのかを知る手がかりが得られるはずであ

平面図

断面図

図74

図75

図74 東福寺東司の平面図・断面図
一列に並んだ丸印が便槽。隣人との間に遮蔽物がないのが特徴的だ。

図75 飛鳥池工房跡出土の井戸枠実測図
井戸枠として出土したが、本来は扉板であったものを上下二枚に切断した転用材。女性の陰部を墨で描いた落書きがあり、トイレの扉であった可能性もある。

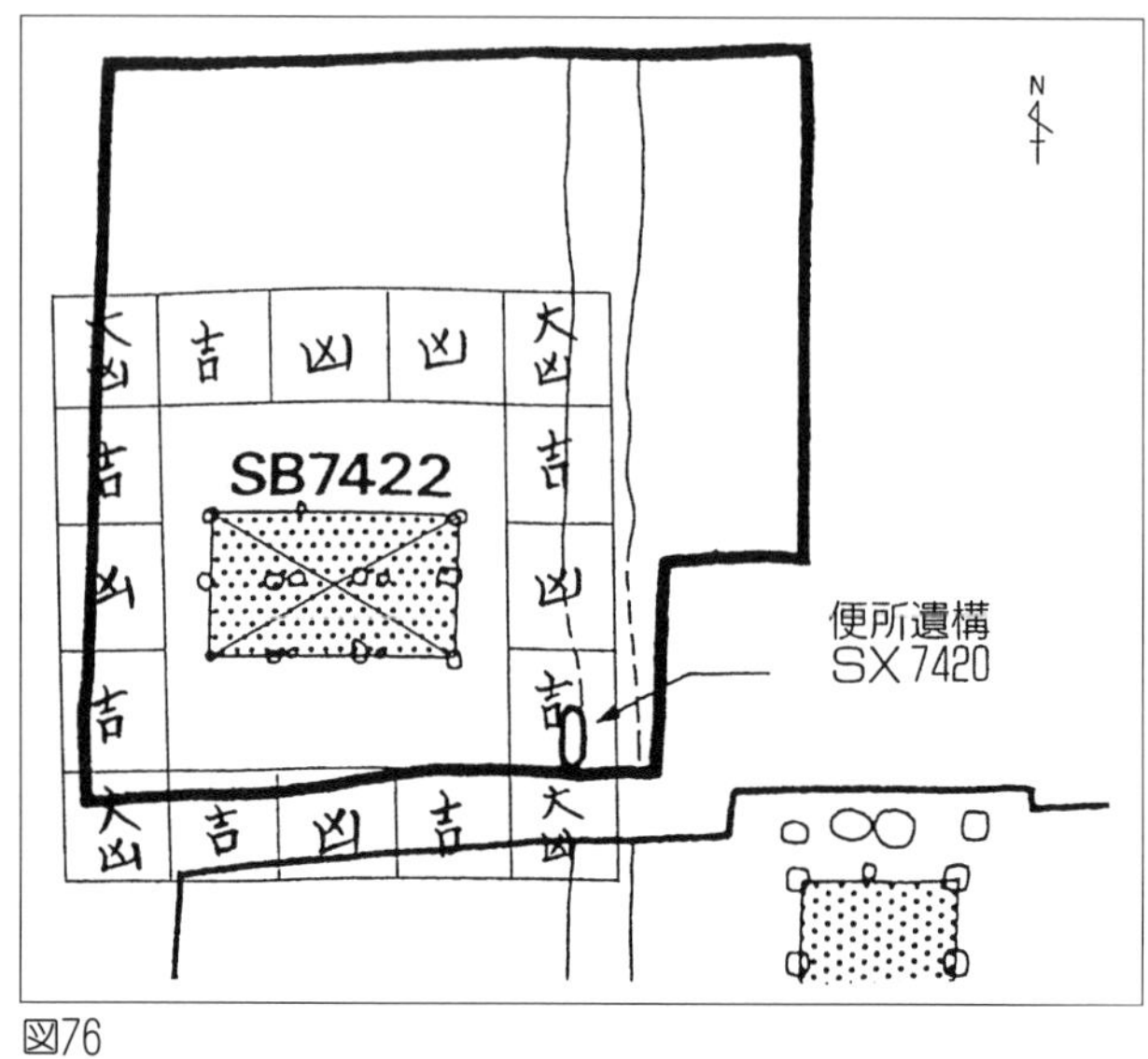

図76

図76 藤原京跡出土のトイレ遺構と周辺建物の位置関係（兼康保明作成）
藤原京跡で発掘されたトイレ遺構と建物との位置関係を、江戸時代の家相図に重ねたもの。偶然の一致か(?)トイレは「吉」の場所に正しく配置されている。

る。しかし現状では、トイレが、敷地の中心部からはずれた周辺部に置かれていたという一般的な見方しかできない。これに対し兼康保明さんは、家相という観点から藤原京跡のトイレの位置を分析している。(77) その当否は別にしても、古代の信仰をも絡めた興味深い一つの見方ではある。

(77) 兼康保明「藤原京のトイレ」『考古学推理帖』大巧社、一九九六年

人糞肥料の使用

ウンチは邪魔一方のものではない。その最も有効な利用法である肥料について考えてみよう。人のウンチの肥料への利用開始が、いつなのか？　いまだ十分に解明されていない大きな疑問である。現在のところ、大勢として平安時代末から鎌倉時代初頃をその本格的な開始期と捉えているが、まだ評価は定まっていない。水野和雄さんが指摘するように、越前国には奈良時代に設置された東大寺の荘園、糞置庄(くそおきのしょう)があり、その名から想像できるように、糞を肥料にしたはじまりが八世紀にまでさかのぼる可能性も皆無ではない。水野さんは、「糞を置くということは、人糞尿を撒くことであり、荘園での収穫を高めるために「施肥」を行ったということであろう。東大寺が全国に先駆けて食糧増産計画を実施した記念地が、この糞置庄ではなかったか」と主張する[(78)]。ただしそのためには、水野さんも指摘するように、糞という漢字が人間の排泄物のみを指すと限定できなければならない。楠本正康さんによれば、『延喜式』巻三九、内膳司の中に「平城京の北園では、生食用のウリ類を栽培する前に、犂耕に二人が二回、畦や溝掘りに三人、糞七五擔、糞運びに一二人半、踏位に一人の労働力を用いる」という記載があり、ここでの糞は人のウンチのことであり、牛馬のものであれば廐肥(きゅうひ)と記すべきであろうと力説する[(79)]。その解釈が正しいとすれば、少なくともこの記事の年

(78)　水野和雄「戦国時代のトイレ遺構―越前一乗谷朝倉氏遺跡を中心に―」『泡沫考古』七号、越前文化財研究会、一九九八年

(79)　楠本正康『こやしと便所の生活史』ドメス出版、一九八一年

代、九二七年（延長五）には人のウンチが肥料に用いられていたことになる。

だが、問題はそう簡単に解決しない。農業技術史に詳しい古島敏雄さんは、この糞の出所が馬寮（めりょう）（宮内に置かれた厩）であるところから、それは「馬糞・牛糞の類」であろうと主張する。[80] そうだとすれば、糞は、牛馬の排泄物である。いずれが正しいのか、にわかには決めがたい。ここでも、さらなる検討が求められるのである。

(80) 古島敏雄『日本農業技術史』〈『古島敏雄著作集』第六巻〉、一九七五年

寄生虫卵と籌木

トイレ考古学の立場から人糞肥料の問題に発言するとなると、一つは寄生虫卵からのアプローチであり、もう一つが籌木からのアプローチである。寄生虫卵については、回虫・鞭虫という寄生虫病の蔓延から、野菜に施された人のウンチの肥料への利用を推定することも可能である。藤原京における回虫病の蔓延は、この時代すでに大々的に人糞肥料が野菜作りに使われていたことを物語っているのではないかと、考えることもできる。しかし、非衛生な飲み水や食器からも寄生虫病は蔓延するという。そう簡単には、結論つけられないようだ。では、籌木や如何。古代のトイレには多量の籌木がつきものであるが、これは人のウンチを肥料に使用する際、邪魔となろう。東北地方の一部などでは、昭和初期頃まで籌木が使われていたと民俗調査の報告があるが、そこでは使用済みの籌木は便槽に

落とさず箱に入れ、のちほどまとめて田や畑で焼いて肥料としている。鎌倉時代の高僧、道元の著した『正法眼蔵』にも、「使用後の籌木（触籌）は、使用前の籌木（浄籌）と混ざらないよう区別して箱に入れよ」とあり、ここでも籌木は便槽に捨てていない。ところが、岩手県柳之御所跡や秋田県矢立廃寺跡などで発掘された平安時代末のトイレ遺構からは、藤原京跡のトイレ遺構などと同様、大量の籌木が発見されている。この両者の対比から考えると、籌木を便槽に落とし込まなくなる鎌倉時代以降、人のウンチを肥料として利用する事が本格的に始まったのではないか。トイレ考古学の立場からは、そう考えるのが、今のところ最も妥当なようだ。ただし、土坑式トイレなどを利用して作った人糞肥料が、宅地内の菜園などで試行錯誤的に使用されていたという想定まで、完全に否定するつもりもない。今少し、発掘調査の進展を見とどけたいと思う。

上水道か、下水道か?

古代の宮殿跡や寺跡など、とくに奈良県飛鳥地域で発掘調査すると石組の溝や暗渠、木製の樋などを発見することがある。雨水を集める雨落ち溝や道路側溝など機能が明らかな溝も多いのだが、同一場所に幾筋もの溝や暗渠がつくられていた明日香村飛鳥寺南方遺跡のような例では、その解釈に困ることがある。このような溝の場合、たいした根拠もないまま、上水だ、下水だ、と人さまざまに

図77

図77 飛鳥寺南方遺跡出土の石組溝・同出土の暗渠
七世紀の宮都・飛鳥からは多くの石組溝が発掘されている。そのいくつかを選んで堆積土を分析してみたが、寄生虫卵の汚染は意外と見あたらない。

解釈が出されてきた。先に紹介した纏向遺跡（まきむくいせき）の木樋なども、調査当時、誰もが上水道の施設と信じて疑わなかった。しかし、のちほど寄生虫卵が発見され、下水道の可能性がにわかにクローズアップされた。

飛鳥寺南方遺跡では、さっそく石組溝などの堆積土を分析してみた。すると寄生虫卵は、まったく見つからない。石組溝や木樋内へのウンチの流れ込みはないということがはっきりした。だからといって上水とは言い切れない。なぜなら、石組暗渠内からベニバナの花粉が大量に検出されたからである。ベニバナは、周知のように古代から染料として利用されてきた。ベニバナの花粉が大量に見つかったということは、上流側に七世紀中頃の染色工場があり、その工場が排出した廃液を流し去る一種の下水道の可能性が濃厚になってきたわけである。工場の位置やこの暗渠の末端がどこか、そこに汚水処理の施設があるのかなどなど、興味はつきないものの、今のところは謎の方が多いようだ。

ところがその後、飛鳥寺南方遺跡の東側丘陵中から亀形をした石の水槽が発見された。発見後まもなく私は現場を訪れたが、一目見て亀の造形のすばらしさや周囲に展開する石敷面や石組溝など遺構の雄大さに驚かされた。永年にわたり飛鳥地域の発掘調査にたずさわってきたが、これほどの遺跡・遺構が人知れず飛鳥の地に埋まっていたことへの驚きも大きかった。「飛鳥は恐ろしいところだ！」、あらためてそう思ったことを今でもよく覚えている。

酒船石遺跡の亀形石造物と命名されたこの遺構は、丘陵から湧き出る水を亀形石造物の背中に導き溜める配水の施設で、一見すれば古墳時代の木槽樋に共通する点もある。しかし、谷間と言ってもオープンな空間に設置されており、そのうえ周囲には広い範囲に石敷があり、階段状のテラスもつくられている。大勢の人が見守る儀式がそこで行われたようだ。時代は、七世紀後半と考えられている。この亀形石造物からの水が流下する石組溝の中から、またまたベニバナの花粉が大量に検出されたのだ。先ほどの飛鳥寺南方遺跡の石組溝とは、三〇メートルほどしか離れていない。むろんのこと水系は別で、染色工場の廃液が底に流れ込んでいる可能性はない。だから分析にあった金原正明さんは、「殺菌・防腐効果のあるベニバナ液で、貴人がみそぎをしたのではないか」と考えた。私はむしろベニバナ溶液の色彩に注目し、オレンジ色の水で亀形の水槽を満たしたのではないと考えてみた。しかし、どちらも証拠があってのことではない。

なお、邪馬台国の候補地の一つである奈良県桜井市の纏向遺跡李田地区でも、三世紀前半に掘られた水路の堆積土からベニバナの花粉が検出されている。その由来が、染め物によるのか、何かの儀式によるのか？　ベニバナ花粉の存在は、トイレ遺構に限らず、遺跡を考えるうえに多くの情報を提供してくれるのだ。

エピローグ

トイレ考古学のめざすもの

古代の環境とトイレ遺構

トイレ遺構はまた、古代の環境問題に関する情報を提供してくれる。藤原京と平城京を例に挙げてみよう。藤原京の京域については、まだ検討の余地は残されているものの、現状では一〇里四方説が最も有力な復元案と見られる。[81] これに従えば、一里は約五三〇メートルだからその一〇倍の五・三キロ四方、すなわち約二八平方キロが藤原京の面積となる。藤原京の研究に大きな足跡を残した岸俊男さんの復元によると、藤原京には当時二、三万の人口があったという。[82] 一方、四、五万の人口を想定する鬼頭清明さんの意見もあって、[83] それらを勘案すると二五平方キロ余の藤原京の範囲に、おおよそ三万から四万の人が集住していたことになる。

また平城京では、外京や右京北辺坊などを加えて藤原京より少し小さい約二四平方キロで、人口は七万人程度と見なされている。[84] これらのデータから求められる古代都市の人口密度は、藤原京で一二〇〇人、平城京で二九〇〇人となる。この数値は、現在の首都、東京都二三区内の人口密度一万三〇〇〇余人（二〇〇〇年

(81) 小澤毅「古代都市「藤原京」の成立」『考古学研究』第四四巻三号、一九九七年

(82) 岸俊男「飛鳥と宮都—人口の試算—」『季刊明日香風』第七号、飛鳥保存財団、一九八三年

(83) 鬼頭清明「都の暮らし」『生活史Ⅰ』〈『体系日本史叢書』一五〉、山川出版社、一九九四年

(84) 田中琢『平城京』〈『古代日本を発掘する』三〉、岩波書店、一九八四年

〈平成一二〉調査、以下同じ）に比べるすべもないが、それでも金沢市（九七〇人）や長野市（八九〇人）などを超え、神戸市（二八〇〇人）や岡山市（一二〇〇人）の人口密度とほぼ同程度である。

ちなみに、藤原宮跡が所在する奈良県橿原市の現在の人口密度は、三七七〇人であり、これはほぼ平城京の推定値により近い（現在の奈良市は広域に合併しているので、数値の比較はふさわしくない）。また、同県明日香村について見れば、二〇〇五年（平成一七）三月現在の統計資料で面積約二四平方㌖、人口六六六二人だから、人口密度は約二八〇人となる。いかに古代都市、藤原京や平城京に人口が集中していたか、ある程度はイメージできるかと思う。

人間がどれほどの量のウンチを排泄するのか。時代差や個人差は大きいものの、前川要さんは成人一日の大便量を約〇・二㍑と試算している。[85] この数字を援用すれば、藤原京規模の人口では、毎日七〇〇〇㍑のウンチ（尿は含まない）が排泄されたことになる。現在、町で見かけるバキュームカー（二㌧車）約四台分に相当し、鴻臚館跡の大型トイレ土坑を二日で溢れさせる量である。連日、休むことなく排泄されるこれらのウンチをいかに処理したのか？　一歩誤れば、大きな環境汚染をもたらすことになる。

(85) 前川要「便所遺構からみた中世都市と社会構造」『歴史評論』通巻五九〇号、歴史科学協議会編、一九九九年

古代宮都の排水システム

藤原京の排泄物処理システムについては、先に見たように、碁盤目状に配置された道路側溝とそれが流れ込む自然河川とが重要な役目を担っていた。排泄された大量のウンチは側溝の流れにのって上流から下流へ、藤原京の地形では東南から西北方へと流れ、最後は飛鳥川や米川などの自然河川へと合流していったものと思われる。この道路側溝を利用して排泄物を処理しようとするシステムは、のちの平城京・長岡京・平安京にも基本的に引き継がれていった。ただし、一見合理的に見えるこの水洗システムも、大きな落とし穴をうちに秘めている。梅雨や季節の変わり目の多雨期ならば側溝や河川の流れも相当量が見込めるものの、少雨期にはその流下作用も滞ったに違いない。そのうえ水洗式トイレから流されるウンチ以外にも、土坑式トイレや室内で使われたおまるなどから集められたウンチも、相当量捨て込まれていく。またそれに加えて、生ゴミ類もあちこちから捨てられたであろう。雨の少ない盛夏の炎天下ならば……、ああ、その惨状たるや、想像するも厭わしくなる。

それを防ぐには、溝や河川のこまめな清掃が必要である。そのメンテナンスを怠ると町中に汚臭が溢れることになる。現在では清掃担当部局の担当だろうが、古代では囚人たちの仕事だった。『令集解』巻四、職員令・囚獄司には、「雨の翌朝、囚人たちを引率して、宮城および官庁街の汚れものと東西のトイレなどを掃除させせよ」とあり、また、『延喜式』巻二九、判事・囚獄司にも「凡そ、労働の刑に処せられたものは、引率して道路や橋の建設など種々雑多な作業にあたらせる。（中略）雨が降った翌日には、宮内の汚いもの、さらに厠の溝などを掃除させよ」とある。雨の降った翌朝、都のあちこちで溝の清掃作業が行われたのであろうか。だが、それにも限度があったようだ。人口集中をはじめて経験した藤原京では、その制度も十分に効果を発揮しなかった。『続日本紀』七〇六年（慶雲三）三月十四日の記載には、「京の内外に汚れた悪臭があるという。これらはまことに担当の役所が取り締まりを行わないからだ」とある。遷都後十数年にして、悪臭がいよいよ町中を覆いだしたのだ。季節はまだ春というのにこの騒ぎである。取り締まりの強化を命令してもどれほど実効があがったか。おそらくメンテナンス部門の破綻というよりは、基本となるべき水洗システム自体にもともと大きな破綻が存在したのだ。わが国の都市汚染公害第一号の発生である。

ただしこれをもって、一六年という短期間で藤原京を捨てた原因とする意見がまま見られるが、それは間違いである。なぜなら、公害を発生させた水洗システムが、何の反省もなく無批判に以後の都城である平城京や長岡京・平安京にも持ち込まれているからだ。藤原京の人口で一六年なら、一・五倍ほどの人口規模を持つ平城京なら一〇年も持たなかったはずだ。だが現実は七〇年間（途中に空白があるが）宮都でありえた。たしかに環境問題は重要な視点であるが、都市汚染をそのまま遷都の主原因に結び付けるのは短絡的である。

いずれにせよ、過剰な人口の集中が環境汚染の主原因であることに間違いはない、人口集中を生み出した宮都＝都市の造営は、宮殿や寺院・邸宅など広範にわたる敷地造成、直線的な条坊道路の施工など、自然環境に大きな負荷をかけている。そのうえ日常的に排出されるウンチやゴミなどの生活廃棄物が相乗効果をもたらす。まさにこれが、古代の都市の「汚れ」の実態である[86]。当然いくつかの改善策が講じられたであろうが、ことウンチの処理については、人糞肥料利用システムが稼働する十二世紀後半以降にならなければ、抜本的な改善策はない。

かの宣教師ルイス・フロイスが感嘆した、その自然に優しい合理的なシステムも、化学肥料と水洗トイレの普及によって、現代では失われてしまった。そこにまたウンチをめぐる新たな環境汚染問題が生じている。ウンチに関わるもろもろの課題は、決して過ぎ去った昔の環境問題ではなく、現在を生きる我々が直面している重要な課題である。

(86) 高橋昌明「よごれの京都・御霊会・武士―続・酒呑童子説話の成立―」『新しい歴史学のために』第一九九号、京都民科歴史部会、一九九〇年

トイレ考古学の現在と未来

一九九二年(平成四)一月に奈良県藤原京跡の発掘現場から土坑式のトイレ遺構が発掘され、その土壌分析をとおして多くの成果があった。籌木や種実・昆虫・魚骨など目に見えるものはもちろん、花粉や寄生虫卵など目に見えない微細な遺物の分析を通じて、ともすれば好事家による話題と思われてきた「トイレ考古学」に科学的な地平が切り開かれたのだ。とくに、寄生虫卵という確たる手がかりを得たのは大きかった。その後、全国のあちこちで「トイレ遺構」が発見

され、多くの人間「臭い」情報が積み上げられることになる……はずだった。しかし、期待したほどの展開は見られない、というのが正直なところである。

それは、トイレ遺構の発掘が、さほど目新しくなくなるにつけ、しだいに人々の興味が遠のいていった。……というよりも、発掘を担当する調査員たちのトイレ遺構を見つけようという熱意が、しだいに薄れていたことによるようだ。とくに、二十世紀から二十一世紀に移行する前後から、開発に伴う発掘調査の在り方に変化があり、予算と期日がより厳しく規制される中で、さらにいっそう遠のいていった。井上和人さんがいみじくも「一時盛行した」と表現したように、「トイレ考古学」は、再び好事家の世界に迷い込み始めているのかも知れない。一九九〇年代には発掘現場に立った調査員も加齢とともに現場をはずれ、自分でトイレ遺構を掘り出す機会がなくなる。冒頭にも書いたように、トイレ遺構はよほど典型的な遺構でない限り、遺構の方から「はい、トイレですよ！」と手を挙げてはくれない。調査員が目的・意識的に探さなければ姿を見出すことが不可能なのである。

発掘現場からの新たな資料が提供されなければ、研究がしだいに停滞するのは考古学の宿命である。むろんそれだけでなく、従前の資料を新たな視点から再検討することも学問を活性化するのだが、トイレ考古学にはさほど学術的成果の蓄積がない。それやこれやが原因で、やや停滞的な今のトイレ考古学の状況が生み出されたのであろう。

繰り返しになるが、トイレ考古学は大きな可能性を秘めた研究分野である。とくにトイレ遺構内に堆積した土壌が持つ情報量には、計り知れないものがある。古代の食生活に限らず、衛生・医薬・環境などなど、生活全般にわたる情報が詰まっている。言うまでもなくトイレ考古学は、一九九〇年代に至ってはじめて本格的に取り組みが開始された若い研究分野である。それゆえに、より学際的な裾野を広げることが可能であり、かつまた必要である。そうであってこそトイレ考古学の未来があると思う。若い人たちの新たな発想での取り組みと、それに対する多くの関連研究分野からの協力、援助を期待して、筆を擱(お)くこととする。

あとがき

本書は、トイレ考古学に関するこれまでの研究成果を解説した入門書である。「トイレ考古学」という言葉がいつ生まれたのか定かでないが、考古学の一研究分野として確立したのが一九九二年であることは間違いない。その契機となったのが奈良県藤原京跡の発掘調査であり、私はその現場の担当者だった。

奈良盆地が一番冷え込む一月末、寒さをこらえて現場に立つ私の目の前に、黒い土が詰まった長楕円形の土坑が顔をあらわした。堆積土の中には、木簡片を含む木ぎれやウリの種なども見える。私は直感的に「トイレ」だと思った。だが、直感だけで「トイレ」と決めつけられない。「科学的な根拠」を手に入れることが肝要だと思い、同僚たちに相談した。その結果、松井章さん（現・奈良文化財研究所埋蔵文化財センター長）や金原正明さん（現・奈良教育大学准教授）らの協力があり、堆積土の分析などを通じて大きな成果を上げることができた。遺構が「トイレ」だろうと私は確信していたが、そこから寄生虫卵が出てくるとは思いもよらなかった。まさしく分析にあたった松井さんや金原さんらの着想と努力によって、トイレ考古学は決定的な証拠を手に入れることができた。

私を含め考古学研究者の多くは、ともすれば「昔のトイレはどこだ？」「その姿や形は？」という疑問に答えるのが「トイレ考古学」だと考えていた。だがトレイ遺構の堆積土は、そんな卑近な興味をはるかにこえて、重要かつ貴重な情報を秘めていた。寄生虫卵一つを取ってみても、生活史を手がかりに当時の人々の食生活や生活環境を物語るではないか。「トイレ考古学の神髄ここにあり！」と、私は目から鱗が落ちる思いであった。

そこで、同僚であった文献史学の橋本義則さん（現・山口大学教授）や松井さん、金原さんらと相談して「トイレ遺構の総合的研究」と題する研究を計画し、科学研究費補助金を申請した。さいわい一九九五年度から三ヵ年間の採択を受け、研究を進めることができた。その成果は、報告書『トイレ遺構の総合的研究』（奈良国立文化財研究所、一九九八年）として刊行しているが、なにぶん発行部数が少なく、多くの人の目に触れる機会がなかったのが心残りであった。

それから約一〇年、やや遅きに失したきらいはあるが、当時の研究成果をもとに本書をまとめることができた。遅れた分、新しい資料や研究成果を加えるよう努力したが、結果は何とも心許ない。一つにはトイレ考古学の現状が沈滞気味であることの反映でもある。トイレ考古学の発展には新しい発掘資料の供給が不可欠であるが、それが現状では滞っているようだ。発掘現場に立つ若い人たちには、是非とも「トイレ」の三文字を頭の片隅に置きながら遺構検出にあたっていただきたい。

トイレ考古学は、生まれて間もない本当に若い学問分野である。その発展には考古学のみならず、文献史学・動物学・昆虫学・寄生虫学・植物学・医薬学など関連諸科学との共同研究が重要である。その融合的な研究によってはじめて、より人間「臭い」歴史が復元できると思う。今後のトイレ考古学の発展を念願して止まない。

本書をまとめるにあたっては、実に多くの人々の援助があった。とくに奈良文化財研究所の皆様には、有形無形にお世話になった。その他、紙幅との関係もありいちいちご尊名を挙げることができないが、訪れた各地の発掘現場などでも多くの人々のお世話になった。また、写真や図面の使用に関してもご配慮をいただいた。ここに深く感謝する次第である。

最後に、本書編集の労を執っていただいた吉川弘文館編集第一部の伊藤俊之氏にも深く感謝の意を表します。

二〇〇九年九月

黒　崎　直

解説

『水洗トイレは古代にもあった―トイレ考古学入門―』と題する本書を出版して十年が経過した。奈良県「藤原京跡」の発掘調査で検出した土坑式のトイレ遺構を対象に、堆積土の自然科学的な分析をおこない、寄生虫卵をはじめ昆虫や種実、魚骨などヒトの排泄物に伴う各種の残渣が発見された。トイレ遺構と判断しうる確たる考古学的証拠を手に入れた瞬間である。とくに寄生虫卵は特有の生活史を持っており、宿主などに関わる情報から、古代人の食生活の一端を知る手がかりともなった。

もちろん古代のトイレ遺構には、籌木（ちゅうぎ）（糞ベラ）やウリ種実など目に見える遺物も含まれるので、それらから遺構の性格を推測できるのだが、やはり寄生虫卵分析の結果が大きく関与することは間違いない。こうした自然科学的手法を用いながら、あわせて文献史学や民俗学、美術史学の成果なども援用して、全国的に古代・中世のトイレ遺構を調査し集成したのが本書である。あわせて古代では、水洗式のトイレが盛んに用いられたこともわかった。こうして従来あまり目が向けられなかった「トイレ考古学」に注目が集まり、人の生活を復元する歴史研究の一分野として展開することが期待された。しかし現実は、そう順調には進まなかった。なぜならトイレ考古学の第一次資料となるべき「トイレ遺構」の発見事例がさほど増加しないのだ。調査機会の減少や発掘面積の縮小がその原因ではあろうが、トイレ考古学への関心はむしろ低調になっていった。そして今も、その傾向は変わらないようである。

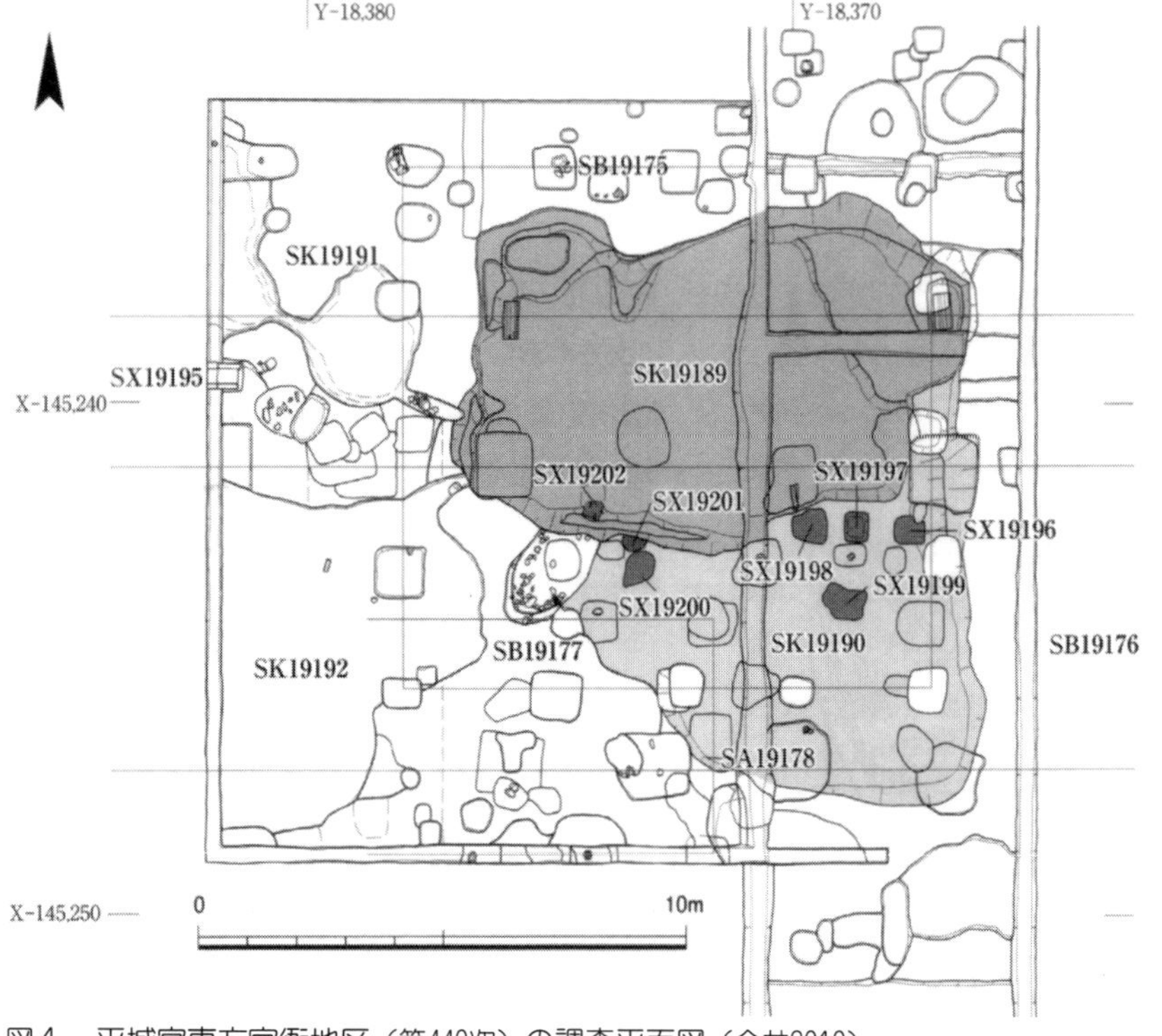

図1　平城宮東方官衙地区（第440次）の調査平面図（今井2010）

とはいうもののこの十年間、研究が全く進展しなかったわけではない。以下では都城跡におけるトイレ遺構の調査と、縄文・弥生時代の集落遺跡から発見される糞石（ウンチの化石）をめぐる研究を紹介し、トイレ考古学の現状をまとめておきたい。

平城宮跡におけるトイレ遺構の調査

二〇〇九〜二〇一〇年、奈良県「平城宮跡」東方官衙地区の発掘調査（第四四〇・四四六次）で、興味深いトイレ遺構が発見された（今井二〇一〇）。発掘地点は平城宮東区朝堂院の東側、朝堂院地区がのる尾根筋と、さらに東側の東院地区が立地する尾根筋とに挟まれた低地（谷筋）にあたる。そこでは建物の建設工事で生じた木屑などを廃棄する大形の土坑（東西一一メートル、南北七メートルほど）が二基（SK一九一八九・一九一九〇）掘り込まれており、それらを完掘した底面から七基の小形土坑（SK一九一九六〜一九二〇二）が検出された（図1）。これらには籌木やウリの種実などを含む黒褐色砂質土が詰まっており、トイレ遺構である可能性を考え、堆積土の自然科学的分析がおこなわれている。

トイレ遺構SX一九一九六は東西に長い隅丸方形の平面形で、東西六二センチ、南北五〇センチ、残存する深さは約二〇センチである。内部には粘質土の小塊がいくつか認められ、これらはおそらく糞便塊であろう。籌木は穴の縁辺に五つの単位で集中する傾向が認められ、総数九七点をかぞえる（図2）。すなわち各単位の本数は七本から一六本程度で、籌木の間からは数十粒を一単位とするウリの種実が数単位分出土した。

そこから約一・六メートル西南へ離れたトイレ遺構一九一九九は、不整形な平面形をもち、東西九六センチ、南北六〇センチ、現存する深さ二六センチで、七基の遺構中では最も大きい。内部からは五六点の籌木が出土したほか、やや幅のある木片や土師器の破片なども出土している。ここで興味を引くのが、西北隅に残されたU字形をなす黒色砂質土の固まり（長さ一七センチ、幅八センチほど）である（図3）。これが糞便そのものの可能性を考え、U字形部①とU字形内側②の土壌について分析をおこなったという。結果、寄生虫卵の密度が①で一・四×一〇の四乗（1.4×10^4）、②で六・六×一〇の三乗（6.6×10^3）と、U字形部①の密度が極めて高く、また組成も回虫卵と鞭虫卵が大方を占めるので、ヒトの一固体分の糞便と判断された。ちなみにこの塊は、発掘現場で凍結処理して下地の地山ごと取り上げられた。今後、保存処置し展観される機会があるかも知れない（あまり目にしたくはないが……）。

七基のトイレ遺構は、東西八メートル、南北二メートルほどの範囲に近接して分布することや、平面形が隅丸方形（径約六〇センチ）であること、復元の深さが約一メートルと深いことなど類似も多く、比較的短期間に設けられた可能性が高い。遺構の重複からすれば、宝亀年間（七七〇年代）に掘られた木屑処理用の大形土坑（ＳＫ一九一八九・一九一九〇）よりも先行することは明らかである。ただし、それ以上に時期を絞り込める遺物の出土はなく、近傍の掘立柱建物（ＳＢ一九一七五他）との関係からも時期の限定は難しい。おそらく奈良時代中頃以降のある時期、東区朝堂院や東院地区の改修工事に伴い、空閑地に臨時的に設けられたトイレか、あるい

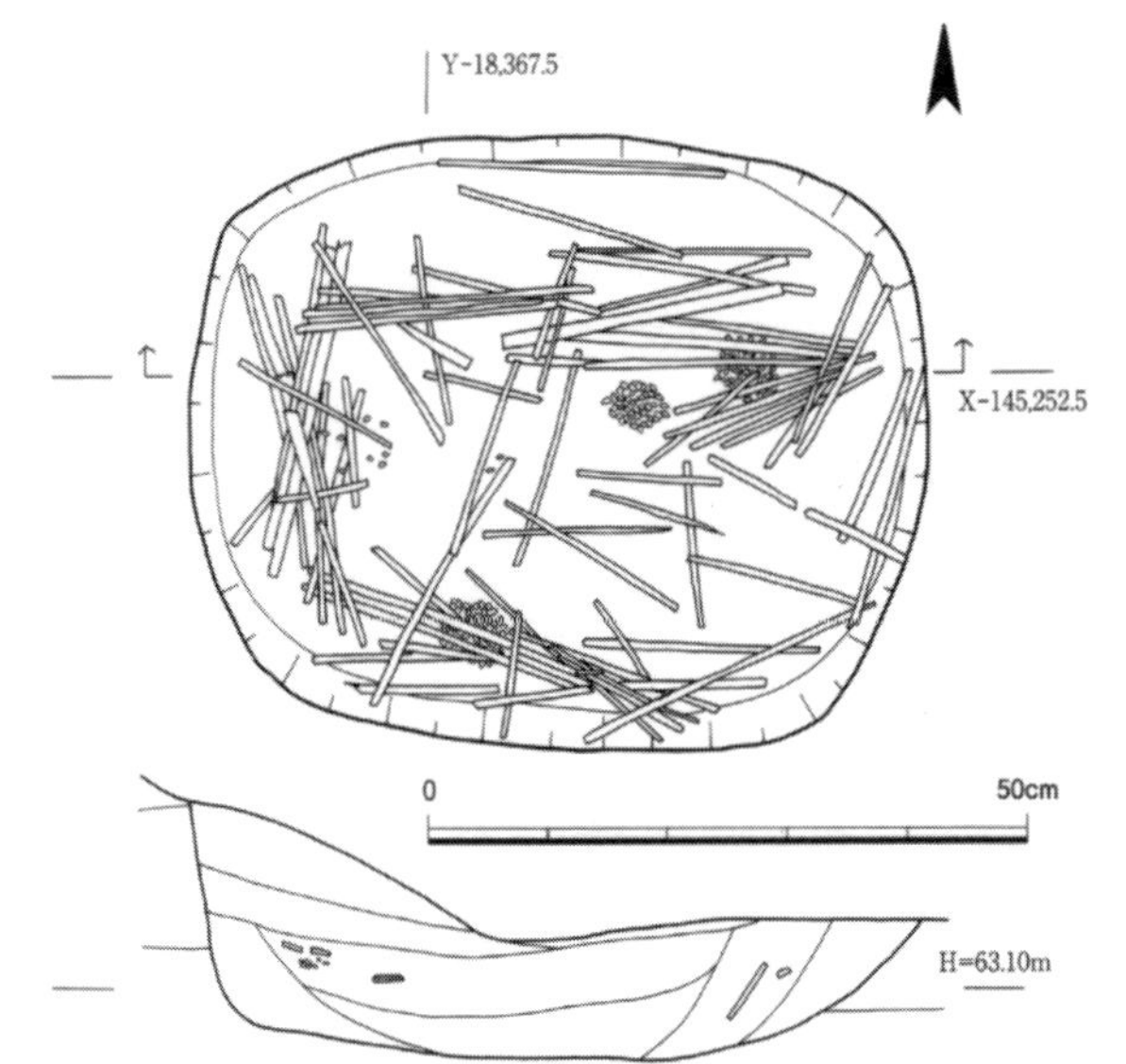

図２　平城宮東方官衙地区のトイレ遺構（SX19196）（今井2010）

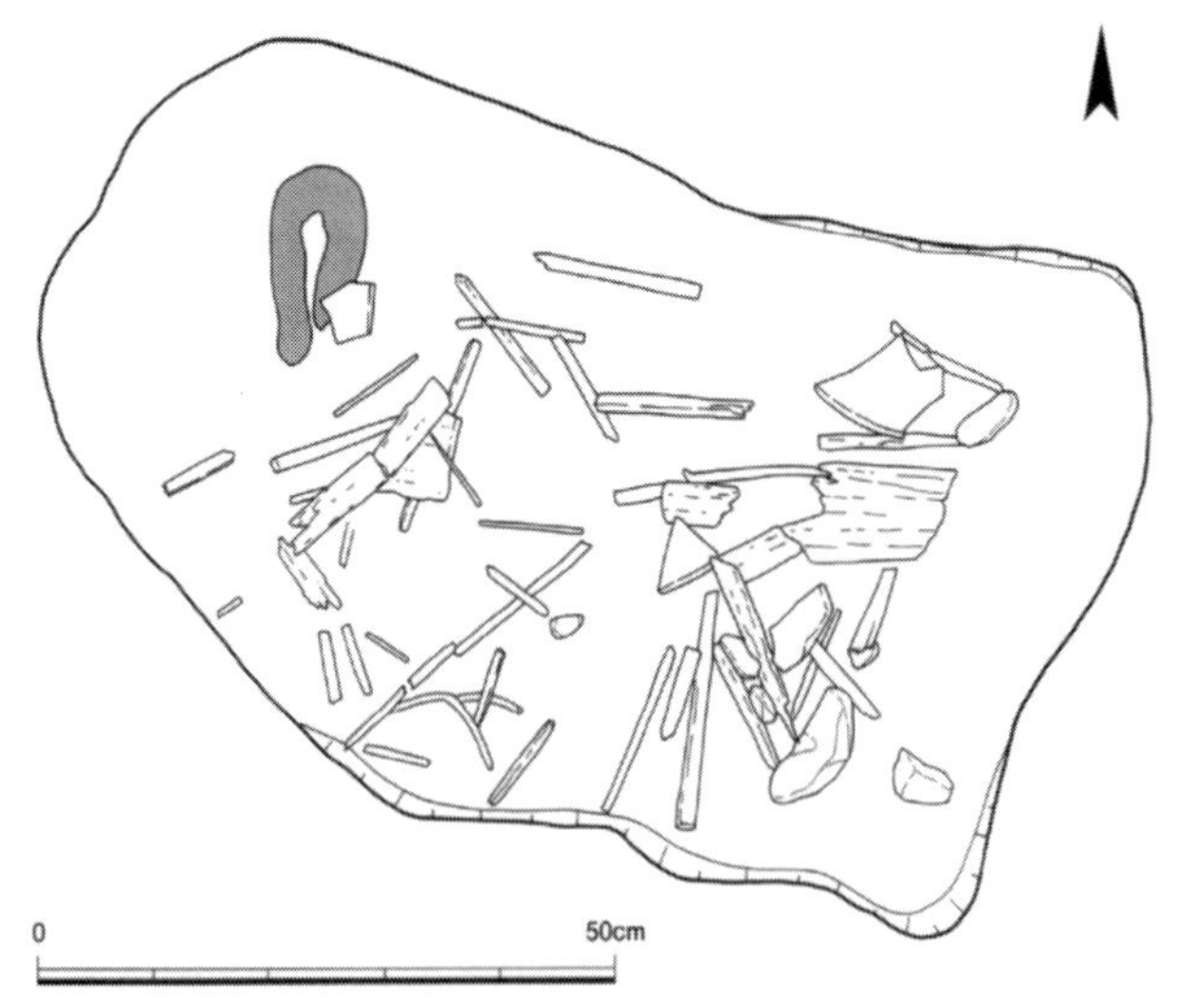

図３　平城宮東方官衙地区のトイレ遺構（SX19199）（今井2010）

は糞便を廃棄する施設なのであろう。

遺構内の堆積土については、寄生虫卵と種実、花粉に関して分析が行われた。食との関わりで整理すれば、花粉には食用・薬用と考えられる数種の草本類があり、種実では野菜や果物が検出された、花粉や種実にみられるナギやナス、エゴマ、ゴマなどは木簡の貢進記録とも一致する。寄生虫卵ではアユやコイに由来するものが検出され、とくにSX一九一九からはニワトリ、ウシ、ブタから感染する肉食系の寄生虫卵が検出された。これは従来、肉食を常習する外国人の糞便由来と理解することが多かったが、今回は宮内「衛府」の可能性が高い官衙域での検出であり、外国人の介在は考えにくいという。史料にある肉食禁止令や猪肉の進上木簡などを手がかりに、宮内で働く人の中にも肉を常食するものは存在したとの意見も出されている。奈良時代の食生活を考える上で興味ある課題である。

糞石研究の現状　糞石とは、人間や動物のウンチが化石化したもの。だから落とし主が口にした食べ物やそれらを取り巻く環境の情報などを多く含んでいる。しかし土壌分析などで情報を取り出すには化石の軟化が不可欠で、わが国では二十世紀の終わり頃にようやく可能となった。先に紹介した奈良教育大学・金原正明さんらの青森県「三内丸山遺跡」出土糞石の研究がそれで、その後、鳥取県「青谷上寺地遺跡」（弥生時代中期～後期）や佐賀県「東名(ひがしみよう)遺跡」出土の糞石でも分析がおこなわれた。

青谷上寺地遺跡は、弥生時代中期後半から後期前半の集落跡で、三一点の糞石が出土した。うち一九点の糞石から寄生虫卵が抽出され、その内訳は「鞭虫卵＋回虫卵＋肝吸虫卵」が一点、「鞭虫卵＋回虫卵」が一点、「鞭虫卵のみ」が一四点。また「毛頭虫卵＋マンソン裂頭条虫卵」が二点、「毛頭虫卵」のみが一点という（金原他二〇〇六）。寄生虫は特有の生活史をもち、種ごとに宿主を選ぶから、鞭虫・回虫卵を含む糞石はヒト、毛頭虫・マンソン裂頭条虫卵を含む糞石はイヌと判断できよう。こうして虫卵分析が糞石の落とし主の判定に有効であることが再確認された。

東名遺跡は、縄文時代前期の貝塚で、出土した糞石一〇八点の分析がおこなわれ、うち三六点から寄生虫卵（鞭虫卵、異形吸虫類卵、マンソン裂頭条虫卵、肺吸虫卵、カピラリア属など）が検出された（金原他二〇〇九）。その内訳は、「鞭虫卵」のみが八点、「鞭虫卵＋異形吸虫卵」が九点ある一方、「マンソン裂頭条虫卵」のみが十一点、「マンソン裂頭条虫卵＋肺吸虫＋異形吸虫卵＋鞭虫卵」が二点、「鞭虫卵＋マンソン裂頭条虫卵」が三点、「異形吸虫卵のみ」が三点と報告されている。そして青谷上寺地例を参考に、鞭虫卵が主体のものはヒトの糞石、マンソン裂頭条虫卵が主体のものはイヌの糞石と見なし、結論的にはヒトのもの九点、イヌのもの十一点を選び分けている。なお鞭虫卵とマンソン裂頭条虫卵が混在する資料（三点）は、「ヒトがイヌを摂食し一過的にマンソン裂頭条虫卵が排泄されたのか、イヌがヒトの糞便を摂食し一過的に鞭虫卵が排泄されたのか不明」と判断を保留する。あわせて、「ヒトの糞石とみられる資料には骨片等がほとんど含まれておらず、イヌとみなされる資料には骨片等を含むものが多い」と、内容物の観察所見も併記する。ただし青谷上寺地遺跡における観察では、骨片の多寡など糞の外見からは落とし主が誰かを特定することは難しいとも報告されている。縄文と弥生という時代の違いか埋没土壌の違いか、さらに検討する必要がありそうだ。

このように、わが国の考古学が当初から関心を持ってきた「糞石の落とし主」の探求に、寄生虫卵分析がどの方法よりも有効であることがわかった。ただし青谷上寺地遺跡では三一点中十二点で虫卵が未検出、東名遺跡では百八点中その七割にあたる七二点が未検出だった。この判定法が効力を発揮するには、なお改善すべき課題ものこされている。

富山県「小竹貝塚」は日本海側最大級の貝塚で、縄文時代前期の埋葬人骨が九一体分も発掘されて話題を呼んだ。糞石も百点ほどが発見されたが、いずれも土壌洗浄時に選別したもので出土情報を伴わないのは残念である（町田二〇一四）。その上、科学的な分析作業も実施されておらずこれまた残念で、今後の補足調査を期待したい。なお小竹貝塚では、埋葬人骨の調査に関連して寄生虫卵分析がおこなわれたので、紹介しておこう。これは「消化器官が残存すると思われる骨盤腔内、腹部を中心に、それぞれ比較資料として頭部ないし足先の堆積物を採取し、検討」するもので、貝層内に埋葬されていた人骨四六個体より採取した資料一二三点を対象とする（金原二〇一四）。結果、四六点の資料から寄生虫卵が検出された。検出された虫卵は、鞭虫卵、広節裂頭条虫卵、カピラリア属卵の三種で、広節裂頭条虫はサケやマスの、カピラリア属は鶏の生食や不完全な調理で感染するという。ただ広節裂頭条虫卵やカピラリア属卵の検出は各一資料のみで、大多数は鞭虫卵であった。このように小竹貝塚では、「埋葬人骨四六体中一六体が明らかに寄生虫症に感染していたことが考えられ、そのうち七体の感染が濃厚に示唆され」、また「わずかだが、サケ科の魚類の摂食が示唆される」などの成果があった。今後の比較研究を期待したい。

寄生虫卵分析に関して補足すれば、かってヨーロッパでは「寄生虫の人間への侵入は農耕開始と期を一にする」と考えられてきたが、三内丸山遺跡や小竹貝塚の土壌資料、東名遺跡の糞石からは、明確に鞭虫卵が検出されている。それもある程度の密度を有するので、縄文人、それも前期の縄文人たちが寄生虫（鞭虫）症に感染していたことは間違いない。ただこれまでのところ、回虫卵は縄文時代の遺跡から出現していない。一方、青谷上寺地遺跡の糞石からは回虫卵が検出されているので、その意味では「わが国への回虫の侵入が農耕の開始」と関係するとの見解（松井二〇〇五）は有効なようだ。

このようにウンチ・糞石を主軸とするトイレ考古学は、なお多くの検討課題を残している。これを克服するにはさらなる研究の進展が求められるが、それには発掘現場における「トイレ遺構」の発見事例が格段に増加する必要がある。そしてそこに詰まった情報を引き出すには学際的な総合研究が不可欠である。糞石研究に先鞭をつけた千浦美智子さんの言葉、「糞石（ウンチ）、この情報の宝庫から如何に多くの成果を引き出すかは、まさに今後の研究方法の展開にかかっている。（中略）考古学のみならず、生物学、化学、地球科学、獣医学、等々の分野の連携によらねばとうていこの問いの答えを用意することは出来ないだろう」（千浦一九七九）を、二一世紀に生きる私たちは、あらためて心すべきだと思う。

二〇一九年一一月

黒　崎　　直

【参考・引用文献】

今井晃樹　二〇一〇「平城宮東方官衙地区の調査―第四四〇・四四六次―」『奈良文化財研究所紀要２０１１』
金原正明・福冨恵津子・金原正子　二〇〇六「出土糞石の分析と分析法の検討」『青谷上寺地遺跡８』第二次～第七次発掘調査報告書　鳥取県埋蔵文化財センター
金原正子・金原正明　二〇〇九「糞石の記載と分析」『東名遺跡群II―東名遺跡第二次。久富二本松遺跡―』第六分冊（東名遺跡第二次　総括編）佐賀市教育委員会
金原正子　二〇一四「埋葬人骨の寄生虫卵分析」『小竹貝塚発掘調査報告―北陸新幹線建設に伴う埋蔵文化財発掘報告X―』第二分冊（自然科学分析編）（公財）富山県文化振興財団
黒崎　直　二〇一五「縄文時代の貝塚と糞石」『海をみつめた縄文人―放生津潟とヒスイ海岸―』（図録）大阪府立弥生文化博物館

千浦美智子　一九七九　「糞石」『鳥浜貝塚―縄文前期を主とする低湿地遺跡の調査1―』福井県教育委員会
町田賢一　二〇一四　「糞石」『小竹貝塚発掘調査報告―北陸新幹線建設に伴う埋蔵文化財発掘報告X―』第一分冊（本文編）（公財）富山県文化振興財団
松井　章　二〇〇五　『環境考古学への招待―発掘からわかる食・トイレ・戦争―』岩波新書

古墳出土　佐藤右文撮影　藤井寺市教育委員会提供 ……………………………………199
図72　王宮里遺跡とトイレ遺構　韓国全北益市 ………………………………………………208
図73　平城宮大嘗宮Ａ期建物の配置図　『儀式』より復元 …………………………………211
図74　東福寺東司の平面図・断面図　京都市 ………………………………………………219
図75　飛鳥池工房跡出土の井戸枠実測図 …219
図76　藤原京跡出土のトイレ遺構と周辺建物の位置関係　兼康保明作成 ………………220
図77　飛鳥寺南方遺跡出土の石組溝・暗渠　奈良県高市郡明日香村 ……………………224
表１　藤原京跡トイレ遺構から出土した種実類 ………………………………………………26
表２　藤原京跡におけるトイレ遺構の発見事例 ………………………………………………53
表３　尿起因白色物質が付着した出土容器『トイレ遺構の総合的研究』より ……………………………………118・119
表４　平泉遺跡群出土のトイレ関連遺構 ……………………………………150・151
表５　鎌倉遺跡群出土のトイレ遺構　『トイレ遺構の総合的研究』より ………………157
表６　木槽樋遺構出土遺跡……………194・195
表７　日本のトイレ変遷の諸段階……205・206

図28　路上排泄の情景　『餓鬼草紙』………104
図29　大谷禅室裏のトイレ　『慕帰絵詞』…107
図30　縁先の手水桶と手拭　『融通念仏縁起』……………………………………………………107
図31　トイレで排泄する法然上人　弘願本『法然上人絵伝』…………………………………107
図32　汚物を食べる犬　『春日権現験記絵』……………………………………………………110
図33　ウンチをねらう犬　『福富草紙』……110
図34　ウンチをねらう犬　『病草紙』………110
図35　平城京跡左京二条二坊十一町出土の墨書土器破片実測図 …………………………116
図36　木札木簡　奈良市＝平城宮跡出土　奈良文化財研究所提供 ………………………116
図37　白色物質が付着する古代の土器 ……120
図38　鴻臚館跡II期南館出土のトイレ遺構　福岡市　福岡市埋蔵文化財センター提供……………………………………………………129
図39　鴻臚館跡II期北館・南館の配置とトイレ遺構　福岡市 ………………………………129
図40　鴻臚館跡II期北館出土のトイレ遺構　福岡市　福岡市埋蔵文化財センター提供……………………………………………………131
図41　秋田城跡鵜ノ木地区出土のトイレ遺構　秋田市　秋田市教育委員会提供 ………135
図42　秋田城跡鵜ノ木地区出土のトイレ遺構実測図　秋田市 ………………………………136
図43　秋田城跡鵜ノ木地区出土の建物配置とトイレ遺構　秋田市 …………………………137
図44　秋田城跡出土のトイレ遺構復元模型　大田区立郷土博物館所蔵 ……………………140
図45　柳之御所跡出土のトイレ遺構　岩手県西磐井郡平泉町　岩手県文化振興事業団埋蔵文化財センター提供 ……………………144
図46　籌木　岩手県西磐井郡平泉町＝柳之御所跡出土　平泉町教育委員会提供 ………144
図47　平泉におけるトイレ関連遺構の分布状況……………………………………………………146
図48　柳之御所跡中心部におけるトイレ関連遺構の分布状況…………………………152・153
図49　鎌倉幕府政所跡出土のトイレ遺構　神奈川県鎌倉市　鎌倉市教育委員会提供 …160
図50　踏み板　神奈川県鎌倉市＝鎌倉幕府政所跡出土　鎌倉市教育委員会提供 ………160
図51　米町遺跡出土のトイレ遺構　神奈川県鎌倉市　鎌倉市教育委員会提供 …………162
図52　米町遺跡出土の踏み板復元案　馬淵和雄復元 ……………………………………………162
図53　北条小町邸跡出土のトイレ遺構　神奈川県鎌倉市　鎌倉市教育委員会提供 ……164
図54　北条小町邸跡出土の踏み板復元案　清水久男復元　大田区立郷土博物館提供……………………………………………………164
図55　一乗谷朝倉氏遺跡武家屋敷の遺構配置図　福井市 ……………………………………168
図56　堺環濠都市遺跡ＳＫＴ三六一地点の遺構配置図　大阪府堺市 ………………………173
図57　堺環濠都市遺跡ＳＫＴ三六一地点出土のトイレ遺構（木組土坑）　大阪府堺市　堺市教育委員会提供 …………………………173
図58　堺環濠都市遺跡ＳＫＴ三六一地点出土のトイレ遺構（瓦質埋甕）　大阪府堺市　堺市教育委員会提供 …………………………173
図59　吉川元春館跡の遺構配置図　広島県山県郡北広島町 …………………………………175
図60　吉川元春館跡埋桶出土の寄生虫卵分析結果 …………………………………………………175
図61　金隠し様木製品　広島県山県郡北広島町＝吉川元春館跡出土　北広島町教育委員会提供 …………………………………………176
図62　肥前名護屋城木村重隆陣屋跡出土のトイレ遺構（砂雪隠）　佐賀県唐津市………180
図63　松花堂跡出土のトイレ遺構（砂雪隠）　京都府八幡市 ……………………………………180
図64　糞石　福井県三方上中郡若狭町＝鳥浜貝塚出土 ……………………………………………187
図65　糞石の分類　千浦美智子分類 ………187
図66　三内丸山遺跡出土の遺物廃棄ブロック　青森市 ……………………………………………189
図67　三内丸山遺跡および他遺跡トイレ遺構出土の寄生虫卵分析結果 ………………………189
図68　南郷大東遺跡出土の木槽樋遺構　奈良県御所市 ……………………………………………192
図69　木槽樋の変遷概念図 …………………198
図70　内部に木槽樋形土製品などを設置した囲形埴輪　三重県松阪市＝宝塚１号墳出土　松阪市教育委員会提供 ………………………199
図71　木槽樋形土製品　大阪府藤井寺市＝狼塚

図表一覧

[口　絵]

1　藤原京跡右京七条一坊西北坪出土のトイレ遺構　奈良県橿原市　奈良文化財研究所提供
2　藤原京跡右京九条四坊出土のトイレ遺構　奈良県橿原市　奈良文化財研究所提供
3　長岡京跡左京六条二坊十四町出土のトイレ遺構　京都府長岡京市
4　秋田城跡鵜ノ木地区出土のトイレ遺構　秋田市
5　北条小町邸跡出土のトイレ遺構　神奈川県鎌倉市　鎌倉市教育委員会提供
6　木製金隠し　福井市＝一乗谷朝倉氏遺跡出土　福井県立一乗谷朝倉氏遺跡資料館提供
7　吉川元春館跡出土のトイレ遺構　広島県山県郡北広島町　北広島町教育委員会提供
8　トイレ遺構などの堆積土から発見された微細遺物（フンバエモドキ・フチケマグソコガネ・コクゾウムシ・ウリの種子・食物残渣・ベニバナ花粉・回虫卵・鞭虫卵・肝吸虫卵・横川吸虫卵・有無鉤条虫卵・日本海裂頭条虫）奈良県橿原市＝藤原京跡・福岡市＝鴻臚館跡・岩手県西磐井郡平泉町＝柳之御所跡出土　奈良文化財研究所・金原正明提供

[本文図表]

図１　沖縄の豚トイレ「フール」の復元模型　大田区立郷土博物館所蔵 ……………………7
図２　一乗谷朝倉氏遺跡出土のトイレ遺構　福井市　福井県立一乗谷朝倉氏遺跡資料館提供……………………………………………12
図３　籌木　秋田県大館市＝矢立廃寺跡出土　大館郷土博物館提供……………………………15
図４　藤原京跡右京七条一坊西北坪出土のトイレ遺構堆積土　奈良県橿原市　奈良文化財研究所提供………………………………18
図５　カタクチイワシ椎骨　奈良県橿原市＝藤原京跡出土　奈良文化財研究所提供……28
図６　藤原京跡トイレ遺構出土の寄生虫卵分析結果……………………………………………31
図７　藤原京跡右京七条一坊西北坪出土のトイレ遺構実測図　奈良県橿原市……………37
図８　藤原京跡出土のトイレ遺構復元案……39
図９　藤原京跡出土のトイレ遺構復元模型　大田区立郷土博物館所蔵……………………39
図10　藤原京跡右京七条一坊西北坪出土の籌木実測図…………………………………………42
図11　木簡（籌木）奈良県橿原市＝藤原京跡出土　奈良文化財研究所提供……………42
図12　木簡（籌木）奈良県橿原市＝藤原京跡出土　奈良文化財研究所提供……………42
図13　平城京跡左京二条二坊五坪出土のトイレ遺構復元案　松井章復元……………………46
図14　藤原京跡右京九条四坊出土のトイレ遺構復元案………………………………………49
図15　藤原京跡左京二条二坊出土のトイレ遺構実測図　奈良県橿原市……………………51
図16　藤原京跡右京一条三坊出土のトイレ遺構　奈良県橿原市　奈良県立橿原考古学研究所提供…………………………………………53
図17　長岡京跡左京二条三坊三町出土のトイレ遺構　京都府長岡京市……………………57
図18　長岡京跡左京二条三坊三町出土のトイレ遺構復元案…………………………………58
図19　平安京跡右京六条一坊出土のトイレ遺構　京都市　京都市埋蔵文化財研究所提供…63
図20　籌木　京都市＝鳥羽離宮跡出土　京都市埋蔵文化財研究所提供……………………63
図21　藤原宮跡出土のトイレ遺構　奈良県橿原市　奈良文化財研究所提供………………68
図22　平城宮跡出土のトイレ遺構　奈良市　奈良文化財研究所提供………………………72
図23　現代の肥だめ　1990年撮影　東京都葛飾区所在……………………………………………78
図24　平安宮内裏に設けられた御樋殿『宮城図』…………………………………………………90
図25　平安宮内裏に設けられた御樋殿　九条家本『延喜式』附巻…………………………90
図26　平安宮内裏配置図………………………………91
図27　尿筒を腰に差す行列『法然上人絵伝』……………………………………………………96

著者略歴

一九四六年、京都市に生まれる
一九六八年、立命館大学文学部史学科卒業
奈良文化財研究所勤務を経て、
現在、大阪府立弥生文化博物館名誉館長、富山大学名誉教授

〔主要編著書〕

『古代の農具』（『日本の美術』三五七、至文堂、一九九六年）
『古都発掘』（『岩波新書』、共著、岩波書店、一九九六年）
『トイレ遺構の総合的研究』（編著、奈良国立文化財研究所、一九九八年）
『大和山田寺跡』（共著、吉川弘文館、二〇〇二年）
『飛鳥の宮と寺』（『日本史リブレット』七一、山川出版社、二〇〇七年）

水洗トイレは古代にもあった〈新装版〉
トイレ考古学入門

二〇〇九年（平成二十一）十二月十日　第一版第一刷発行
二〇二〇年（令和　二　）三月一日　新装版第一刷発行

著者　黒崎直（くろさき ただし）
発行者　吉川道郎
発行所　株式会社 吉川弘文館
郵便番号一一三―〇〇三三
東京都文京区本郷七丁目二番八号
電話〇三―三八一三―九一五一〈代〉
振替口座〇〇一〇〇―五―二四四番
http://www.yoshikawa-k.co.jp/

印刷＝藤原印刷株式会社
製本＝ナショナル製本協同組合
装幀＝清水良洋・宮崎萌美

ISBN978-4-642-08380-5

平城京に暮らす 天平びとの泣き笑い（歴史文化ライブラリー）

馬場　基著　四六判・二五六頁／一八〇〇円

八世紀に栄えた寧楽の都平城京で、人々はどのような暮らしを送っていたのか。飲食や宴会のたのしみ、労働や病気の苦しみ…。下級官人が生活の様々な場面で記した木簡を読み解き、そこから浮ぶ彼らのリアルな姿に迫る。

飛鳥の宮と藤原京 よみがえる古代王宮（歴史文化ライブラリーＯＤ版）

林部　均著　四六判・二七二頁／二三〇〇円

大化改新や壬申の乱などの舞台、飛鳥にはどのような王宮や施設が造られていたのか。斉明天皇による荘厳な空間整備、天武天皇の大極殿など、新しい国づくりの過程で飛鳥がどう都市化され、藤原京に展開するのかを描く。

平城京の時代（古代の都）

田辺征夫・佐藤　信編　四六判・三一〇頁・原色口絵四頁／二八〇〇円

唐の都長安をモデルに国際色豊かな天平文化が花開いた平城京。最新の発掘成果や文献・木簡の研究から、宮都の構造、立ち並ぶ寺院、貴族や庶民の生活、地方とのつながりなど、古都奈良の原像とその時代が明らかになる。

（価格は税別）

吉川弘文館

平安京のニオイ（歴史文化ライブラリー）

安田政彦著　四六判・二三八頁／一七〇〇円

藤原道長が栄華を誇った時代。都ではどのようなニオイがしたのか。排泄・廃棄物・動物・死など、暮らしと切り離せないさまざまなニオイを再現。一方で、薫香の文化を芸術にまで昇華させた貴族の心性を浮き彫りにする。

古代住居のはなし（歴史文化セレクション）

石野博信著　四六判・二七二頁・口絵四頁／二二〇〇円

古代の人びとは、どのような家に住み、どのような生活をしていたのであろうか。全国各地の遺跡の発掘成果をもとに、住居の構造や村のしくみを解き明かす。対外交流にも注目して、日本人の住まいと暮らしの原点を探る。

日本住居史

小沢朝江・水沼淑子著　四六判・四一四頁・原色口絵四頁／三八〇〇円

生活の器であり、時代と文化を映す鏡ともいえる住宅の歴史を探る。弥生人の集落から、寝殿造、和室の原型＝書院造の誕生、江戸城、「２ＤＫ」の現代まで。住まいの行方と、変わりゆく家族・個人の生活のあり方を問う。

（価格は税別）